Couverture inférieure manquante

ORIGINAL EN COULEUR
NF Z 43-120-8

Comte Camille DE MENESSE

DEUX MOIS EN YACHT

VOYAGE AUX COTES DE L'ESPAGNE DU PORTUGAL & DU MAROC

*Edition spécialement tirée pour l'auteur
à 250 exemplaires*

NICE
IMPRIMERIE DES ALPES-MARITIMES
16, Rue Saint-François-de-Paule, 16
1898

254)17

40g

DEUX MOIS EN YACHT

VOYAGE AUX COTES DE L'ESPAGNE DU PORTUGAL & DU MAROC

PAR

Le Comte CAMILLE DE RENESSE

---

*Edition spécialement tirée pour l'auteur
à 250 exemplaires*

NICE
IMPRIMERIE DES ALPES-MARITIMES
16, Rue Saint-François-de-Paule, 16

1898

DEUX MOIS EN YACHT

VOYAGE AUX COTES DU PORTUGAL DE L'ESPAGNE & DU MAROC

PRÉFACE

Après trente années consacrées à la lutte pour la vie, au *struggle for life*, car en ce siècle les privilégiés de la naissance n'en sont pas exempts, après trente années pendant lesquelles la littérature et les arts n'ont pu m'occuper et me distraire qu'à de rares intervalles, j'ai pris enfin le repos qui convient à mon âge, à mes goûts, et mettant un soir en ordre de vieux papiers entassés dans mes armoires, j'ai retrouvé dans un carton des notes de voyage prises au jour le jour en 1865.

Je ne les avais plus relues depuis que je les avais écrites et il me paraissait qu'elles appartenaient à une autre vie, à une autre existence que la mienne.

Ces notes étaient destinées à une charmante jeune femme, intelligente, instruite, qui malheureusement n'a pas survécu longtemps à la correspondance que nous échangeâmes à cette époque et qu'un horrible typhus enleva trop tôt à l'affection de sa famille et de ses nombreux amis. Ce fut elle qui m'encouragea à tenir un journal de mon voyage, dont il fut convenu que je lui adresserais le résumé au cours de mes diverses escales, et je lui dois d'avoir étudié avec plus d'attention les lieux que j'ai parcourus, les impressions que j'y ai ressenties.

Je venais d'éprouver une perte bien cruelle. Mon père pour lequel j'avais autant d'affection que de vénération, était mort dans mes bras vers la fin de 1864 de la rupture d'un anévrisme. Un de mes amis, le comte du Monceau, qui avait peu avant la mort de mon père, épousé ma cousine germaine, venait vers la même époque de perdre sa femme, à Naples, en voyage de noces. Très douloureusement éprouvés l'un et l'autre, nous résolûmes quelques mois après ces tristes événements d'entreprendre une excursion sur les côtes occidentales du Portugal, de l'Espagne et du Maroc. Un jeune médecin tout récemment sorti de l'université de Bruxelles, M. Lebel, s'offrit à nous accompagner.

Le comte du Monceau avait un yacht à voiles gréé en *schooner*, jaugeant soixante-quinze tonnes, l'*Intrépid*, inscrit au *Royal Y. Squadron* de *Cowes*. Il me proposa de prendre ce moyen de locomotion, partit pour l'Ile de Wight afin d'armer son yacht et de choisir son équipage, et me donna rendez-vous à Ostende pour le 30 mai. Mes lettres commencent donc à cette date.

Bien des choses auront changé sans doute dans ces pays depuis le temps lointain déjà où je les ai parcourus, surtout en ce siècle où les progrès sont rapides. Toutefois si elles n'offrent qu'un intérêt rétrospectif au point de vue des institutions politiques, des mœurs, des transformations matérielles, ces lettres n'en conservent pas moins cette impression personnelle qui donne quelquefois du charme aux mémoires d'un autre temps ou aux œuvres posthumes. Quelques amis auxquels j'en ai lu des passages, trop indulgents peut-être, m'ont engagé à les publier. Ils trouvent qu'elles méritent mieux qu'un éternel oubli dans les cartons de mes vieilles armoires. Je ne suis plus à l'âge où l'on rêve une réputation littéraire. A soixante ans passés on n'a plus d'ambition. Seulement l'oisiveté paraît lourde après toute une vie de travail, et je trouve dans le conseil de mes amis une dernière occasion d'occuper, utilement peut-être, cette activité qui forme le fond de mon caractère, qui seule peut encore donner quelqu'agrément aux dernières années de la vie.

Avons-nous le droit d'ailleurs de nous en aller de ce monde avec toute notre expérience acquise sans essayer d'en faire profiter ceux qui viennent après nous ? La somme du progrès ne se compose-t-elle pas, comme les terres d'alluvion, des accumulations incessantes et successives des poussières de la pensée humaine ? Répandues çà et là comme le pollen des fleurs, leurs efflorescences se transforment, se perfectionnent insensiblement au cours des générations qui passent et se perdent dans la nuit des temps.

Sans doute les pays, les villes, les monuments que j'ai visités ont été depuis longtemps décrits par d'autres voyageurs (1) infiniment plus aptes à en peindre les aspects divers et les splendeurs, que je ne pourrais l'être moi-même, et je ne me ferai pas l'illusion d'approcher du style ou de l'esprit de ceux qui ont reproduit en d'admirables tableaux ce que je me contenterai d'esquisser au passage dans mon album de touriste, mais leurs impressions auront différé des miennes autant que ma figure ressemble peu à la leur, que ma vie s'est passée dans un autre milieu, que mon âge et mon expérience m'ont donné une autre façon d'envisager la philosophie et les enseignements de l'histoire.

Si mes notes de voyage ne présentent donc dans leur ensemble que des choses déjà dites, qu'un pâle reflet, qu'une faible copie de toiles de maîtres de premier ordre, j'essaierai néanmoins de donner un nouvel intérêt aux mêmes sujets par une façon différente de les présenter au lecteur, par des épisodes personnels, par des anecdotes, par des souvenirs qui interrompront la monotonie des inévitables descriptions.

Nice, Château Beaulieu, le 20 Mai 1898.

---

(1) Théophile Gautier, Antoine de Latour, Louis Ulbach, Eugène Poitou, etc.

Ostende, 30 Mai 1865.

Chère Madame,

Je viens de recevoir votre aimable lettre et vous remercie de tous les affectueux souhaits qu'elle m'apporte. Elle me prouve une fois de plus, toute la sensibilité de votre cœur, tout l'esprit, tout le jugement qui vous distinguent, et qui m'ont toujours fait considérer votre amitié, comme l'une des plus sûres et des plus précieuses que je puisse rencontrer.

Si vous ne m'aviez presque persuadé que mes lettres vous seraient agréables et utiles, je croirais volontiers devoir à votre bienveillance seulement la faveur que vous me faites de m'autoriser à vous écrire. Pour me convaincre que je vous serais utile vous vous plaignez d'ennui, de lassitude, de découragement et je le comprends sans peine. Vous avez, chère Madame, une nature trop fine, trop délicate et trop exubérante pour le sort auquel la société condamne les femmes quelles que soient la trempe de leur caractère et l'élévation de leurs mérites. Vous n'avez aucun moyen d'exercer l'activité de vos facultés ou de votre remarquable intelligence. Notre vie à nous est la lutte, la vôtre est l'attente, l'oisiveté souvent, car le travail des mains ne repose ni l'esprit ni le cœur. Seulement mes lettres auront-elles le don de vous distraire, sortirai-je assez de la banalité des récits de voyage, si nombreux déjà, pour vous amuser et vous émouvoir plus qu'eux ?

J'essaierai..... que j'écarte un moment vos soucis et que je mérite votre approbation, je serai suffisamment récompensé de mes efforts.

Dans quelques heures, j'aurai quitté la côte. Je me réjouis comme un enfant du voyage que je vais entreprendre. Je compte les minutes comme un écolier à la veille des vacances. Il y a quelques années, en lisant le pèlerinage de Child-Harold de Byron, j'enviais le sort du poète. Dans quelques heures je quitterai comme lui les côtes de mon pays natal sur une coquille de noix, j'affronterai l'océan et suivant le même itinéraire je verrai les rivages enchanteurs qui lui ont inspiré les premiers chants de son poëme, *La Lusitanie*, le *Tage* et le *Guadalète*. Comme lui je passerai les colonnes d'Hercule et toucherai aux rivages qu'habite le Maure. Si les cartes m'avaient prédit alors que ce rêve devait se réaliser un jour, j'aurais accusé les cartes de mensonge, et cependant voilà que ce rêve devient réalité.

Quelques amis s'étonnent de mon départ, mais qu'importe, Madame, puisque vous me comprenez et m'approuvez. Pas plus que moi vous n'aimez la vie bourgeoise, le retour des mêmes perspectives aux mêmes heures, l'incrustation de l'existence, le sommeil de l'âme Que le repos, l'inaction, le bonheur paisible, le repas quotidien suffisent aux âmes faibles qui naissent et meurent dans un cercle étroit sans jamais regarder au delà, que la vie s'écoule pour elles comme les heures sur le cadran de l'horloge qui orne ma cheminée, qu'une douce habitude règle leur existence selon le cours des astres comme le jour succède à la nuit, et qu'en exhalant le dernier soupir, elles n'aient oublié qu'une seule chose, *de vivre*, je ne les blâme ni ne les envie. Leur bonheur n'est pas le mien, le sang qui coule dans leurs veines n'a pas d'analogie avec celui qui coule dans les miennes. Chacun ici-bas suit sa destinée, et *l'ultima ratio*, quoique l'on dise, nous restera éternellement mystérieuse. Pourquoi vais-je quitter le foyer domestique et m'exposer à des périls inconnus ? Pourquoi vais-je abandonner mes Lares où chaque objet, chaque souvenir me convie à rester, ma famille, au milieu de laquelle j'ai mené jusqu'à présent une existence heureuse ? Je l'ignore. Tout ce que je sais c'est que je pars tantôt, que je reviendrai peut-être, qu'il se peut aussi que nul ne me reverra jamais (1).

---

(1). Ces sentiments pourraient paraître puérils chez un anglais élevé dans son île entourée des vagues de l'océan, nourri dès le berceau des aventures maritimes de sa race, préparé de bonne heure aux exodes coloniaux, mais ils sont assez naturels chez un continental que rien ne pousse à quitter le plancher des vaches, à affronter les dangers d'une longue traversée. Je n'ai donc pas voulu changer ces impressions toutes personnelles de mes premières lettres.

(Note de l'auteur)

Ostende, à bord du Yacht *Intrepid*
31 Mai 1865.

Le jour se lève brumeux, le ciel est gris, mais la mer est calme et tout fait présager qu'il n'y aura ni grand vent ni tempête. Les matelots s'éveillent et vont commencer leurs travaux. Le port s'anime, partout la besogne commence. Ici, ceux qui sont arrivés la veille réparent leurs avaries, nettoient le pont, font sécher leurs voiles. Là, ceux qui partent disposent tout pour un lointain voyage. Partout l'activité; la vie, les chansons mêlées au bruit du marteau ou au clapotement des vagues, par moments le grincement des avirons dans leurs charnières mal graissées, plus loin un cabestan que l'on manœuvre en cadence, ou la chaîne d'une ancre qui se déroule avec un bruit sourd. Un vent léger soufflant de l'Ouest agite les pavillons. Nous montons sur le pont et après avoir examiné l'horizon, le comte du Monceau donne l'ordre du départ. Le capitaine passe la visite des agrès, fait ranger toutes choses à leur place pendant que trois hommes manœuvrent à déraper les ancres. Les voiles se déploient, le navire tourne sur lui-même, puis dégagé d'entraves, il prend lentement sa course et sort du chenal avec des ondulations de cygne majestueux et fier. Nous gagnons au large, la côte s'éloigne, s'éloigne encore, et bientôt disparaît à nos yeux.

Je ne pourrai, chère Madame, pour ces premières journées, vous donner qu'un simple journal de bord. Je cherche en vain à fixer mes impressions, elles sont fugitives, nulles pour ainsi dire, absorbées par l'attention qu'excite nécessairement une foule de choses absolument nouvelles pour qui n'a jamais mis le pied sur le pont d'un navire à voiles. Il faut s'accoutumer d'abord au mouvement des vagues, lier connaissance avec sa nouvelle demeure, ranger ses hardes, ses livres, en un très petit espace, se préparer à faire la route le plus commodément possible. Cependant comme vous m'avez bien recommandé de vous tenir au courant, pour ainsi dire heure par heure, de tous les moindres incidents du voyage, je note qu'à midi le vent étant complètement tombé nous restons pour ainsi dire en panne, ce qui m'ennuie beaucoup. J'ai hâte d'arriver quelque part, n'importe où. Mais les voiles sont à peine enflées et par moment elles retombent sur les mâts pour reprendre vie un instant et retomber ensuite. Nous avançons peu, la mer devient de plus en plus calme, elle est à peine plus ridée que l'eau d'un lac. L'immense nappe liquide prend une apparence lourde et plombée qui lui donne un aspect huileux, le ciel est gris, la teinte de l'eau, verdâtre. Nous avançons à peine d'un mille par heure. Je profite de cette accalmie pour vous peindre en quelques traits à l'aquarelle les différents types de notre équipage. Nous sommes douze à bord, mon cousin, le docteur et moi, puis le master ou capitaine à la casquette galonnée, le valet de chambre de mon cousin, un petit nègre éthiopien de seize ans, élevé depuis huit ou dix ans en Belgique et parfaitement dressé, parlant aussi couramment le français que l'anglais, enfin sept matelots anglais triés sur le volet. Les équipages engagés sur les yachts sont généralement formés de pêcheurs de Brittingha, quelquefois de matelots de la marine royale en congé. Ce sont des hommes sûrs, habitués aux manœuvres et à la discipline. Les nôtres sont tous de solides gaillards, de beaux types, bronzés au soleil, aux traits francs et hardis.

La journée continue à se passer dans le calme le plus complet. Nous voyons au loin filer quelques vapeurs laissant après eux leur longue traînée de fumée noire qui se détache sur les teintes grises de l'horizon. Nous les envions. C'est là l'ennui de la navigation à voiles qu'il faille absolument subir les caprices du vent. Elle a plus d'imprévu, plus d'intérêt pour le véritable marin, l'avantage de n'avoir pas à s'encombrer de charbon, de pouvoir conserver voiles, agrès, mâts et planchers d'une propreté méticuleuse, mais par contre il faut avoir du temps à perdre.

Dans ce grand calme silencieux d'un premier jour de voyage brumeux et triste où les heures s'écoulent lentement, lentement, devant un horizon sans limites ma pensée se reporte naturellement vers le pays, vers ceux que je viens de quitter, auprès de ma Mère, de ma pauvre sœur paralysée dans toute la si remarquable beauté de ses vingt-cinq ans [1], qui se préparent à partir pour les eaux d'Allemagne,

[1] Comtesse Edmée de Renesse, chanoinesse au chapitre de Ste-Anne de Bavière qui mourut en 1870, à l'âge de trente ans.

auprès de vous, chère Madame, qui faites vos apprêts pour aller passer l'été dans vos terres de France.

Avant que nous eussions levé l'ancre, j'étais joyeux et gai, je m'applaudissais, forcé de me séparer de vous quand même, d'entreprendre ce voyage lointain qui me donnait l'occasion de vous écrire souvent, de vous distraire au milieu de la solitude de vos grands bois silencieux et de vos charmilles séculaires, par la description des pays que je vais parcourir et par le récit de nos aventures.

Aujourd'hui, je me sens envahi par une irrésistible tristesse. L'eau d'un gris verdâtre, le ciel gris, l'immensité grise qui m'environnent, m'apportent une mélancolie à l'âme, ouverte à tous les souvenirs du passé comme un dernier regard jeté sur une existence écoulée qui ne doit pas avoir de lendemain.

Ai-je vécu une autre vie antérieure dans une planète plus ensoleillée, ou dans le cours des siècles mon sang Aryen a-t-il gardé l'atavisme des Parsis de l'Inde ou des disciples Persans de Zoroastre ? Je ne sais. Toujours est-il que le soleil exerce une énorme influence sur ma pensée, sur les facultés de mon âme, ce qui prouve une fois de plus que ni la pensée ni l'âme ne peuvent rester indifférentes ou étrangères aux influences qui les entourent et qu'elles subissent fatalement, malgré elles..

Vers sept heures enfin le vent semble se lever, à huit heures brise légère. La mer commence peu à peu à sortir de son long sommeil et s'ondule légèrement. A dix heures la brise saute au Sud-Est et nous marchons vent arrière avec quelque vigueur. Nous apercevons derrière nous les feux du phare de Calais et vers onze heures nous commençons à distinguer les premières lumières de la côte d'Angleterre.

Yacht *Intrepid*, 1ᵉʳ Juin.

Pendant la nuit, la brise a sensiblement augmenté. Elle souffle du Sud-Est et soulève de petites vagues blanches que nous fendons avec un léger mouvement de tangage des plus agréables. J'ai cependant très mal dormi peu habitué encore à sentir mon lit s'incliner tantôt à droite tantôt à gauche et tantôt de la tête aux pieds ou des pieds à la tête. Puis le navire étant très-petit, le moindre mouvement sur le pont, la moindre manœuvre, se perçoivent aussi distinctement que s'ils se faisaient dans la cabine.

A sept heures du matin, au moment où nous montons sur le pont, nous passons devant *Dunjeness* et nous découvrons à notre droite les côtes d'Angleterre avec leurs hautes falaises crayeuses qui se développent au loin en un large ruban blanc. Nous marchons contre marée, ce qui retarde un peu notre course. Vers une heure le vent tourne à l'Est et devient plus fort. Le ciel se couvre, l'horizon est brumeux, le roulis et le tangage augmentent.

Nous filons de dix à douze milles à l'heure. Vers trois heures la mer devient houleuse et nous avons de la pluie. Nous continuons ainsi notre course. A 5 heures 1/2 nous passons devant *Portsmouth*, à six heures dix, nous entrons dans la rade de *Cowes* et jetons l'ancre à quelques encablures de la côte.

Nous voilà arrivés à notre première étape. Il fait nuit, toute description devient impossible. Nous faisons un bout de toilette, puis après avoir donné ses ordres, le comte du Monceau fait mettre le canot à la mer et nous gagnons le port, en face du Royal-Yacht-Club où nous dînons et passons fort agréablement la soirée jusqu'à onze heures.

Le Club de Cowes, chère Madame, ou plus régulièrement le Royal-Yacht-Squadron, est le Club le plus select, le plus aristocratique, le plus fermé, le plus intransigeant, non seulement d'Angleterre, mais du monde entier. C'est le seul dont les yachts ont le droit de porter le pavillon royal blanc à croix rouge. D'après le règlement du club il faut être anglais pour en faire partie, et dans le vote d'admission, une boule noire en annule dix blanches. Or, comme les assemblées se composent de quarante ou de cinquante membres au plus, quatre ou cinq boules noires entraînent le rejet ou blakboulage, ce qui engage peu d'anglais même à s'y présenter, à moins qu'ils ne soient de naissance ou de condition tout à fait supérieure. Deux étrangers seulement ont jusqu'ici été admis, par exception au règlement, à en faire partie, le comte Edmond Batthiâny fils du prince Batthiâny et le comte du Monceau.

Parmi les membres du club vient en tête Lord Wilton commodore ou président du R. Y. S. qui bien qu'âgé déjà, est cependant encore l'un des hommes les plus élégants des trois royaumes. Aussi remarquable dans le Yachting que dans le Hunting et les autres sports, il court les chasses les plus difficiles et les plus dures, arrivant le premier ou dans les premiers à l'hallali. Puis le marquis de Coningham, vice-commodore du R. Y. S. qui dans sa jeunesse avait passé pour le plus bel homme d'Angleterre. Il était cité pour avoir accompli avec élégance et avec grâce les choses les plus difficiles, les plus disgracieuses. Dans une des grandes cérémonies de la cour il avait dû marcher à reculons devant la Reine et s'était tiré à l'admiration générale de ce rôle tant soit peu ridicule. — Le duc de Marlborough, type le plus parfait du grand seigneur anglais, y vient souvent aussi avec son ami Georges Bentinck. Tous deux Torys à tous crins se rencontrent parfois avec Milner Gibson qui a fait partie d'un ministère radical avec Cobden, ce qui ne les empêche pas d'être fort liés avec lui malgré la divergence d'opinions politiques. — J'aurais dû citer en première ligne après le commodore Lord Wilton, Lord Ponsonby qui a élu domicile dans le R. Y. S., qui y vit toute l'année, n'en sort pour ainsi dire jamais, le dirige comme s'il en était le propriétaire. Il a certainement beaucoup contribué à y entretenir les façons aristocratiques et de bon ton qui y règnent plus que partout ailleurs.

En rade de Cowes, 2 Juin

Le navire a roulé toute la nuit sur ses ancres. Il y a de fortes rafales, la mer est grosse et par moments le ciel très nuageux nous gratifie de quelques averses. Nous nous voyons donc forcés de passer la journée à bord, ce qui nous contrarie beaucoup. Cependant, vers sept heures et malgré la houle, nous faisons mettre le canot à la mer et allons dîner au Club, où nous passons la soirée.

J'y lie connaissance avec quelques membres du Royal Yacht Squadron et entr'autres avec Lord Hardwich, le Comte Batthiány, Mr. Talbot Clifton et l'amiral Ratsey. Bien qu'âgé de quatre-vingt-dix ans, celui-ci est encore un fort aimable causeur, et a conservé toute la lucidité de son intelligence. S'il n'entend plus très bien, il parle à ravir et s'exprime très facilement en français. Il me raconte une longue croisière qu'il a faite dans les mers des Indes, ses observations sur les différents peuples chez lesquels il a séjourné, ce qui m'intéresse vivement, tant par le sujet en lui-même que par l'originalité des réflexions philosophiques dont il parsème son récit.

L'amiral Ratsey, avait assisté, lorsqu'il était jeune encore, à la bataille navale qui eut lieu le 1ᵉʳ Juin 1794 dans le golfe de Gascogne et qui détruisit la flotte commandée par Villaret-Joyeuse. Il aimait à raconter le tragique épisode du « Vengeur », qui près de couler bas, cloua son pavillon, refusa de se rendre, continua le feu jusqu'à ce que l'eau eut submergé ses batteries et s'engloutit aux cris de « Vive la République ! Vive la France ! ».

Je ne partage nullement l'opinion de Madame de Staël : " que voyager est un des plus tristes plaisirs de la vie ,,. J'estime au contraire qu'il en est un des plus grands, puisqu'il nous permet de sortir d'un cercle restreint d'horizons et de relations où les points de vue doivent être nécessairement limités. Qui se borne à son clocher et à quelques intimes, risque fort de n'entendre qu'un son, qu'une cloche, et de juger les choses les plus simples absolument de travers. De même que par la conversation et par la lecture vous vous assimilez l'expérience des autres, de même par les voyages vous étendez indéfiniment la sphère de vos observations, de vos analyses. Les livres ne suffisent pas plus à donner une idée exacte des divers pays du globe, quelque bien faites que soient les descriptions, qu'ils ne peuvent vous faire apprécier complètement les caractères des peuples. Ce que l'on voit par les yeux des autres n'a jamais cette netteté de formes, cette vérité, cette sincérité d'aspect que ce que l'on voit par ses propres yeux. Les livres m'ont appris l'histoire d'Angleterre, l'étonnante énergie de ce peuple à formation particulariste dont la puissance s'étend progressivement sur toutes les parties du monde, fondant comme l'ancienne Rome un empire immense, se développant sans cesse ; mais il faut avoir vu les anglais chez eux pour se rendre compte de leur supériorité sociale, politique, commerciale, industrielle et financière, et c'est précisément, je crois, parce qu'ils sortent beaucoup de leur pays qu'ils nous sont si supérieurs.

En rade de Cowes, 3 Juin.

Forte brise, mer légèrement moutonneuse, mais beau soleil. Nous en profitons dès le matin pour sécher nos voiles. Vers onze heures nous formons le projet d'aller à Southampton où nous avons quelques acquisitions à faire, des vivres pour le voyage, une longue-vue et divers autres objets. Nous levons l'ancre vers onze heures et demie avec bon vent ouest et vers midi et demi nous arrivons dans le port de la ville manufacturière et industrielle. Elle n'offre rien de bien remarquable. Nos acquisitions faites nous rentrons à Cowes, vers cinq heures. Vers sept heures nous nous faisons conduire à terre et nous nous rendons à la promenade *Stephenson* appelée communément « le green » rendez-vous ordinaire de toute la population urbaine.

Cette promenade est une longue pelouse en pente douce qui descend jusqu'à la mer. Au milieu de la pelouse un kiosque où l'on fait de la musique deux ou trois fois la semaine. Mon cousin du Monceau rencontre là le major Cathcart qu'il a connu à Londres. Il revient d'Australie et lui propose de lui raconter comment il est allé y vendre un yacht de 200 tonnes appartenant à son ami le duc de Marlborough et dont celui-ci voulait se défaire. Par simple désir de lui faire gagner deux ou trois cents livres de différence, le major s'était offert de le conduire aux antipodes, avait traversé tout l'océan Atlantique, des côtes d'Angleterre au Cap Bonne-Espérance, avait affronté les terribles tempêtes qui y règnent souvent, s'était arrêté à Madagascar, avait traversé le grand Océan et avait enfin touché à Melbourne où il était parvenu à réaliser le bénéfice qu'il en avait espéré. Il faut être anglais pour imaginer de ces parties de plaisir! Faire plus que la moitié du tour du monde pour obliger un ami, ce n'est certes pas banal. Il est vrai que c'était une occasion de visiter un continent qu'il ne connaissait point. Mais trouverait-on chez nous ou en France de ces curiosités là ? Comme ces messieurs parlent anglais et que le docteur et moi n'en comprenons pour ainsi dire pas un mot, nous tirons au large et allons faire l'étude des physionomies qui se promènent au *Stephenson garden*.

Je ne vous ennuierai pas par une longue description des types de la race Anglo-Saxonne. Vous les connaissez aussi bien que moi, nous en voyons assez partout. Cependant ce qui me frappe le plus ici, dans le pays même, c'est l'énorme différence qui distingue les peuples si proches voisins qu'il suffit d'une traversée de quelques heures pour passer d'une frontière à l'autre. Affaire d'origine, de langue et de religion. A Paris ou à Marseille je me sens autant chez moi qu'à Bruxelles. Ici je suis presqu'aussi dépaysé que si j'étais en Chine. Je ne comprends pas un mot au langage, les physionomies sans être aussi différentes que celles de la race jaune, ont cependant un caractère tout-à-fait distinct de nos populations belges ou françaises. Si le costume diffère peu, le type, la marche, l'expression du regard sont tout autres.

Les femmes ici sont en général ou très-jolies ou très-franchement laides. Elles manquent à peu près toutes de cette grâce féminine qui distingue particulièrement la française et surtout la parisienne. La démarche et le geste ont quelque chose de masculin, de saccadé, les pieds grands et chaussés sans élégance, les mains longues, osseuses et gantées trop large, dénotent un manque absolu de coquetterie pour les extrémités. En revanche elles ont la coquetterie du teint, du visage, des cheveux, de la taille qu'elles ont en général remarquablement fine, sans qu'elles paraissent abuser du corset. C'est une conformation de torse spéciale, avec fort peu de gorge, ce qui ne semble pas les préoccuper, et la carrure assez marquée. Il y a évidemment au-delà du détroit une esthétique différente de la nôtre. Une chose encore que je remarque chez les jeunes filles et les jeunes femmes, c'est la candeur, la virginité du regard. Ne vous y fiez cependant pas trop, m'avait dit la veille au club, le vieil amiral Ratsey. Malgré l'austérité apparente de nos mœurs, l'espèce de puritanisme qui règle nos attitudes et nos rapports extérieurs avec le beau sexe, il est peu de pays où la jeune fille du peuple ou de la petite bourgeoisie, arrivant au mariage, soit plus instruite des mystères de l'amour. J'aime à croire qu'il a quelque peu exagéré, mais son opinion ne m'en a pas moins semblé curieuse à consigner dans mes notes de voyage.

Quatre-vingt-dix ans donnent de l'expérience et il n'y a rien que j'aime autant, à défaut de jolies femmes, que de causer avec des hommes d'âge, surtout lorsqu'ils portent aussi gaillardement les années. De son côté l'amiral ne paraît pas dédaigner de causer avec moi. Ayant appris que j'avais une assez nombreuse parenté dans les provinces rhénanes, il s'amusa à me raconter une très curieuse histoire qui s'est passée là jadis, qui vous intéressera certainement autant qu'elle m'a intéressé moi-même.

L'amiral Ratsey avait beaucoup connu au commencement de ce siècle Lord Bolimbroke, très élégant cavalier, qui, vers cette époque, bien que marié, n'en était plus à compter ses succès dans les salons de Londres et ses conquêtes dans le tiers-état enjuponné.

Il lui prit fantaisie un jour de voyager sur le continent et se souvenant qu'il avait une demi-sœur plus jeune que lui, qu'il n'avait plus revue depuis une dizaine d'années, et que son tuteur avait mise, pour achever son éducation, dans un couvent de Heidelberg au duché de Bade, il fut curieux de la revoir. Il ne manqua donc pas de s'y présenter bientôt, non pas sous son vrai nom de Bolimbroke, mais sous le nom d'un arrière-cousin.

La jeune fille qu'il n'avait vue que toute enfant, lorsqu'elle avait sept ou huit ans, était devenue une ravissante personne. Elle allait atteindre ses dix-huit printemps.

Il parvint sous prétexte de la reconduire en Angleterre, à la faire sortir du couvent. Mais avant de la ramener à son tuteur il alla s'installer avec elle dans une petite ville des bords du Rhin et trouva bientôt mille raisons pour ne plus quitter ces rives enchanteresses. Violemment épris des charmes de la petite pensionnaire, il se garda bien de lui faire connaître sa véritable qualité et peu après il l'épousa secrètement sous son nom d'emprunt, alléguant des procès de famille, des intrigues politiques et Dieu sait quoi, pour justifier l'espèce d'incognito qu'il lui fallait garder, l'exil qu'il devait continuer à subir.

Ce que devint sa première femme pendant ce temps-là qui fut long, je ne pourrais vous le dire. Peut-être ne fut-elle pas fâchée de cette séparation qui l'empêchait d'assister de trop près aux folles escapades de son mari. Tandis qu'on ignorait à Londres et la retraite et le singulier mariage de Lord Bolimbroke, celui-ci prolongea pendant quatre ans sa nouvelle lune de miel et vit naître quatre enfants.

Mais un beau jour le volage planta là sa seconde et irrégulière moitié et s'en vint à Cologne où il reprit son vrai nom. Il y fit la connaissance de quelques hautes personnalités de l'aristocratie allemande.

Parmi les jeunes et jolies femmes qu'il y avait remarquées, se trouvait une Baronne de Hompesch, de Bavière, nièce du dernier grand Maître de l'ordre de Malte et chanoinesse d'un chapitre des environs. Il lui fit une cour assidue, autant qu'on pouvait le faire à une dame chapitrale, voyant peu le monde et ne pouvant sortir sans être accompagnée de quelqu'autre dame de son canonicat. Il n'eut garde naturellement de lui parler de ses deux précédents mariages et fit si bien qu'il lui persuada de se laisser enlever pour s'en retourner avec lui en Angleterre et y faire célébrer de justes noces. Tout fut donc secrètement arrêté entre eux, et un jour que la jeune chanoinesse se promenait sur les bords du Rhin dans les environs de Rolandseck avec la Comtesse de M......, elle parvint à s'écarter un moment de sa compagne, jeta son voile et son manteau sur la rive du fleuve et rejoignit son séducteur qui l'attendait à quelques pas de là dans une chaise de poste attelée de quatre vigoureux chevaux.

Au bout d'un quart d'heure, la comtesse de M...... ne la voyant pas revenir, fut prise d'inquiétude. Elle l'appela mais en vain, courut de tous côtés, envoya des gens à sa recherche, et comme on ne retrouva que son voile et son manteau qui trempaient à moitié dans les flots, on ne douta pas que la malheureuse n'eût péri à la suite de quelqu'imprudence ou de quelqu'accident.

La famille et les chanoinesses furent au désespoir, on fit ses obsèques solennelles au Chapitre, on porta son deuil chez les Hompesch et pendant un mois il ne fut question à Cologne, à Bonn, à Rolandseck et dans toute la province Rhénane que de cette mystérieuse et inexplicable disparition.

Cependant arrivée en Angleterre, la baronne apprit bientôt que son ravisseur était marié. Il était trop tard pour revenir sur ses pas, le scandale eut été immense. Elle resta donc à Londres où elle se cacha avec soin. Mais à peu de temps de là, Lord

Bolimbroke étant devenu veuf par la mort de sa première femme, elle finit par l'épouser, plus heureuse en cela que la pensionnaire de Heidelberg qui était restée en Allemagne et dont les droits plus anciens ne pouvaient être légitimés, tout mariage étant impossible à cause des liens de parenté. Lord Bolimbroke toutefois ne l'avait point complètement oubliée. Il pourvut à ses besoins et fit passer les quatre enfants qu'il en avait eus en Amérique où il les établit convenablement. Quant à la pauvre délaissée, elle ne tarda pas, grâce aux libéralités de son demi frère et à la fortune qui lui revenait en propre, à convoler en secondes noces avec un comte de ***.

Ce fut une immense surprise à Cologne, au Chapitre et dans toute l'aristocratie rhénane, lorsqu'on apprit que la défunte chanoinesse qu'on avait sincèrement pleurée, dont on avait dit le *de profundis* et dont on avait porté le deuil, était encore de ce monde, venait en quelque sorte de ressusciter, et devenait par un brillant mariage, cette fois en bonne et due forme, Lady Bolimbroke.

Cette histoire m'a d'autant plus intéressé que je connais intimement plusieurs membres des diverses familles dont l'amiral m'avait cité les noms. C'est tout un roman qui vaut la peine d'être conté et dont certainement les générations actuelles n'ont plus aucun souvenir. (1)

(1) Ces aventures de Lord Bolimbroke m'ont été confirmées quelques années après, par une de mes tantes, la comtesse Beissel de Gymnich, femme du Comte Richard Beissel chambellan de l'Empereur.

Je m'étais toujours imaginé jusqu'ici que l'Angleterre était le dernier refuge de la vertu sur la terre. Un assez long séjour que j'ai fait à Londres il y a deux ans, cette histoire de grand seigneur adultère, inceste et bigame, et bien d'autres qui m'ont été contées depuis, me prouvent qu'il faut en découdre et ne pas confondre les apparences avec la réalité. Il est en général de bon ton de ce côté du détroit d'afficher de la pruderie, du rigorisme, de stigmatiser le vice chez les autres, chez ses voisins du continent, ce qui n'empêche que toutes les passions humaines y éclosent avec la même exubérance. Seulement elles ne s'y étalent plus avec la même franchise qu'au temps de Henri VIII ou d'Elisabeth.

Les Anglais ont dans leur excès de pudeur imaginé l'abjection de certains de nos organes, comme si rien de ce que la nature a créé dans l'homme pour arriver au développement de son bien-être, de ses facultés, pouvait être honteux. Ils ont poussé si loin ce sentiment d'une fausseté évidente et ridicule, qu'il n'est pas permis de parler de son estomac. Demander à quelqu'un s'il souffre de l'estomac, ou se plaindre du sien, est une incongruité qui vous classe immédiatement parmi les gens mal élevés et sans éducation. Schocking !... C'est à peine si l'on ose sans rougir en parler à son médecin. Cela donne la mesure du reste. Le corps, comme la nation, a ses parties seigneuriales et ses parties viles et abjectes, et certes si l'on pouvait se passer de celles-ci, il se serait formé des sectes pour s'amputer tout ce qui n'est pas noble, comme certain pasteur en Amérique avait imaginé en se fondant sur un texte des Saints-Pères, de St-Thomas ou de Saint-Augustin, qu'il ne fallait conserver qu'un œil pour faire son salut. Il était borgne, prétendait s'être éborgné lui-même, et avait engagé toutes ses ouailles à se crever un œil pour arriver plus sûrement au Paradis.

L'exagération de vertu amène l'exagération du vice. Aussi n'y-a-t il pas de villes où le vice s'étale avec autant d'impudence qu'à Londres et dans les grandes cités d'Angleterre, dès la nuit venue.

A Paris, à Pétersbourg, à Bruxelles, à Berlin, à Vienne, dans toutes les capitales de l'Europe, vous pouvez sortir en compagnie d'une honnête femme ou d'une jeune fille, le soir. Elle n'y verra dans l'attitude des promeneurs aucune différence avec la foule ambulante qu'elle y a remarquée dans la journée. A Londres, les artères les plus aristocratiques, Piccadilly, Régent-Street, Régent-Circus, Hay-Market, Leicester Square, Trafalgar Square deviennent d'ignobles marchés de chair humaine, sous l'œil paternel et bienveillant des nombreux policemen. L'Angleterre donne là un bel exemple de liberté commerciale. En libre-échangiste de l'école de Manchester, j'aurais mauvaise grâce de l'en blâmer, mais il me paraît que la pudibonderie et la robe d'innocence dans lesquelles elle se drape majestueusement pendant le jour, sentent fortement l'hypocrisie. Quoiqu'il en soit, à partir du dîner, une femme qui se respecte ne peut sortir qu'en voiture. Les hommes eux, ont la ressource du club qui sert de prétexte à leurs excursions nocturnes. Aussi les clubs sont innombrables ; pas de rues, pas de places qui n'aient le leur : pas un gentleman quelque modeste que soit sa fortune, qui ne fasse partie d'un club. Il s'y rend régulièrement et solennellement tous les jours en habit noir et cravate blanche, sans se priver régulièrement aussi, mais moins solennellement de quelques stations dans les Music-Hall en vogue, dans les bouges où le vice est tarifé aussi méthodiquement que le verre de wisky ou la bouteille de champagne.

Yacht *Intrepid*, 4 juin

Désirant visiter l'Ile de Wight avant notre grand départ fixé à demain 5 juin, nous sommes partis pour Ryde où nous devions embarquer un steward, sorte de maître d'hôtel qui nous avait été recommandé chaudement. Nous avions levé l'ancre à 10 heures du matin, par un temps superbe, par une mer calme comme un miroir, sans la moindre ondulation. A 11 heures nous jetions l'ancre à Ryde et nous nous faisions conduire d'abord, pour déjeuner, au *Royal Victoria Yacht Club*, où les membres présents nous recevaient avec une extrême courtoisie. Comme c'était un dimanche et que nous éprouvions grande difficulté à nous procurer une voiture pour faire l'excursion projetée, un membre du Club, l'honorable Lucius M. Cary, fils d'un lord dont je ne me rappelle plus le nom, mit sa calèche et ses chevaux à notre disposition et nous fit conduire en poste à travers l'île, de midi à 9 heures du soir. Ferait-on cela chez nous pour son meilleur ami? Cependant nous connaissions à peine M. Cary et l'offre nous fut faite avec tant de bonne grâce et de sans façon que nous avons pu l'accepter comme on accepte un cigare ou un verre de chartreuse. Nous avons ainsi pu traverser l'île, visiter *Bonchurch* et *Ventnor*. Je rentre trop tard pour transcrire mes impressions sur l'Ile de Wight et vous les communiquerai dans ma prochaine lettre.

Cowes, 6 juin.

Chère Madame,

Je vous écris encore quelques mots avant de quitter Cowes où nous sommes retenus par des vents contraires ou plutôt par absence de vent, car à part quelques brises d'ouest, nous nous trouvons depuis notre excursion d'avant hier à Ryde, dans le calme le plus complet. J'ai déjà proposé d'immoler deux colombes blanches à Neptune et quelques tourterelles aux divinités secondaires. Les anciens qui savaient tout embellir, n'auraient pas manqué de faire intervenir quelque déesse ou quelque Calypso pour expliquer le retard que nous mettons à quitter cette île enchanteresse, mais hélas, les poètes n'ont plus aujourd'hui que la rime, et l'imagination s'est envolée aux rives du passé avec tout le cortège des dieux de l'Olympe et des riantes créations de la superstition humaine. Le temps est magnifique, pas une ride sur l'immense surface des eaux; les mouettes volent avec nonchalance et plongent dans l'onde transparente pour reparaître l'instant d'après et replonger encore. Les matelots étendus paresseusement sur l'avant du navire chantent à mi-voix leurs complaintes nationales ou quelques ballades qui leur rappellent le village, le toit de chaume, la famille, les souvenirs, les regrets, les amours.

L'Ile de Wight que je ne vous ai pas encore décrite, vous séduit à première vue et vous charme. De tous côtés sur les eaux qui l'entourent des centaines de yachts, d'yawls, de schooners, de cutters avec leurs blanches voiles, sillonnent la mer en tous sens. Les rivages avec leurs bosquets de verdure qui plongent jusque dans la vague, semés çà et là de châteaux gothiques, de villas, de cottages, de belvédères, de constructions de toute sorte plus originales les unes que les autres, plus loin la sombre verdure des arbres séculaires qui entourent l'habitation de l'homme cachée comme un nid dans un buisson, le lierre sauvage et les rosiers grimpants tapissant les murs et s'arrondissant en berceaux touffus couverts de fleurs, la luxuriante végétation des prés verts, des vallons ombreux, les crêtes arides de montagnes souvent surmontées de roches fantastiques ou de vieux donjons ruinés, tout charme la vue et fait de l'île de Wight un séjour délicieux. Ajoutez à cela des habitants aimables et polis, non pas de ces figures anglaises que l'on voit affairées dans les rues et les carrefours de Londres, ou dans les ports de guerre et de commerce, mais partout des marins de luxe, de belles physionomies pleines de caractère et d'énergie, des gentlemen de toute première volée, un peuple plein d'urbanité qui ne connaît point la misère et les vices que la faim traîne après elle. Ajoutez encore, à part quelques exceptions, de charmantes femmes, des jeunes filles adorablement jolies et se promenant seules ou à deux dans les endroits les plus écartés, causant avec le passant, souriant aux jeunes gens et leur envoyant des baisers, malgré leurs figures candides et virginales, plus moqueuses qu'encourageantes pour ceux surtout qui ne connaissent pas la langue du pays. Ah! que ne m'a-t-on appris cet affreux baragouin que parle la moitié du monde et qu'on appelle la langue anglaise! J'ai passé cinq ans à faire du grec et n'ai jamais pu le traduire couramment, j'ai passé dix ans à faire du latin, et grecs et latins s'ils étaient revenus au monde ne m'auraient certes pas plus compris que je ne comprends l'Hébreux.

Aujourd'hui nous avons passé la soirée au club en compagnie de lord Wilton, frère du marquis de Westminster, de Lord Ponsonby, de Lord Cardigan, du duc de Leeds, de l'amiral Ratsey, etc., etc.

13 Juin, à bord du Yacht *Intrepid*.

Les dernières journées de notre séjour à Cowes se sont passées dans le calme plat, sans incidents notables. Nous attendions le vent pour mettre à la voile. Le 10 Juin tout étant prêt pour le départ et la brise s'étant levée, nous pouvons enfin nous mettre en route pour le grand voyage et levons les ancres à 5 heures et demie de l'après-midi. Nous marchons assez bien jusque vers huit heures. Mais de nouveau le vent tombe et nous devons jeter l'ancre devant *Yarmouth*, afin de n'être pas entraînés la nuit par le courant sur les *Needles*, qui barrent l'entrée du canal entre les côtes du *Dorsetshire* et l'Ile de Wight. La passe entre les *Needles* et les falaises est extrêmement étroite, semée de bancs de sable à fleur d'eau et d'une série de rochers rangés comme les chicots d'une énorme machoire. Les courants dans ces parages sont assez violents pour faire courir de grands dangers à ceux qui ne prennent pas toutes leurs précautions pour les éviter.

Ce ne fut donc que le lendemain dimanche à 6 h. 30 du matin que nous quittâmes *Yarmouth* pour effectuer ce passage. A 11 h. 3/4 nous cinglions en vue de *Portland*, puis nous longeons les ébullitions de *Portland* " *the races of Portland* " qui s'étendent à l'ouest sur un espace de trois à quatre milles et qui constituent un curieux phénomène. La mer y est dans une agitation constante quelque temps qu'il fasse. Cette ébullition est produite par une brusque différence de profondeur autour des rochers sous-marins qui arrêtent le courant dans quelque sens qu'il se dirige. Nous ressentons à bord l'effet de ces ébullitions qui nous donnent par un très beau temps le sentiment d'une mer moutonnée, puis nous continuons notre course parallèlement aux côtes d'Angleterre. Vers 8 heures nous apercevons les lumières du *Start* que nous passons vers minuit après avoir parcouru une distance d'environ cent milles depuis notre départ de *Yarmouth*.

Le lendemain matin à 4 heures nous quittons définitivement la côte d'Angleterre à *Eddistone*, phare bâti sur un rocher dans la baie de Plymouth, pour nous lancer en plein océan et voguer vers les beaux rivages du *Tage* et du *Guadalquivir*.

Je n'ai pas eu le temps encore de vous faire la description de notre coquille de noix. Le yacht *Intrepid* qui jauge soixante-quinze tonnes est le plus ravissant navire que l'on puisse imaginer. J'en ai vu plus de deux cents à l'île de Wight, j'en ai vu d'aussi beaux, d'aussi coquets, d'aussi solidement construits, mais je n'en ai point rencontré qui eussent plus d'harmonie dans les proportions, plus d'élégance dans la tournure et dans la marche. Quatre ou cinq fois long comme ma chambre et tout au plus aussi large qu'elle (1), il peut porter trois mille pieds carrés de toile et fend l'onde comme un cygne, majestueusement, sans effort, allant contre vents et marées comme s'il faisait la chose la plus aisée du monde. Avec bon vent arrière, il laisse derrière

---

(1) Vingt-huit mètres trente de long sur cinq mètres trente trois centimètres de large.

lui vaisseaux de guerre ou de commerce, vapeurs, cutters, tout ce qui navigue. Il est aux autres bâtiments ce que l'hirondelle est au prosaïque moineau. Sa coque est noire avec un simple bourrelet d'or sous les bastingages. A la proue un léger ornement de bois doré encadre l'attache du beaupré Il porte aux palans de babord et de tribord deux canots ou gigs d'une grande légèreté. Le pont parqueté comme tous les yachts, en beau sapin du Nord, est d'une propreté méticuleuse, ses cuivres toujours resplendissants. En descendant par l'écoutille d'arrière, on arrive tout d'abord au salon garni de tapis d'Orient, meublé avec luxe, décoré de quelques tableaux, et de bibelots de prix. L'un des mâts qui le traverse est orné d'une panoplie formée de carabines à la base, et plus haut de quelques armes turques ou égyptiennes aux gaines d'or ou d'argent à la poignée incrustée de pierreries, ou niellée. Il n'est pas fort grand, par exemple, le salon, non plus que les cabines, mais le tout est aussi confortable qu'on peut le désirer dans un aussi petit espace.

Maintenant, chère Madame, que je vous ai fait la description de notre home, je reprends mon livre de bord. Nous avons donc quitté la pointe marquée par le phare d'Eddistone à quatre heures du matin. A midi trente minutes nous constatons sur le loch que nous sommes à 78 milles de la côte. Nous croisons une goëlette marchande qui nous passe sous le vent à 100 mètres environ. Elle est en destination de *Brême* et s'appelle *Anna*. On a l'habitude en mer d'échanger les noms, les destinations, par porte-voix, par signaux ou par écriture à la craie sur planche noire que l'on déchiffre au moyen de jumelles marines. Cela sert souvent, dans les sinistres maritimes, à fixer exactement la route suivie par les bateaux perdus. Nous nous souhaitons mutuellement d'arriver à bon port. La mer est d'un bleu sombre indigo. Il y a du soleil, quelques nuages, bon vent. Vers quatre heures, à près de cent milles des côtes, un oiseau dont nous ne distinguons pas bien l'espèce cherche à se reposer sur nos mâts. Il vole à tire d'ailes bien qu'il paraisse exténué de fatigue. On le voit se soutenir dans l'air avec peine. D'où vient-il, comment est-il arrivé jusqu'à nous ? Nos matelots sans doute l'effraient, car il s'éloigne tout à coup et va se noyer à quelques milles plus loin. Cela ne vaut presque pas la peine d'être conté, mais en mer tout intéresse, le moindre incident occupe et devient sujet de conversation.

Vers cinq heures le vent augmente, nous marchons rudement et dansons passablement. Le soleil à peine couché, le vent devient plus violent et commence à siffler dans les cordages, la mer se couvre d'écume, peu à peu les vagues commencent à nous éclabousser sur le pont et nous forcent à revêtir nos costumes de tempête, chapeaux imperméables en toile, semblables à ceux des pêcheurs de crevettes, grands manteaux dalmates ou en caoutchouc, bottes également imperméables couvrant les genoux et les cuisses. On est obligé de mettre les canots sur le pont de crainte qu'ils ne soient enlevés des palans par les vagues.

Nous assistons au lever de la lune qui par moments montre son globe rouge à travers des nuages fantastiques. Le spectacle est grandiose, et pour qui fait son premier voyage en mer, comme le docteur et comme moi, c'est presque saisissant et lugubre. On n'entend que la grande voix de l'océan qui gronde, l'immensité vide autour de soi, au dessus le ciel menaçant et s'assombrissant de plus en plus. Vers neuf heures l'écume des vagues commence à balayer régulièrement le pont et l'on ferme les écoutilles. Le navire est penché sous le vent de telle sorte qu'il n'y a plus moyen de se tenir debout et qu'il faut, même assis, se cramponner aux cordages. Les vergues s'enfoncent dans l'écume et les lames qui déferlent se brisent avec fracas. Mon manteau dalmate en laine brune, mon capuchon, mes bottes en caoutchouc ne me préservent plus. je suis mouillé des pieds à la tête et presque continuellement sous l'eau. De moment en moment la fureur des vagues augmente, tout tremble, tout gémit à bord, les planches paraissent vouloir se disjoindre, les mâts semblent se briser à chaque effort du vent. Tout à coup un cordage en fer tressé, d'un pouce d'épaisseur, se brise comme un fil et nous oblige de faire descendre le *Topmast*. Vers dix heures on prend un second ris dans le *foresail* et le *mainsail* et malgré cette diminution de voilure nous marchons à travers tout avec une vitesse de douze milles à l'heure. C'est un spectacle grandiose et vraiment magnifique. Les matelots moins enthousiastes que nous caractérisent cela par l'expression vulgaire mais énergique de "temps pourri." De dix heures du soir à cinq heures du matin le pont est continuellement balayé par l'écume des lames et sous eau. Plusieurs fois j'ai cru qu'en retombant du sommet d'une vague le navire allait s'entr'ouvrir, plusieurs fois j'ai cru que les mâts allaient plonger dans l'eau et retourner la quille en l'air. Vers minuit accablé de fatigue je suis parvenu à me glisser dans ma cabine où j'ai pu dormir un peu et par moments, malgré le mouvement désordonné et le vacarme incessant.

On se fait à tout. Comme le soldat que grise l'odeur de la poudre, la lutte contre les éléments offre bientôt une irrésistible attraction. Sur cette frêle embarcation, ballottée en tous sens par les vagues, qu'un mauvais coup de gouvernail pouvait engloutir à jamais, en plein océan, à deux cents milles environ des côtes, je n'ai pas regretté un instant d'avoir quitté la terre ferme, le home hospitalier, les amis, la famille. On éprouve une âcre jouissance à défier les forces de la nature, à narguer la mort qui vous guette, à affirmer face à face avec le danger le mépris de la vie. C'est là que l'examen de conscience acquiert toute sa sincérité, que l'on aperçoit clairement le bien fondé ou le néant de sa philosophie, que la vérité nous apparaît ou claire comme le jour ou voilée de ténèbres épaisses qui pénètrent l'âme d'une muette et secrète horreur. C'est la pierre de touche de nos croyances. On se sent là comme une infime poussière dans la main de Dieu, et l'on est saisi d'épouvante ou plein de sécurité, selon qu'on craint ses jugements ou que l'on est prêt à s'y abandonner avec confiance.

Pendant toute cette nuit donc et pendant toute la journée suivante nous avons tangué et roulé sans discontinuer, toujours embarquant des paquets d'eau. Vers six heures du matin nous trouvons trois poissons que la mer a jetés sur le pont. L'un a une espèce de bec d'oiseau et mesure environ dix pouces de longueur. Son ventre est argenté, son dos est vert foncé. Les deux autres sont de la famille des cracheurs d'encre et ressemblent comme conformation aux sépias de la Méditerranée. Leur queue est garnie d'une double nageoire assez semblable à une hélice, le corps forme une sorte de long cornet d'où sort une tête garnie de tentacules. Je ne les ai vus d'ailleurs que mutilés.

A bord du Yacht *Intrepid*, 15 Juin

Nous avons en quarante huit heures de tempête traversé toute la *Baie* de Biscaye et nous approchons des côtes d'Espagne. A cinq heures du matin nous avons croisé un brick de commerce, rudement secoué, dont les voiles portaient tous leurs ris et dont les vergues plongeaient par moments dans les vagues. Il avait perdu son beaupré, brisé sans doute par quelque lame furieuse. Par moments il disparaissait complètement à nos yeux puis on le revoyait au sommet d'une vague pour disparaître encore l'instant d'après. Dans la journée le vent s'apaise et la mer se calme peu à peu. Nous voyons quelques hirondelles qui nous prouvent que nous approchons de la terre. Suivant nos calculs nous devons être à soixante milles environ des côtes de la *Galice* et du *Cap Finistère* sur le 10me degré Ouest. Vers le soir les nuages disparaissent. La nuit est superbe, le ciel constellé de millions d'étoiles forme une voûte immense d'une incomparable splendeur. La température est chaude de cette douce et humide chaleur des nuits méridionales. A onze heures le vent tombe entièrement et nous n'avançons plus. L'après-midi nous a paru longue, interminable. Nous avons hâte d'arriver quelque part. Depuis la rencontre du brick, tout au matin, nous n'avons plus rien vu que l'horizon sans limites. Cette immensité vide nous pèse et nous trouvons que quelques heures de calme plat valent moins qu'une journée de tempête. Ainsi sommes-nous faits, que nous ne sommes jamais contents de notre sort. Sauvés d'un péril nous le regrettons presque l'instant d'après et maudissons le ciel de nous donner le calme que nous attendions la veille avec plus d'impatience encore.

Le ciel toujours généreux cependant nous dédommage de cette journée sans incidents. Rien ne peut donner une idée de ces admirables nuits de l'Océan sur les côtes de Portugal et d'Espagne. Tandis que la mer roule lentement ses longues et interminables vagues qui nous bercent d'un imperceptible tangage, les constellations par milliers parsèment la voûte immense, scintillant à l'infini dans le bleu sombre de l'air. Il semble qu'elles aient doublé, triplé, décuplé en nombre depuis que nous avons quitté les côtes d'Angleterre et de Belgique. Au dessus de nous la planète Vénus brille comme un diamant enchassé dans du velours. L'étoile polaire qui fut longtemps la seule boussole des navigateurs, nous envoie sa lumière à travers les cent trillions de lieues qui nous séparent de la place qu'elle occupe relativement à nous dans l'immensité du vide. Dubhé, Merak, Pregda, Megrez, Alioth, Mizar qui doivent leur nom aux astronomes arabes, nous ont aidés à la reconnaître. La voie lactée où les chrétiens, dans leur mysticisme primitif, croyaient voir le chemin des âmes conduisant à leurs destinées éternelles, et qui n'est en somme qu'une nébuleuse formée d'une innombrable multitude d'étoiles, est lumineuse comme une mer phosphorescente. La lune enfin, cette planète la plus rapprochée de la terre, cette compagne fidèle qui gravite autour de nous depuis des millions d'années, ce monde éteint et sans vie qui continue sa course morne et désolée à travers l'espace comme un fantôme d'étoile, nous montre sa face pâle et mélancolique éclairée d'un reflet du soleil qui nous a réchauffé tantôt et qui, pour nous, a dispa . depuis quelques heures à l'horizon.

Que de rêves, que d'espérances, que de tristesses, que de désespoirs sont montés vers cette muette amie depuis les cinquante mille ans que la race humaine grouille malheureuse et misérable sur la surface de la terre ! Jadis, avant que l'on eût mesuré les distances sidérales, on s'était imaginé sur notre globe minuscule, que toutes ces lumières célestes innombrables avaient été créées pour notre seul usage, pour le plaisir de nos yeux, pour éclairer nos nuits après la disparition de l'astre du jour. Aujourd'hui que la science est arrivée à calculer non seulement la distance, mais le diamètre et jusqu'à la pesanteur des astres qui évoluent à des milliards de lieues de nous, il faut en rabattre ; les rêves ne sont plus possibles, les espérances, les tristesses, les désespoirs doivent s'adresser ailleurs, infiniment plus haut si notre esprit n'est point pris de vertige à contempler l'immensité qui nous environne, ou infiniment plus bas si nous ne nous sentons pas de force à nous élever au dessus de la terre, vers la conception d'un idéal nouveau qui n'a plus rien à voir avec les vaines et fausses formules créées dans l'ignorance primitive des peuples. Qui a vu ou seulement entrevu la splendeur du vrai, ne peut retourner à l'erreur.

Mais les siècles se sont imprégnés de mensonges. Nous parvenons à peine à bégayer nos premiers mots que le mensonge nous guette, s'empare de nous, nous suit pas à pas dans la vie, fausse notre intelligence, notre esprit, notre jugement, notre logique, nos mœurs, en sorte qu'il faut plus tard un effort héroïque, surhumain pour déchirer la trame dans laquelle il nous a enlacés, le bandeau qu'il nous a mis sur les yeux. Et que d'hommes n'y parviennent pas ! Que de gens s'imaginent encore voir "le bûcheron" dans la lune !... Malgré que la science nous prouve aujourd'hui que ces tâches ne sont que de grandes ombres projetées par d'énormes volcans éteints, par d'immenses chaînes de montagnes plus hautes que l'Himalaya, que d'ignorants répètent encore la vieille légende qui date de Moïse !

Peut-être, chère Madame, en avez-vous oublié l'origine comme on oublie bien des choses qui se perdent dans le brouillard des siècles et que l'on répète néanmoins sur la foi de la tradition. Elle est intéressante en ce qu'elle montre combien il faut se défier de l'histoire.

Quand dans nos pays de liberté religieuse, nous voyons un pauvre homme travailler le dimanche, jour de repos et de fête, nous sommes pris de pitié et le plaignons de ne pouvoir se délasser comme nous. Il a sans doute une femme, des enfants à nourrir, à loger, à vêtir, et le travail de la semaine ne suffit pas à pourvoir à ses multiples obligations. C'est bien ainsi que nous en raisonnerions n'est-ce pas, vous et moi ?

Au temps où l'on prétend que Dieu parlait encore aux hommes et leur enseignait leurs devoirs, il n'en était pas de même apparemment. car nous lisons dans la Bible au livre des *Nombres* écrit par Moïse, (Ch. XV. v. 32 et suivants) : « Les enfants d'Israël
« étant dans le désert, il arriva qu'ils trouvèrent un
« homme qui ramassait du bois le jour de Sabbat.
« Et l'ayant présenté à Moïse, à Aaron et à tout le
« peuple, ils le firent mettre en prison ne sachant
« ce qu'ils devaient en faire. Alors le Seigneur Dieu

« dit à Moïse : Que cet homme soit puni de mort
« et que tout le peuple le lapide hors du camp. Ils
« le firent donc sortir du camp et le lapidèrent et il
« mourut selon que le Seigneur avait commandé. »

La tradition ne se contenta pas de ce châtiment horrible, épouvantable pour une faute aussi légère; elle transporta le coupable dans la lune avec le fagot qu'il avait ramassé. D'aucuns même prétendirent que le chien qui l'accompagnait y fut relégué à perpétuité à ses côtés.

Pendant des siècles la crédulité humaine fut convaincue que cette malheureuse victime de la cruauté des hommes restait attachée à la lune pour rappeler qu'il était interdit de travailler le jour de Sabbat. C'est de là, chère Madame, que date la légende. Vous voyez qu'elle vient de loin.

A bord du Yacht *Intrepid*, 16 juin.

Nous nous éveillons par un temps superbe. Nous avons une légère brise d'Est-Sud-Est. On met sécher les voiles, les habits, les bottes, sur le pont qui a bientôt l'air d'un bazar. Nous marchons à trois ou quatre milles à l'heure. On passe le temps à tout remettre en ordre, quelques hommes polissent les cuivres et raccomodent la corde brisée du Topmast. A dix heures passent deux brigantines de commerce se dirigeant vers le Nord. Elles se trouvaient dans nos eaux et ont changé de route pour nous éviter. Depuis deux heures nous voyons par moments des touffes d'herbes surnageant sur les vagues et qui proviennent probablement d'un fleuve débordé après quelqu'orage qui aura ravagé les côtes de la Galice. Vers midi le vent tombe, puis vers 1 heure 1/2 une légère brise nous arrive de nouveau. Nous croisons une barque de *Guernesey*, nommée *Alfred*, venant d'après ce que nous crie le capitaine, de Séville et ayant quitté le Guadalquivir depuis sept jours. Nous apercevons plusieurs voiles latines à l'horizon. Nous devons être à quarante milles de la côte et à 240 milles au nord de Lisbonne. A trois heures nous entendons gronder l'orage vers l'Est du côté des terres Espagnoles que nous n'apercevons pas encore. Il y a par là toute une masse de nuages bleuâtres. La mer est de couleur indigo. Vers cinq heures l'orage semble venir vers nous et nous pousse vigoureusement vers le Sud. Nous marchons vent arrière et tâchons de gagner l'Ouest et la pleine mer. Les vagues s'agitent de nouveau et se couvrent d'écume. A 4 heures nous croisons un grand brick de commerce venant de *Galatz* par la mer Noire et se rendant en Norvège. Il passe à cent mètres au-dessous de nous. Vers 7 heures l'orage s'éloigne vers le Nord-Est, le temps s'éclaircit, la mer se calme. Nous avions craint un instant subir une nouvelle tempête. A dix heures le ciel se constelle d'étoiles entre les nuages qui disparaissent peu à peu, et la mer prend une teinte bleu foncé presque noire. Il y a une légère brise qui nous pousse vers le Sud et le navire laisse derrière lui dans son sillage une longue traînée phosphorescente semblable à une rivière de brillants et d'émeraudes. Nous restons couchés sur le pont, en extase, enveloppés dans nos manteaux jusque passé minuit. Que ne suis-je poète ou romancier pour vous peindre les impressions que l'on ressent à cette heure et si loin du monde, avec des millions de constellations au-dessus de soi, avec au-dessous une profondeur de sept mille pieds, et tout autour l'océan sans limites, l'immensité. Il est minuit passé, nous nous retirons à regret dans nos cabines.

17 Juin, Yacht *Intrepid*.

Aussitôt le jour levé nous remontons sur le pont. A cinq heures nous apercevons la terre pour la première fois depuis notre départ de la pointe d'Eddistone, c'est-à-dire depuis le 12 Juin. Nous sommes à la hauteur de l'embouchure du *Douro*, et de *Porto* qui fut jusqu'en 1149 la capitale du Portugal. Depuis que nous avons reconnu la côte, nous poussons de nouveau vers l'Ouest pour regagner la pleine mer, car depuis le matin l'horizon est menaçant du côté du Sud. Vers neuf heures un formidable orage se prépare et vient vers nous avec une effrayante rapidité. L'horizon est sombre. La mer dans cette direction est d'un bleu foncé. Les éclairs sillonnent en tous sens cette bande de nuages noirs qui s'avance vers nous et à chaque minute la foudre tombe de ci de là, sur toute la ligne, avec un roulement et un fracas épouvantables. L'aspect du ciel est terrifiant. Le Comte du Monceau fait descendre les Topsails et l'on prépare tout à bord pour recevoir un coup de vent. Vers neuf heures et demie nous sommes sous une voûte plombée d'où tombe une averse crépitante et serrée, une véritable trombe d'eau. Nous n'avions eu que le temps de revêtir nos costumes de tempête les plus imperméables. Le tonnerre ne cesse de rouler avec fracas et en terribles rugissements sur nos têtes. Nous comptons les secondes entre l'éclair et la détonation. Un moment arrive où cet intervalle devient imperceptible. La foudre éclate à tout instant autour de nous. Pour ma part, assis à l'arrière sur le pont, je l'ai vue tomber quatre fois à cinq ou six brasses au plus du bordage. A chaque coup nous comptons que le prochain nous écrasera, traversera le navire, l'engloutira. L'*Intrepid* tremble du sommet des mâts à la base comme une feuille agitée par le vent. Pendant un quart d'heure au moins les coups de foudre se succèdent autour de nous de minute en minute mettant en trépidation les mâts, les vergues, les cordages. Le vacarme est horrible, assourdissant. Enfin après trente à trente cinq minutes d'angoisses qui nous ont paru un siècle, l'orage s'éloigne en grondant vers le Nord-Est.

Nous l'avons échappé belle. C'est un vrai miracle que la foudre ne nous ait pas anéantis. Nous n'avions pas de paratonnerre et notre énorme mâture semblait faite pour attirer les coups.

Le capitaine et les marins avouent n'avoir jamais vu plus terrible orage, même dans les mers des Indes. Le matelot qui tenait la barre du gouvernail tout près de moi, avait les traits crispés et couverts d'une pâleur livide. Je l'avais regardé plusieurs fois parce qu'après chaque coup il levait les yeux pour observer les mâts et s'assurer qu'ils n'avaient pas été frappés. Moi, je tenais mon chronomètre à la main et calculais le nombre de secondes que nous pouvions encore avoir à vivre. En voyant arriver l'ouragan sur nous avec cette rage insensée, j'avais de suite eu la conviction que nous n'y échapperions pas, que notre dernière heure avait sonné.

Et en effet, une tartane qui se trouvait non loin de nous au moment où la trombe de pluie nous avait enveloppés, a disparu. Elle ne peut avoir dépassé l'horizon en aussi peu de temps et avec absence de tout vent, car la pluie tombait droit, perpendiculairement, et tellement dru qu'elle nous cachait les uns aux autres. Elle doit avoir sombré corps et biens frappée d'un coup de foudre qui lui aura entr'ouvert la quille. Pauvres gens disparus en un instant dans l'abîme, que leur famille ne reverra plus, qui laissent sans doute parents, femmes et orphelins dans quelque port de pêcheurs de la côte !

Nous avons beau braquer nos jumelles marines de tous côtés, plus aucun vestige de la tartane. Les vagues continuent à rouler leurs paquets d'écume, le ciel se dégage, l'horizon s'élargit, aucune épave qui rappelle nos voisins d'avant l'orage. En quelques minutes l'insatiable minotaure a dû engloutir sa proie !

Pendant toute une heure nos recherches ne discontinuent pas. Nous explorons les environs en quelques bordées tirées de droite et de gauche, mais sans résultat. La mer est muette et la mort qui s'éloigne de nous a fauché ces innocentes victimes qu'on attend en vain au rivage et dont nul ne connaîtra jamais le sort.

A onze heures l'orage gronde encore tout autour de nous. A midi la mer devient peu à peu plus houleuse et une énorme poutre de vingt à trente pieds de long environ, débris de quelque navire, passe dans notre sillage. Il a même fallu virer de bord pour l'éviter. Nous continuons à regarder de tous côtés avec nos lunettes et nos longues vues si nous ne voyons pas d'autres épaves. Rien !... Le ciel s'éclaircit petit à petit, la mer est d'un bleu splendide. Peu de brise, quelques échappées d'azur dans le ciel entre de beaux nuages blancs, température douce et tiède, chaleur très forte au soleil.

On se reprend et l'on se sent heureux de vivre encore et d'avoir échappé de nouveau à un grand péril.

La mer scintille sous les rayons du soleil comme si elle était parsemée de diamants.

A six heures le vent tombe, plus même de brise, un ciel lourd, d'épaisses bandes de nuages d'un gris d'acier, la mer unie comme un miroir. Nous passons lentement à portée de carabine d'un navire dont la coque est peinte en blanc. Nous le laissons à tribord. De l'autre côté nous avons en vue depuis quelque temps une petite barque à voiles latines. La mer est tellement transparente qu'en se penchant à l'arrière par dessus le bastingage on voit sous l'eau toute la carène de cuivre vert-de-grisé. A sept heures et demie du soir nous apercevons à tribord trois requins qui passent à quelques brasses du navire. Nous restons sur le pont jusque passé minuit. Le zénith est sans nuages. Nous avons maintenant une légère brise Sud-Ouest et nous marchons à 6 ou 8 milles à l'heure. Tout autour de nous à l'horizon, des nuées chargées d'électricité donnent de minute en minute de brillantes exhalaisons, et surtout dans la direction du Nord-Est, par où a dû passer l'orage.

Nous ne pouvons cesser pendant toute la soirée de causer longuement du sinistre dont nous avons été en quelque sorte témoins le matin, qui s'est accompli silencieusement auprès de nous sans que nous nous en doutions, des pauvres marins de la tartane auxquels nous n'avons pu porter secours, dont nous ne connaissons ni la nationalité, ni le port d'origine, du danger que nous avons couru nous-mêmes de disparaître à jamais comme eux du monde des vivants, ainsi qu'une bulle d'air qui se crève, sans laisser plus de traces qu'elle, et sans que nul des nôtres eût jamais pu savoir ce que nous étions devenus.

Yacht *Intrepid*, 18 Juin.

Pendant toute la nuit nous avons couru des bordées avec vent léger et contraire, ce qui fait que nous avons peu avancé. A cinq heures du matin nous apercevons de nouveau la terre dont nous nous étions éloignés par prudence, à la hauteur de Porto, pour éviter que l'orage ne nous jetât à la côte ou sur quelque brisant à fleur d'eau. Nous nous trouvons en face du cap Mondego et de l'embouchure du fleuve du même nom qui descend de *Coïmbre* et qui prend sa source non loin de *Garda*, dans la *sierra* d'*Estrella*. J'aurais voulu voir *Coïmbre* si pittoresquement juchée en amphithéâtre sur une colline qui domine la belle vallée de Mondego, visiter sa vieille cathédrale de style arabe, l'église de *Ste-Croix* qui renferme les tombes des deux premiers rois portugais *Alfonso* et *Sancho*, le couvent de *Ste-Claire*, où l'on voit le riche mausolée de la reine *Elisabeth*, avec sa balustrade d'argent massif et surtout la « *quintas das Lagrimas* », le château des larmes, où la pauvre *Inès de Castro* fut assassinée. Mais notre itinéraire ne comporte malheureusement pas d'arrêt avant Lisbonne, et il faut que je me borne à rêver de loin à ce triste drame d'amour, l'un des plus poignants qu'enregistre l'histoire des passions humaines. Dans la traduction que je vous fais du récit du « bon vieil Manoël de Menezas Evèsque de Coïmbre » vous verrez comment l'infant *dom Pedro* s'éprit de la jeune Inès, incomparablement belle, incomparablement bonne et aimante, comment il l'épousa en secret, comment en 1355 elle fut égorgée par ordre du roi *Alphonse IV*, père du prince, comment *dom Pedro* devenu roi fit saisir en Espagne, où ils s'étaient refugiés, les trois courtisans meurtriers d'Inès, *Alvarès Gonzalès*, *Pedro Coello* et *Diego Lopez Pacheco*, leur fit ouvrir la poitrine et arracher le cœur en sa présence, comment enfin, après avoir accompli ce vœu d'effroyable vengeance, il fit exhumer le cadavre déjà complètement décomposé de celle qu'il avait tant aimée, la fit asseoir sur un trône, et en présence de toute la Cour terrifiée, lui posa la couronne royale sur le front, comme s'il espérait encore qu'un miracle du Dieu Tout-Puissant allait rendre « la morte reyne » à son inconsolable passion.

Dom Pedro fit après cette lugubre cérémonie, élever à *Alcobaza*, un magnifique mausolée à la malheureuse Inès qui y dormit en paix de son éternel sommeil jusqu'en 1810.

Le 25 ou le 26 septembre de cette année sa tombe fut, à la veille de la bataille de *Bussaco*, indignement violée par des bandits qui s'emparèrent des joyaux dont on l'avait ornée.

Un moine Bernardin d'un couvent voisin, la rendit à la sépulture, mais comme cinq siècles d'ensevelissement n'avaient nullement endommagé ses beaux cheveux, il eut quelque regret de les remettre sans cercueil dans la terre bénite et les coupa pour les porter au marquis Borba qui était alors l'un des Régents du royaume. Ces cheveux semblaient de vrais fils d'or, on eut dit qu'ils venaient d'être enlevés à une tête encore pleine de vie, d'amour et de jeunesse.

On décida à Lisbonne que ces cheveux seraient offerts au prince Régent de Portugal qui depuis deux ans avait trouvé asile à Rio-de-Janeiro. Le marquis de Borba chargea un de ses parents, le comte de Linharès qui devait partir pour le Brésil, de les remettre au prince. Les cheveux furent donc enfermés dans un coffret précieux, épars, tels qu'ils avaient été ramassés par le moine.

Mais le jour où le comte de Linharès, reçu par le prince Jean VI en pleine salle de conseil, allait accomplir sa mission et avait tiré de la cassette les splendides cheveux d'Inès de Castro pour les exposer à l'admiration des assistants, un terrible coup de vent, précurseur d'un de ces violents orages, comme il y en a souvent à Rio, ouvrit brusquement les fenêtres mal fermées, s'engouffra dans la chambre et les légers et précieux flocons de soie d'or furent emportés au loin par le tourbillon. En vain parcourut-on les jardins et le parc du palais, on ne put les retrouver. "La morte reyne,, n'a pas voulu peut-être que ses beaux cheveux si souvent baisés par dom Pedro, son royal amant et son époux devant Dieu, fussent souillés par des mains profanes, touchés par d'autres doigts que les siens, baisés peut-être par des lèvres moins amoureuses et moins pures.

Tout ceci, chère Madame, n'est point de la légende, c'est de l'histoire.

Vous comprenez si j'ai dû regretter de n'avoir pu

m'arrêter à Coïmbre, à Alcobaza, comme je me suis arrêté à Vérone, aux palais des Capulet et des Montaigu où se sont passées les tragiques amours de Roméo et de Juliette. Ce sont de ces pèlerinages que l'on aime à faire, comme un hommage rendu aux plus poignantes douleurs humaines. On revit avec ces fantômes les heures de joie, de bonheur et les heures d'angoisse et de souffrance. On s'imprègne des mêmes paysages, des mêmes sites qu'ils ont vus, des mêmes demeures qu'ils ont habitées, remplies de leurs souvenirs et arrosées de leurs larmes.

Mais je dois me borner à jeter un rapide coup d'œil sur les rivages qui bordent la province de Beïra, car nous continuons à courir des bordées avec vent Sud-Ouest et nous perdons bientôt de vue les pays où se sont déroulés il y a cinq siècles ces lugubres événements.

Nous avons un beau soleil chaud, bien méridional tamisé par moments à travers de grands nuages floconneux qui dessinent sur le ciel, d'un bleu intense, leurs formes fantastiques.

Ces rivages me rappellent un autre drame portugais que l'on m'a conté au temps de mon enfance et qui m'est resté profondément gravé dans la mémoire.

Aux époques lointaines où Oporto était encore la résidence des souverains de Portugal, il y avait deux infants fils du roi, *Dom Alvarès* et *Dom Rodrigue*. Alvarès, bien qu'il fût l'aîné et l'héritier du trône était jaloux de son frère, comme Caïn le fut d'Abel.

Il était grand chasseur, grand coureur d'aventures, de caractère brutal et cruel, de nature ambitieuse et envieuse. Rodrigue, au contraire, était aimé de tous pour ses qualités de douceur, de piété, d'humilité chrétienne. Alvarès que les sympathies qu'attirait son frère irritaient depuis longtemps, résolut enfin de le perdre. Un jour qu'il traversait avec sa brillante escorte une forêt voisine du château royal, il vit des bûcherons en train de faire du charbon de bois, et entassant dans un grand four les fagots qu'ils avaient préparés. Il descendit de cheval et leur ordonna de jeter au four le premier homme qui se présenterait à eux dans la journée, fut-il prince ou seigneur, et leur montrant une bourse remplie d'or il leur promit que cette bourse serait leur récompense s'ils accomplissaient ponctuellement ses désirs.

En rentrant au château, Alvarès pria son frère d'aller à la forêt où se trouvaient les bûcherons et de leur intimer l'ordre d'aller transporter leur four ailleurs. Rodrigue toujours obligeant ne se fit pas prier, mais comme la commission ne paraissait pas urgente et qu'il se souvint qu'il y avait dans un endroit plus écarté de la forêt une chapelle dédiée à la Vierge, il prit un sentier détourné et alla faire une longue prière devant la Madone pour laquelle il avait un culte tout particulier. Impatient de connaitre le résultat de son infernal stratagème, Alvarès lorsqu'il jugea que ses ordres avaient eu le temps d'être exécutés, prit à son tour et seul cette fois, le chemin du carrefour où il avait rencontré les bûcherons. Seulement il prit le chemin le plus court.

Arrivé là, ceux-ci qui n'avaient encore vu personne avant lui et ne le reconnaissant pas, l'enlacèrent de leurs bras vigoureux, puis sans faire aucune attention à ses cris, à ses protestations, à ses blasphèmes, croyant accomplir la promesse qu'ils avaient faite et mériter la récompense promise, le jetèrent au milieu de la fournaise ardente où il périt bientôt dans les plus atroces et les plus cruelles souffrances.

Je ne suis pas bien sûr d'avoir traduit exactement cette histoire, mais à vingt ans de distance je vois encore les deux gravures qui illustraient le volume de légendes que j'eus entre les mains, l'une représentant Rodrigue priant avec ferveur devant le petit autel de la Vierge, l'autre reproduisant la scène tragique où les bûcherons à demi nus, à figures hirsutes, barbares et sinistres, s'emparaient d'Alvarès et l'enfonçaient au milieu des flammes dévorantes.

Pardonnez moi, chère Madame, cette simple histoire qui me hante en côtoyant le pays de Beïra où se passa, dit-on, ce tragique événement, mais en mer les heures sont longues, et nulle part la mémoire du temps passé ne vous revient plus nette, plus lucide, plus dégagée des matérialités de la vie. Les moindres choses portent à rêver, à philosopher. Pendant que je termine cette légende qui porte en elle sa morale : qu'il ne faut pas faire aux autres ce que vous ne voudriez pas qu'on vous fît et que chacun porte tôt ou tard la peine de ses crimes, on m'appelle sur le pont.

Une bande de quinze ou vingt marsouins qui remontent à côté de nous contre le vent, vient changer le cours de mes idées.

Nous apercevons bientôt le cap *Carveiro* et les îles *Berlingas* dont l'une porte un phare de cent dix sept mètres de hauteur. Vers une heure après-midi en nous rapprochant de ces îles, nous voyons cinq baleines ou cachalots, à tribord, prenant leurs ébats à trois milles de distance de nous. Elles lancent par moments de véritables trombes d'eau qui retombent en cascade, et qui paraissent bien avoir huit ou dix mètres de hauteur. Nous continuons à longer la côte et passons devant *Penice*, *Alagnia* et *Maceira*, dont nous voyons les silhouettes blanches se détacher sur la verdure ou sur les roches arides de la côte. Nous voyons encore une baleine passer à un demi-mille de nous et nous la distinguons parfaitement. Puis nous assistons à un coucher de soleil splendide, descendant à l'horizon dans une apothéose de pourpre et d'or, tandis que le ciel se colore d'un bleu clair et profond. Quelques nuages cotonneux vers le Sud, s'irisent de toutes les nuances de l'arc-en-ciel au fur et à mesure que disparaît le char de Phébus. Nous distinguons cependant encore les châteaux de *Mafra* et de *Torres de Monrio* dont les masses blanches se détachent sur les cimes de la *Sierra Monchique* teintées de tons d'opale et de nacre. A six heures le vent faiblit et nous ne parvenons pas à doubler le *cap de Rocca* qui nous sépare de l'embouchure du *Tage*. A 9 h. 1/2 nous sommes forcés de mettre en panne.

et passons la nuit sur place sans que la moindre brise vienne rider la surface des eaux.

Lisbonne 20 Juin,
à bord du Yacht *Intrepid*.

Nous remettons à la voile à 4 heures 1/2 du matin avec les premiers rayons du soleil éclairant les cimes des montagnes. Nous avons peu de vent jusqu'à midi et vers neuf heures un peu de pluie à travers laquelle nous apercevons deux trombes dans le lointain et dans la direction du Sud. Nous assistons très distinctement à leur formation. Elles parcourent un petit espace et se dissipent presqu'aussitôt. A midi le vent s'élève en faible brise et nous permet d'avancer. Nous passons devant *Cascaes bay* et le fort *St-Julien* ou de *Bugio*, nous prenons un pilote dont la barque est venue à notre rencontre et entrons dans le *Tage* vers 1 heure 1/3. A 2 heures 1/2 nous passons devant la pittoresque tour de Belem, enfin à 3 heures 1/2 nous jetons l'ancre devant la ville et un peu en aval.

Une première désillusion m'attend là. *Lisbonne* me paraît un entassement de maisons adossées aux collines et couvertes de toits d'un jaune qui n'a rien d'attrayant. Les collines, car on ne voit pas de montagnes du Tage, sont surmontées de petits moulins à vent tout comme on en voit dans nos Flandres ou sur les côtes de Hollande. Leurs ailes ont une autre forme, il est vrai, plus larges et moins hautes, mais ce n'en sont pas moins de vulgaires moulins à vent. Je m'attendais d'après les descriptions des poètes et surtout de Lord Byron à sentir l'air imprégné du parfum des orangers et des citronniers en fleurs. Au lieu de cela une épouvantable odeur de poissons pourris, d'égouts déversant sur l'espace d'une lieue toutes les immondices de la ville. Nous sommes même forcés de changer notre ancrage et de remonter le fleuve de façon à nous trouver moins en aval et par conséquent moins entourés de ces eaux nauséabondes. Nous nous plaçons à peu de distance d'un autre yacht du Royal Squadron, beaucoup plus grand que le nôtre et qu'on nous dit arrivé de la veille.

Vers quatre heures et demie enfin, nous nous faisons débarquer et nous nous rendons à l'hôtel de Bragance afin d'y commander un bon dîner, car nous sommes un peu fatigués de la cuisine du bord, où nous manquions de viande fraîche depuis plusieurs jours, et où nous étions forcés de nous nourrir de conserves. Nous y apprenons qu'il y a *Corrida*, course de taureaux, et en attendant l'heure du festin, nous nous y faisons conduire en voiture. C'est ce qui s'appelle ne pas perdre de temps. On annonce dix sept taureaux. Le picador, nous dit-on, était chef de brigands sous dom Miguel. Il a changé son escopette contre la lance et ne tue plus ni gens, ni bêtes. Ces courses de taureaux en Portugal sont

moins cruelles et sanglantes que celles d'Espagne et
je ne suis pas fâché de me préparer à celles-ci en
allant voir celles-là. Des *banderilleros* dans d'élégants et riches costumes, et de forts et robustes
paysans dans le simple costume national, luttent
corps à corps avec les taureaux, de belles et fortes
bêtes, dont les cornes sont garnies à la pointe par
de grosses boules de métal, afin d'empêcher qu'elles
ne blessent. Ces courses n'en sont pas moins intéressantes et ne se passent pas sans accidents.
Plusieurs hommes sont très sérieusement contu-
sionnés ou piétinés. L'un d'eux même enlevé entre
les cornes d'un énorme taureau est presqu'écrasé
contre la balustrade d'enceinte. L'enthousiasme se
manifeste bruyamment. On jette dans l'arène des
chapeaux, des mouchoirs, des bottes de cigares, des
oranges, des limons, des pigeons blancs dont on a
lié les ailes. Il y a nous dit-on au sujet de ces luttes
une grande rivalité entre Portugais et Espagnols.

L'aspect de Lisbonne n'a rien de monumental. A
peine offre-t-elle un coup d'œil pittoresque dans
quelques rues montagneuses, avec ses maisons à
balcons et à vérandas. Le peuple me paraît avoir un
beau type. Les barques de pêcheurs ont de la
couleur et une construction toute spéciale assez
originale, les mariniers rappellent comme costume
les Lazzaroni Napolitains. Les rues sont très animées le soir.

En sortant de l'hôtel et en nous acheminant vers
le port nous avons rencontré un lépreux qui
écartait le monde sur son passage en agitant constamment une petite sonnette.

En rade de Lisbonne, 21 Juin.

Ce matin par un temps splendide nous avons visité l'*Eglise du Sacré-Cœur*, et le couvent des *Carmélites d'Estrella* qui y est contigu. L'Eglise est une copie réduite de St-Pierre de Rome. Les murs à l'intérieur disparaissent sous les marbres, les sculptures, les dorures. Dans le chœur se trouve le tombeau de la fondatrice, la reine *Dona Maria*, morte en 1779. Le couvent d'Estrella est en marbre blanc et rose, les dalles sont en mosaïque ; les grilles dorées du cloître sont très belles. En revanche les tableaux qui garnissent l'Eglise et le cloître sont mauvais.

Après cette visite nous nous faisons conduire au jardin public où l'on nous dit qu'il y a concert. Je remarque que l'on rencontre en ville beaucoup de nègres, de négresses, de mulâtres, mais peu de femmes portugaises. Elles vivent, me dit-on, à la mode orientale, séquestrées volontairement ou par habitude, derrière leurs balcons ou leurs moucharabiehs. Les loqueteux et les pauvres pullulent. Parmi ceux-ci, beaucoup atteints d'ophtalmies horribles. Les portugais sont, dit-on, peu jaloux et diffèrent en cela des espagnols leurs voisins. On dit les femmes coquettes ce qui donne lieu à de nombreuses intrigues.

Le soir en retournant au yacht, nous passons à côté de centaines de mariniers ou de pêcheurs couchés dans leurs manteaux et s'apprêtant à passer la nuit sur les trottoirs, à la belle étoile. Il est vrai que les nuits sont si douces, si splendides ! Une jolle petite espagnole qui nous dit être de Malaga nous suit depuis un certain temps, la guitare sur le dos, nous faisant des yeux doux et murmurant des choses que nous devinons mais que nous ne comprenons pas. Il est trop tard pour nous offrir un concert. Nous la renvoyons, arrivés au port, avec quelques pièces blanches. Elle est réellement jolie avec ses cheveux en broussailles et ses yeux et ses sourcils noirs, sa belle carnation chaude, ses lèvres rouges comme des cerises, ses dents blanches qu'elle aime à montrer en souriant. Elle peut avoir de quatorze à quinze ans à peine, la pauvre enfant, abandonnée ainsi le soir dans cette ville endormie. Elle aura fait en tous cas bonne recette, ce jour-là. Lorsque nous lui avons demandé d'un seul mot si elle était portugaise, elle a eu un haut le corps dédaigneux et une moue tout à fait drôle d'indignation et de fierté froissée. « Da España, Malagêse », nous répondit-elle avec un rayonnement dans les yeux. C'est tout ce que nous avons pu saisir du long discours qu'elle nous a fait depuis l'hôtel de Bragance jusqu'au canot qui nous attendait au port.

Lisbonne, 22 Juin. Yacht *Intrepid*

Nous avons fait visite ce matin au Ministre de Belgique, le baron Pycke, charmant homme, d'une grande distinction et qui nous reçut de la façon la plus aimable, après quoi nous allâmes déjeuner à l'hôtel de Bragance. Au moment où nous nous disposions à y entrer, nous fûmes accostés par deux mendiants qui se mirent à nous tenir tous les deux à la fois et avec de grands gestes, un discours des plus animés. Comme nous n'y comprenions absolument rien, nous nous adressâmes à l'interprète de l'hôtel qui nous expliqua que ces deux loqueteux avaient fait un pari concernant la nationalité de notre pavillon. L'un avait prétendu qu'il était français, l'autre qu'il était belge. Le montant du pari était de cinquante *reïs*. Ne vous effrayez pas, chère Madame, le *reïs* qui est l'unité monétaire portugaise est tout-à-fait chimérique et n'existe pas. Notre franc français en représente 170, en sorte que lorsqu'on vous présente la carte à payer de votre dîner au restaurant, il n'y a pas lieu de s'étonner si elle monte à plusieurs milliers de *reïs* ce qui au premier abord vous fait sursauter et dresser les cheveux sur la tête. Ainsi notre déjeuner à trois ce jour-là, nous coûta quatre mille deux cent cinquante *reïs*, ce qui paraît invraisemblable, mais ne faisait guère plus de huit francs par tête. Pour en revenir à nos mendiants et consoler celui qui avait perdu, nous lui remboursâmes la forte somme de son pari, soit trente-cinq centimes environ, ce qui parût l'enchanter et nous attira des bénédictions auxquelles il fallut que l'interprète mit un terme en les menaçant d'une canne qu'il était allé chercher au bureau. En sortant du restaurant la petite espagnole de la veille nous attendait sur le trottoir et nous accueillit avec le plus aimable sourire. Par l'interprète nous apprîmes qu'elle s'appelait *Annunziata* et nous lui donnâmes rendez-vous pour le soir au bord du Tage où nous comptions faire une longue promenade en gig. Toute conversation étant impossible avec elle, elle nous jouerait ses airs de guitare qu'elle accompagnerait de ses plus jolies chansons. La proposition lui plut fort et elle nous laissa continuer nos promenades dans les différents quartiers de la ville neuve et de la vieille ville de Lisbonne. Le soir après notre dîner à bord du yacht, nous allâmes en canot la cueillir au port à l'endroit désigné. Elle s'assit à l'avant et se mit à accorder son instrument.

On ne se fait pas idée des belles nuits du Tage, l'immense fleuve où se reflètent les milles lumières de Lisbonne, que sillonnent d'innombrables barques, que parsèment des navires de tout tonnage, de toute nationalité. Notre yacht est un des plus petits et excite vivement la curiosité. On ne peut croire que nous ayons traversé l'Océan et la baie de Biscaye, de si mauvaise réputation, sur un aussi fragile esquif. Aussi pas un habitant de la ville qui ne soit venu l'examiner, en faire le tour, mesurer la hauteur des bastingages qui ne dépassent pas de beaucoup plus d'un mètre le niveau de l'eau. Aujourd'hui le ciel est d'un bleu sombre, constellé de millions d'étoiles d'une intensité lumineuse dont on n'a pas idée dans le Nord. Les petites vagues du fleuve clapotent avec des reflets et des éclats de pierres précieuses et semblent un ruissellement de saphirs, de diamants et d'émeraudes.

L'air est tiède et à la place où nous nous portons, en amont de Lisbonne, imprégné de senteurs aromatiques enivrantes. De différents côtés des barques de pêcheurs au falot projettent une vive clarté, des chants, des sérénades, des musiques lointaines s'entendent vaguement et vont s'éteindre dans le bruissement des vagues, des milliers de rames qui s'agitent, de tout un peuple qui prend le frais sur l'immense nappe liquide de la rade.

Annunziata qui a accordé sa guitare attend qu'on lui fasse signe de chanter. Ses romances espagnoles sont d'un rythme un peu sauvage, mais sa voix est belle et elle s'accompagne à ravir. Ses yeux brillent comme deux escarboucles, exprimant tour à tour la passion la plus ardente ou la plus poignante douleur. Elle est superbe ainsi et sait qu'on l'admire. Aussi après chaque romance est-elle flattée des encouragements qu'on lui prodigue. Nous passons ainsi paresseusement une des plus délicieuses heures qu'on puisse rêver, après quoi nous la reconduisons au port et lui remplissons les mains de monnaies blanches qu'elle regarde presqu'avec stupeur, ne s'attendant pas sans doute à si bonne aubaine. Que deviendra-t-elle cette pauvre enfant si pleine de santé encore, si belle, si intelligente, au regard si franc, si rayonnant du désir de vivre, qui semble appeler et promettre le bonheur? Ces réflexions nous inspirent comme un sentiment de tristesse et nous serrent le cœur. Que de perles ainsi se perdent dans la fange des villes ! Que de nobles et belles natures s'en vont comme elle engraisser, sans profit, le fumier de l'humaine pourriture !

Nous passons en rentrant sous la poupe du yacht du Royal Squadron ancré près de nous. — C'est la *Maïa* à M. Phillimore.

Lisbonne, 23 Juin.

Ce matin nous avons été reçus en audience particulière par le Ministre des Affaires Etrangères, le comte d'Avila, qui avait exprimé le désir de nous voir. Nous trouvons un homme fort aimable et qui nous reçoit de la façon la plus gracieuse. En sortant du Ministère, nous visitons quelques magasins des grandes rues qui débouchent sur la *praça do commercio* où se trouvent les palais ministériels. Nous entrons chez un orfèvre brocanteur où mon cousin marchande quelques vieux plats en argent repoussé d'un travail assez curieux. Le roi *dom Ferdinand*, qui vit très simplement, est nous dit-on, grand collectionneur de ces sortes de choses. Nous rencontrons dans une de ces rues un compatriote, M. Wiener attaché à la monnaie portugaise et graveur de grand mérite, qui nous présente un neveu du duc de Saldanha. Le soir nous prenons le thé chez le baron Pycke, ministre de Belgique, avec le comte de Sayve, secrétaire de la Légation et remplissant les fonctions de Ministre de France en l'absence de son chef. Nous faisons ensuite une délicieuse promenade en voiture jusqu'à la vallée d'Alcantara, traversée par l'immense aqueduc bâti par l'architecte Manoel Maria et rivalisant avec les plus beaux aqueducs romains. En certaines parties de la vallée il s'élève en immenses arcades à 263 pieds de hauteur. Le paysage éclairé par la lune et des millions d'étoiles est vraiment d'un aspect grandiose. Nous longeons en allant à la vallée d'Alcantara le palais royal *das Necessitades* qui fut commencé en 1473 par le roi *Dom Juan V*. Il se compose du palais proprement dit et du couvent que ce prince fit bâtir ensuite. Tous deux dominent l'embouchure du Tage, la rade de Lisbonne, et sont entourés de splendides jardins.

Lisbonne, 24 Juin.

Dès 6 h. 1/2 du matin nous nous faisions débarquer au marché aux poissons que l'on nous avait dit très curieux à visiter. Il est en effet très pittoresque par les costumes et les types des marchands et marchandes, par la grande animation qui y règne, par l'étrangeté et la diversité des produits de l'Océan et du Tage qu'on y voit étalés sur des tables de marbre ; mais cela répand une infection réellement insoutenable, asphyxiante, et nous ne nous y attardons pas. Nous nous faisons conduire de là au marché aux fruits où l'on trouve avec des fraises superbes, des cerises, des oranges, des limons, des pastèques, des bananes, des cannes à sucre, des ananas, ces derniers fruits venant du Brésil ou des Colonies. Après ces deux visites destinées à nous imprégner des couleurs locales, mais qui nous ont imprégné d'odeurs dont nous avons peine à nous débarasser, nous prenons une voiture et nous nous faisons conduire au faubourg de Belem sur le Tage en aval de Lisbonne. L'église et le cloître de *Santa Maria de Belem* sont des plus curieux et des plus intéressants à visiter. La route de Lisbonne à Belem longe le Tage dont les divers aspects ne cessent de charmer les regards par cette animation que je n'ai rencontrée dans aucun autre port. L'église et le cloître de Belem sont tout en marbre blanc, d'une architecture qui tient du gothique, du roman, de la renaissance et du mauresque. Ce mélange de styles différents, loin de choquer, produit un très heureux effet. La voûte de l'église est de plein cintre mêlé d'ogive. La grande nef et les nefs latérales sont d'aspect mytérieux, à peine éclairées par quelques fenêtres ornées de vitraux losangés. Les colonnes séparant la nef centrale des bas côtés ou nefs latérales sont bizarrement sculptées et fouillées. Ce sont des chefs-d'œuvre d'imagination mystique et fantastique. Le vaisseau de l'église mesure du portail aux degrés du chœur 250 pieds de développement, la nef centrale compte 105 pieds de largeur et 125 du pavement à la voûte soutenue par quatre colonnes seulement, les colonnes si singulièrement travaillées dont j'ai parlé plus haut. Dans le chœur très sombre sont plusieurs tombes royales de grande allure, celles de *Dom Manoel* et de sa femme *Maria Fernanda la Catholique*, de l'autre côté celles de *Dom Juan III*, et de *Catherine de Castille* qui partagea le trône avec lui. Les quatre tombes sont exactement semblables. Des sarcophages de marbre reposent sur des éléphants qui semblent rappeler l'Asie dont ces puissants souverains conquirent tout le littoral depuis le détroit de *Bab-el-Mandeb* jusque vers les confins de la *Chine*. Derrière le maître-autel se trouve le grand tabernacle, ou *saclaria* en argent massif, tout chargé de milliers de petites figures faites au repoussé et reprises au burin avec une finesse de travail remarquable. Cependant les figures sont lourdes de dessin, mais l'ornementation est une merveille.

Le cloître est admirable, tout ouvert au soleil, avec promenoir dans l'un des côtés, et orné dans le centre par une fontaine aux eaux claires et limpides, surmontée d'une sorte de lion gothique en marbre blanc.

De Belem, nous nous faisons conduire aux splendides jardins du palais *das Necessitades* d'où l'on domine tout Lisbonne, le Tage et la rade. Lisbonne s'élève en amphithéâtre sur sept collines. Le Tage qui roule à ses pieds ses eaux verdâtres a plus l'air d'une large baie que de l'embouchure d'un fleuve. Cette splendide rade se prolonge à plusieurs lieues en amont de Lisbonne et compte environ douze kilomètres en aval jusqu'à la pleine mer. Des quais de la ville jusqu'à l'Océan la surface du fleuve est couverte de navires de formes les plus diverses et portant les pavillons de toutes les nations du monde. Les vapeurs courent et fument, remontent le fleuve ou descendent, s'entrecroisent au milieu de mille barques pittoresques peintes la plupart de couleurs vives où dominent le vert clair, le jaune et le vermillon, qui vont et viennent en tous sens à travers cette seconde ville pavoisée et flottante. Sur la rive droite, Lisbonne couvre une étendue d'environ six kilomètres. Une partie de la ville aux places larges et bien aérées, aux rues alignées et bien droites, ne date guère de plus d'un siècle. L'autre partie de la ville, vieille, est irrégulière et malpropre, et s'étage sur les collines

Le tremblement de terre du 1er novembre 1755 fit de la moitié de Lisbonne un amas de ruines entassées sur des milliers de cadavres. Un incendie terrible compléta le désastre. Il dura trois jours et consuma presque tout ce que le tremblement de terre avait épargné. Le faubourg de Belem seul, ne fut pas atteint. Soixante mille habitants périrent écrasés ou brûlés. Douze cents malades furent ensevelis sous les ruines de l'hôpital. L'ambassadeur d'Espagne et trente-cinq de ses serviteurs furent trouvés parmi les morts sous les décombres de l'ambassade. On évalua les pertes matérielles à plus d'un milliard de livres. La couronne y perdit pour plus de quatre vingt millions de diamants et de pierres précieuses qui ne furent point retrouvés.

En vingt ans le marquis de Pombal, un des hommes les plus illustres du Portugal et son plus grand ministre, avait rebâti une capitale nouvelle, immense, splendide. Toutefois la plupart des monuments et des églises restèrent inachevés, ce qui fait que l'aspect de la ville, vu d'ensemble, soit du fleuve, soit de la rive opposée, n'offre rien à l'œil qu'un fouillis de toits aux teintes jaunâtres s'étageant les uns au-dessus des autres. Les clochers et les édifices qui donnent un caractère si pittoresque à la plupart de nos villes du Nord, ainsi qu'aux villes italiennes ou espagnoles, manquent absolument. Jadis Lisbonne comptait cinquante églises et deux cents chapelles. Tout cela a été en partie détruit par le tremblement de terre. On a relevé les nefs, les portiques, les transepts, les absides, mais les tours n'ont pas été rebâties.

Dans la belle partie de Lisbonne, dans la cité neuve, les maisons sont blanches pour la plupart, mais d'un blanc sale. Beaucoup d'autres sont recouvertes de faïence bleue. d'autres encore sont peintes en vert clair, les toits sont couverts de tuiles en terre cuite de couleur café au lait ou en tuiles roses. Aux maisons blanches les encadrements des fenêtres et les balcons sont peints en vert, les corniches souvent décorées au vermillon. Tout cela est un peu criard et manque de goût, est d'architecture banale, sans caractère spécial, sans aucune préoccupation de l'harmonie des couleurs. La *praça do commercio* qui est le centre de la ville nouvelle, le point le plus animé et le plus important de Lisbonne, avec au milieu sa grande statue équestre de *Dom Jose I* qui mesure 180 pieds de haut, semble seule avoir quelques prétentions architecturales. C'est sur cette place que s'élève l'hôtel-de-ville, les palais des ministères, la douane, la bourse, l'hôtel des Indes, l'Intendance de la marine.

Les rues *do Ouro, da prata* et *Augusta* qui partent de cette place pour monter entre le vieux Lisbonne jusqu'à la place *Dom Pedro*, sont larges, droites, formées de belles maisons blanches et uniformes, bordées de magasins et coupées d'une multitude d'autres rues rectilignes. Nous nous promenons tous les matins dans ces rues et dans la rue *do Chiado* remplie de magasins français et sans cesse peuplée de promeneurs nombreux et élégants. Cela rappelle un peu la rue Vivienne ou la rue Richelieu d'autrefois. Là, on s'assied aux portes des magasins où il y a toujours quelques sièges attendant les visiteurs, et que l'on achète ou que l'on n'achète pas, on cause avec les marchands qui paraissent enchantés de pouvoir tailler une bavette faute de mieux. C'est pour l'étranger un moyen facile de s'instruire.

J'y ai appris que les portugais sont en général d'une assez franche immoralité et que Lisbonne ne le cède pour les vices à aucune des grandes capitales du Nord ou du Midi. Leur religion est presque nulle. Jadis le Portugal était couvert d'églises et de couvents riches et somptueux, pullulait de prêtres, de moines, de capucins, de jésuites, de franciscains, de carmes, de carmélites. Aujourd'hui le Portugal a la haine du prêtre et du moine. Aussi n'en rencontre-t-on pas un. Les desservants des paroisses portent dans la rue le costume et l'habit bourgeois, les évêques ne portent que des bottes par dessus le pantalon en signe distinctif.

L'immense richesse des couvents avait causé de nombreux abus. Les prêtres et les moines de tout ordre drainaient à leur profit tout l'or du pays. Le peuple, pressuré jusqu'aux dernières limites par le clergé, par la noblesse, par les impôts, était réduit à la plus extrême misère. La réaction s'est produite. Aujourd'hui les loges maçonniques sont omnipotentes. Le brusque changement dans les opinions religieuses a jeté le peuple portugais dans l'immoralité la plus complète. La position du clergé y est insoutenable. Il est du reste lui-même immoral et ignorant. Il ne se recrute que chez les gens de classe tout à fait inférieure et par cela même est généralement méprisé.

Les enterrements, ce qui paraît assez drôle, se font dans des corbillards conduits à la daumont, sans cocher, le postillon menant les chevaux, et jadis la figure du mort restait à découvert. Les enfants sont portés en terre dans des corbeilles de fleurs et sans cortège, ou dans des cabriolets peinturlurés des plus riantes couleurs.

Il n'y a donc plus de couvents en Portugal sauf quelques couvents de femmes peu nombreux et où l'on ne rencontre guère que quelques vieilles nonnes à la figure ridée et édentée. On n'y reçoit plus de novices. Dans les églises, le dimanche, on ne voit que des femmes, les hommes y sont très rares. Encore, chez ceux ou celles qui pratiquent, la pratique est elle toute extérieure. Dans les campagnes la superstition règne encore, mais elle tient plus du fétichisme que de tout sentiment réellement religieux. Les jésuites ont été expulsés et défense leur a été faite de rentrer en Portugal. Il y en a, dit-on, cependant encore qui travaillent sous main à ranimer la foi éteinte, mais ils sont étrangers, ne sont tolérés qu'à ce titre seulement et à cause de la protection des ambassadeurs. L'armée paraît mal organisée. Le costume militaire est fort laid et disgracieux. Les soldats ont des figures de bandits et n'inspirent ni la confiance, ni la sécurité.

« O Christ ! — s'écrie Lord Byron dans le premier chant de Child-Harold — quel divin spectacle que les trésors répandus par le ciel sur cette admirable contrée ! Que de beaux fruits parfumés sur ses arbres ! Que de riantes perspectives se découvrent de ses collines !... Que de beautés reflète Lisbonne dans le miroir de son fleuve auquel les poètes ont bien inutilement fait charrier du sable d'or ! » — Cependant, ajoute-t-il plus loin : — « Cabanes et palais sont d'une saleté également repoussante. Les habitants semblent avoir été élevés dans la fange. Petits et grands s'inquiètent aussi peu de la propreté de leur corps que de celle de leurs vêtements ».

A part les nouveaux quartiers partant de la praça do Commercio, Lisbonne qui possède 275,000 habitants environ, se compose d'un dédale de rues montant, descendant, contournant les sept collines, serpentant en tous sens, où circule, où gesticule et crie une population dont le pittoresque se noie dans le débraillé le plus lamentable. On se rappelle involontairement les cours des miracles que nous ont dépeintes les historiens du moyen-âge, ou les fantaisies burlesques de Jacques Callot. La misère, les guenilles, les loques de ce peuple grouillant dans la poussière ensoleillée, étonnent et surprennent le voyageur qui se souvient de l'antique splendeur du Portugal, dont les possessions et les colonies innombrables jadis, y répandaient l'or à telle profusion, qu'il n'y avait plus de valeur.

Les *Barqueiros* et les *Gallegos* semblables aux Lazzaroni de Naples, mais d'une physionomie moins placide, moins rassurante, errent sans cesse sur les ports en quête de travail. On en compte vingt mille qui vivent nuit et jour sur les quais avec leurs familles en haillons et dévorées par la vermine. Des maures, des nègres, des enfants de nuances les plus variées, presque nus, fourmillent de tous côtés. Au milieu de tout cela circulent des mulets, des ânes, de lourds chariots traînés par des bœufs, dont les roues mal graissées grincent et mêlent leur horrible tintamarre aux cris des marchands de poissons et de volailles, qui lancés au pas de course cherchent à écouler leur marchandise au plus vite avant qu'elle ne se gâte au soleil, aux glapissements des marchands d'agua fresca, aux hurlements des chiens aboyant, furetant, vagabondant, se jetant sur des chèvres ou des moutons qui passent ou sur des compagnies de coqs et de poules qui se sauvent en piaillant, aux beuglements des vaches que les laitières conduisent de porte en porte.

Je ne sais si le nouveau système politique antireligieux et plus ou moins moral, amènera quelque amélioration dans le caractère et les mœurs du peuple portugais, mais à coup sûr, l'ancien système des couvents et de l'omnipotence du clergé n'avait produit que de détestables résultats, la ruine du pays, l'avilissement de la conscience et du sentiment national. Je me suis laissé dire par de nombreux étrangers qui ont longtemps habité le Portugal, soit comme industriels ou comme commerçants, soit comme ministres de nations étrangères, que les portugais étaient en général rapaces et voleurs, vicieux à l'excès, ne le cédant en rien à certaines races orientales. C'est donc toute une éducation à établir, toute une pourriture à nettoyer. Ce que le clergé et les églises n'ont su ni voulu faire, les loges le feront-elles ? Il me semble aussi difficile de ramener un peuple ignorant et superstitieux à la saine raison, que de redresser un bossu. On y arrivera sans doute, mais il faudra des siècles............
....

Ce jour-là, le comte du Monceau avait invité à déjeuner à bord le Ministre de Belgique, le comte d'Azinhaga frère du maréchal duc de Saldanha et ancien ministre plénipotentiaire à Bruxelles, le comte de Rio-Maior et un jeune midshipman de la marine portugaise, nommé Lancastre. Le soir nous avons pris le thé chez le baron Pycke avec ces Messieurs et autres invités parmi lesquels le premier secrétaire de la Légation d'Espagne, Felipe de Mendes de Vigo. Le yacht en l'honneur de ces illustres convives avait été illuminé pour le retour. Aussi l'*Intrepid* n'avait-il cessé d'être entouré d'une quantité considérable de barques dont le nombre commençait à diminuer vers onze heures, au moment où notre gig, qui était venu nous prendre au port abordait à l'échelle. Nous allions descendre dans nos cabines, lorsqu'une chaloupe qui semblait nous suivre depuis quelque temps aborda le yacht à son tour à l'échelle de babord. Une silhouette de femme dressée à l'arrière et drapée dans une grande couverture rouge, nous faisait des signes. Nous eûmes d'abord quelque peine à la reconnaître et nous nous demandions ce que c'était que cette apparition, lorsqu'un rayon de lumière nous fit voir Annunziata qui s'offrait à nous donner une sérénade. Nous la fîmes monter sur le pont et pendant une heure elle nous charma, sous le beau ciel étoilé, de ses plus jolies chansons. Lorsqu'elle parut fatiguée nous lui mîmes en mains chacun une pièce d'or en lui faisant signe avec le doigt d'être discrète, car elle aurait pu ne pas regagner les rives du Tage. Le barqueiro portugais qui conduisait sa chaloupe n'avait pas l'air précisément d'un Saint François de Paule. Quand elle vit les trois pièces, de grosses larmes jaillirent de ses yeux et les sanglots étouffèrent sa voix. Elle nous prit les mains et les baisa, puis sans dire un mot descendit dans le bateau qui l'avait amenée. Longtemps elle resta debout à l'arrière nous envoyant des baisers puis elle s'effaça dans l'ombre de la nuit.

Pauvre Annunziata ! Par quel hazard avait-elle été transportée des rives de la Méditerranée sur les bords du Tage ? Reverra-t-elle son beau pays d'Andalousie ? C'est ce que nous ne saurons jamais.

Lisbonne, 25 Juin.

Nous avions décidé la veille de faire une excursion à *Cintra* et au château royal de la Peña. Nous sommes donc partis à 7 heures du matin en voiture. En quittant la ville nous avons repassé par la vallée d'*Alcantara* sur laquelle se profile le splendide aqueduc dont j'ai parlé plus haut, traversé quelques villages, côtoyé le palais du duc de Viana, quelques charmantes villas où nous avons constaté plus de luxe architectural qu'à Lisbonne. La route bordée d'oliviers, d'agaves, de grands aloès, de champs de blé de Turquie est très pittoresque et offre de très belles perspectives sur la mer. Dans les faubourgs de Lisbonne nous avons remarqué beaucoup de fenêtres grillées à la façon des moucharabiehs, souvenir des mœurs arabes.

Nous sommes en pleines fêtes du Sacré-Cœur et de la St-Jean qui durent trois jours. Aussi rencontrons-nous beaucoup de paysans et de paysannes se rendant à âne ou à mulet à Lisbonne. Les jours de fêtes sont restés nombreux dans le pays malgré la complète décadence de l'esprit religieux. Aussi n'y va-t-on pas par dévotion, mais plutôt par habitude et attrait du plaisir.

Après avoir gravi par un chemin très pittoresque et très accidenté quelques kilomètres encaissés entre des rochers couverts de géraniums sauvages, énormes, dont les grappes vertes et rouges pendent en lianes sur nos têtes, au milieu de chênes-liège qui donnent d'épais ombrages, la route se dégage, bordée, de cactus et d'aloès entrelacés; de toute une flore luxuriante et nous arrivons enfin à Cintra où nous descendons pour déjeuner à l'hôtel Lawrance.

La course en voiture en plein air, par une matinée splendide nous avait ouvert l'appétit. La cuisine n'est pas mauvaise et le vin de Portugal est excellent.

Après déjeuner nous retenons un guide, deux chevaux, et deux mulets pour faire l'ascension du château de la Peña. En cavalier consommé on m'accorde un des chevaux, un petit entier noir, haridelle maigre et osseuse digne de Don Quichotte, mais d'une allure fière, et nerveuse comme tous les chevaux andalous ou portugais, qui ont du sang arabe. Mes compagnons préfèrent les mulets et je m'aperçois plus tard qu'ils ont eu mille fois raison. Le guide enfourche le second cheval, une ombre de cheval alezan, qui n'a que la peau sur les os.

Le soleil est tellement chaud que nous devons garnir nos chapeaux de paille, de serviettes, qu'on nous prête à l'hôtel. Il y a bien 30 ou 31° à l'ombre et nos cervelles risquent de cuire comme un vulgaire œuf à la coque. La petite caravane se met en route et gravit bientôt un chemin très raide où je commence à m'apercevoir que les chevaux ont le pied moins sûr que les mulets.

Ce sont autour de nous d'immenses rochers granitiques roulés les uns sur les autres, entassés, formant des grottes, des ponts et mille effets bizarres donnant l'idée d'un épouvantable et récent cataclysme. Quelques roches surplombent la route et ont l'air de tenir à peine par un prodige d'équilibre. Tout cela n'a pas bougé cependant depuis des siècles ou tout au moins depuis le tremblement de terre de 1755. Sur tout ce chemin la végétation devient rare. C'est autrement sauvage que la route que nous avions suivie le matin de Lisbonne à Cintra.

Nous arrivons enfin aux grilles du parc du château de la Peña situé à 3000 pieds au-dessus du niveau de la mer. Nous quittons là nos montures et descendons à pieds le versant opposé de la montagne au milieu des jardins royaux d'une incomparable beauté. Nous ne pouvons malheureusement visiter le palais qui est occupé actuellement par le roi Dom Ferdinand et sa maîtresse en titre, une actrice du théâtre de San Carlo. (1) Le château n'a rien de remarquable d'ailleurs, au moins extérieurement. Il est grand, mais d'une architecture bâtarde, moderne, de mauvais goût, où l'on a cherché à mélanger les styles les plus divers, l'allemand, l'italien, l'arabe. On nous permet néanmoins de visiter le parc parsemé d'arbres superbes et séculaires, de bosquets touffus, de charmilles, de grottes pittoresques, de ponts suspendus, de jets d'eau, d'hermitages, de surprises de toute espèce plus à la mode au siècle passé qu'aujourd'hui, mais qui en rendent la promenade infiniment variée et pleine d'imprévu. Partout des camélias en arbre et couverts de fleurs, des orangers, des citronniers, des grenadiers, les uns en pleine floraison, les autres couverts de fruits dorés Sur les étangs ombragés d'immenses chênes, de hêtres rouges et noirs, de saules pleureurs, d'ébéniers, de platanes, des cygnes s'avancent majestueux et fiers.

Après nous être longtemps arrêtés à admirer ces incomparables jardins d'Armide, au milieu desquels la charmante magicienne du théâtre San Carlo retient non plus le beau Renaud de l'armée des croisées, mais le vieux lion couronné de la maison de Saxe-Bragance, nous sortons du parc et reprenons nos montures.

Le chemin qui nous ramène est en pente raide et des plus dangereux, une sorte d'escalier mal taillé dans le rocher, bordé de précipices, au bord d'un

(1) Elise Hensler, à laquelle le Roi conféra le titre de Comtesse d'Edla et qu'il épousa le 10 Juin 1869.

torrent desséché, où les pieds des chevaux glissent
sur les pierres plates et luisantes comme du marbre
poli et où je risque vingt fois de me casser le cou.
C'est là surtout que je m'aperçois de l'inconvénient
que présente le cheval dont le pied est peu sûr et
dont l'inquiétude augmente encore celle du cavalier.
Mes compagnons sur leurs mulets sont, eux, fort à
l'aise, et se moquent de moi. Le mulet, comme la
chèvre, passe partout. Il ne pose jamais le sabot
sans avoir tâté le terrain. Parfois, nous traversons
d'énormes fougères qui montent jusqu'au ventre de
mon cheval et m'empêchent de le guider.

Nous arrivons bientôt au couvent de *Santa Cruz*,
qui fut fondé en 1560 par *Dom Alvarès de Castro*,
fils du vaillant *Dom Juan*, vice-roi des Indes. La
première porte donne accès dans une salle à ciel
ouvert formée par le rocher lui-même et où l'on
voit à gauche une fontaine d'eau de source, abritée
par un chêne-liège séculaire entouré de bancs de
pierre. C'est là que les moines jadis venaient recevoir les étrangers. Au fond de la salle, dans les
crevasses du rocher, quelques petites chapelles
décorées de grandes statues enluminées représentant des franciscains célèbres par leurs macérations
fanatiques et par leur piété. D'une seconde salle,
également à ciel ouvert et communiquant avec la
première, on plonge sur l'admirable vallée qui
descend jusqu'à *Collarès*. Quant aux cellules dont
les murs sont recouverts d'écorces de chênes-liège,
elles sont si petites, qu'il faut ramper et marcher
sur mains et pieds pour y entrer. Comment des

hommes ont-ils pu vivre volontairement dans ces tanières humides !

Derrière cette partie du couvent, le rocher se relève, et par un escalier taillé dans le bloc, dont il suit les contours capricieux sous l'ombre d'oliviers au feuillage argenté, d'arbousiers sombres et de lauriers-roses en fleurs, on arrive à divers paliers ornés d'autels ou de chapelles, puis enfin à la grotte supérieure qui, de sa baie large ouverte, domine l'océan et tout le pays d'alentour, dans un rayon de plus de quarante lieues.

Splendide et incomparable panorama qui récompense largement des efforts faits pour y atteindre par une atmosphère de 32° à l'ombre ! C'est là que le moine Honorius, un saint vénéré dans tout le royaume, vécut de longues années s'efforçant de mériter le ciel en se faisant un enfer sur la terre, car quelque superbe que soit le coup d'œil pour le voyageur qui vient en jouir quelques instants, toute une vie passée dans ce nid d'aigle et dans cette solitude, doit non seulement manquer de charmes, mais prédisposer singulièrement à la mélancolie et à toutes les souffrances qu'engendrent l'étouffante chaleur de l'été, ou la bise glaciale de l'hiver et des jours de tempête et de pluie.

Nous passons bientôt devant le *Castello dos Mouros* à l'aspect bien autrement imposant et sévère que le château de la Peña. C'est une sorte d'Alcazar formé de tours mauresques crénelées, reliées entre elles par un mur d'enceinte. Il domine le sommet d'un pic. Ses fondements bâtis sur le rocher en suivent les contours, et la masse de l'édifice domine de 3.000 mètres l'océan dont on découvre toute l'immense étendue. Nous trouvons près de là quelques chênes-liège dont nous détachons des morceaux d'écorce.

Plus bas nous longeons le château du duc *de Loulé* formé de deux corps de logis séparés par une arcade d'un assez bel effet. En se plaçant derrière le château et en arrière de l'arcade, on aperçoit sous celle-ci la silhouette du palais de la Peña. Ce château du duc de Loulé paraît inhabité depuis longtemps et assez mal entretenu.

Pendant que nous faisions reposer nos montures et que nous cherchions de l'ombrage, nous voyons quelques personnes assises sur le gazon à l'ombre d'un grand tulipier. Le docteur Lebel, reconnaît un français, consul à Paris de quelque petite principauté d'Allemagne et qu'il a rencontré jadis à Br' xelles. On a quelquefois en voyage de ces surprises. Il est installé là en pique-nique avec une jeune anglaise fort jolie qu'il nous dit être la fille d'une respectable épouse de pasteur protestant venue en villégiature à Cintra, accompagnée d'une nombreuse progéniture. La jeune fille est chaperonnée par trois de ses frères dont l'aîné peut avoir de douze à treize ans. Le chaperonnage nous paraît léger, et les physionomies des deux jeunes gens nous donnent à penser qu'ils n'étaient pas venus là comme nous, uniquement pour admirer la nature.

Après présentations réciproques, on nous invite à nous asseoir sur l'herbe, on nous offre des sandwichs et de la bière anglaise que nous acceptons avec plaisir, la descente du château de la Peña, par une chaleur torride nous ayant donné extraordinairement soif.

Le jeune français parut très gai d'abord, nous raconta mille plaisanteries drôles, mais bientôt il eut l'air fort ennuyé de l'attention trop bienveillante que nous prêtait sa petite amie, qui ne mettait pas ses yeux en poche et me rappellait ce que le vieil amiral Ratsey m'avait dit de l'ingénuité anglaise. Aussi pour couper court à quelques compliments trop flatteurs que nous nous étions cru en devoir de lui faire, nous prîmes congé de l'aimable couple dont nous avions troublé l'innocent flirt et remontâmes en selle.

En rentrant à Cintra nous croisons une procession assez pittoresque dont le côté religieux laissait beaucoup à désirer. Des gamins tiraient des fusées qui effrayaient nos montures et nous donnaient des airs d'écuyers de cirque de haute école tout-à-fait drôles. Des sacristains tout habillés de rouge, faisaient un vacarme impossible en soufflant de tous leurs poumons dans des instruments de forme bizarre absolument nouveaux pour moi et tels que je n'en ai jamais vus dans aucun pays du monde, ni dans aucune collection de conservatoire. Les chevaux ruaient et se cabraient. Les mulets tournaient sur eux-mêmes en voltes rapides et refusaient d'avancer. Nous aurions voulu descendre de nos montures pour faire honneur à la cérémonie, qui d'ailleurs ne comportait ni reliques, ni ostensoir, et semblait plutôt un cortège carnavalesque qu'une démonstration de piété, mais impossible ! Nous eûmes même quelque peine à ne pas y mettre un désarroi général et, à un moment donné, si quelques paysans ne nous eussent aidés, si les sacristains n'avaient cessé de souffler et les gamins de pétarder, il allait y avoir un sauve qui peut des plus amusants.

Les rues de Cintra regorgeaient de promeneurs, toutes les nombreuses villas environnantes étaient pleines d'animation.

L'hôtel où nous étions descendus pour déjeuner en arrivant le matin est bien situé. On y a une jolie vue sur la pente de la montagne et sur la mer qui se perd au loin, bien loin et bien haut dans une ligne bleue presqu'imperceptible se confondant avec le bleu du ciel. Une galerie ouverte et bien ombragée longe tout le premier étage et permet d'y prendre ses repas en plein air. Le mur plâtré et blanchi à la chaux a été décoré de cent dessins au crayon ou au fusain par les hôtes et les artistes de passage. J'y vois deux scènes très réussies représentant les aventures d'une " Mère anglaise " avec texte anglais très original. Je soupçonne notre petite Miss de la montagne d'avoir crayonné ces charges dignes du *Punch*. La première scène représente un âne qui s'emballe et emporte une jeune fille, les cheveux au vent, le chapeau marin sur l'oreille prêt à s'envoler par dessus les moulins, et la mère éplorée, très agitée, faisant des gestes désespérés aux passants pour qu'on veuille arrêter la monture. Elle brandit un énorme parapluie de la façon la plus comique.

La seconde scène représente une chambre à coucher dans laquelle, au premier plan la même excellente mère, en costume de nuit, tient un bougeoir à la main. Elle regarde avec angoisse son lit qui se dresse au second plan et sur les rideaux duquel elle aperçoit des punaises, tandis que des lézards se balladent sur les couvertures. Je remarque encore quelques autres charges spirituelles, bien crayonnées qu'il serait trop long de détailler, plusieurs d'un réalisme un peu, comment dirai-je ?..... shocking, des vers en espagnol, en portugais, en allemand, en français, des bons mots, des charades, des rébus, des sentences, une vraie page de Charivari, de Punch, de Kladeradatch, de Münchner Bilder réunis.

Après avoir bien et joyeusement dîné sous la véranda, je trouve un coin de mur-vierge encore de toute illustration et je m'amuse à croquer rapidement le portrait ou la caricature de toutes les personnes que j'avais remarquées aux autres tables du restaurant. J'accouple ainsi dans des poses diverses une espèce de gros levantin à grande barbe qui m'a l'air d'un marchand de pastilles du sérail retiré du commerce après fortune faite, un petit monsieur pincé, aux cheveux blonds bouclés, au nez en bec de clarinette que surmonte une paire de lunettes d'or, un magistrat, une sorte de notaire, une grosse anglaise, peut-être la mère aux aventures, une jeune anglaise en lame de couteau qu'accompagne un gentleman d'un beau roux de renard et qui semblent en voyage de noces, un monsieur qui m'a l'air d'un pédant professeur de Lycée faisant l'aimable avec deux dames portugaises à la toilette tapageuse et multicolore du mauvais goût le plus réussi, un israélite enfin coiffé d'un immense panama qui ne peut nier son origine tant il a le nez busqué, les yeux en amandes, les lèvres lippues.

J'avais à peine quitté mon pan de mur que tout ce monde fort intrigué prend place devant mon œuvre. Quelques uns sont pris d'un fou rire, mais quelques autres rient jaune et plusieurs même roulent des yeux pleins de fureur. Heureusement la voiture attelée nous attendait en bas. Nous nous hâtons de payer les cinq ou six mille reïs (trente-cinq francs) que nous avaient coûté nos repas à l'hôtel et donnons ordre au cocher de partir au galop. Il était temps, je pense. Quelques minutes de retard et nous recevions sur la tête toute la vaisselle du restaurant avec les reliefs des divers festins.

La route au retour nous offre un coup d'œil admirable. Au loin sur l'océan un coucher de soleil radieux dans une longue traînée de pourpre et d'or. Bientôt la nuit tombe et nous voyons de tous côtés s'allumer les feux de joie de la St-Jean. Des villas, semées dans la montagne, on tire des feux d'artifice qui embrasent le ciel, on lance des chandelles romaines qui retombent en boules multicolores ou en paillettes d'or et d'argent. Dans les faubourgs et en ville nous croisons des sociétés de musique, des sérénades, et sommes forcés d'avancer au pas tant la foule est compacte et encombre les rues.

Il a fait toute cette journée une chaleur torride, de 30° à 33° à l'ombre. Les portugais eux-mêmes s'en plaignent. Nous remarquons que nous, habitants du Nord, n'en avons guère souffert et que nous avons parfaitement supporté ce soleil auquel nous ne sommes cependant pas accoutumés. A dix heures le gig nous attendait au port, et fort heureusement nous ne sommes pas en retard, car nous avons à peine fait un mille sur le Tage, que le comte du Monceau s'aperçoit d'une certaine lourdeur dans la marche du canot qui semble glisser moins rapidement que d'habitude sous l'impulsion des rames. Il y a quelque chose d'anormal qu'il ne parvient pas à deviner. Bientôt l'eau filtrant par dessus les châssis en caillebotis du plancher lui donne l'explication du phénomène. Le gig s'emplissait d'eau peu à peu, insensiblement, par toutes les jointures des planches qui trop séchées au soleil pendant la journée, avaient joué, et s'étaient disjointes. L'obscurité nous avait empêchés de nous rendre compte du danger imminent. Une allumette frottée nous fit voir mille suintements minuscules augmentant de minute en minute le niveau de la nappe qui déjà mouillait nos chaussures. Le canot s'enfonçait de plus en plus, et plus il s'enfonçait plus de nouveaux joints secs donnaient passage à l'élément liquide. Nous étions à ce moment déjà à deux milles de la rive et à égale distance du yacht. Le comte qui tenait la barre donna énergiquement ordre de forcer de rames. Il n'y avait pas de temps à perdre ! Virer de bord n'avançait à rien, le moindre retard pouvait nous faire sombrer et le Tage est profond et rapide. Le comte et les matelots eurent à cet instant un long moment de cruelle angoisse. Le docteur et moi nous ne nous rendions pas autant compte du danger. Grâce à la vigoureuse énergie des rameurs, nous abordâmes enfin à l'échelle du bord. Il était temps, nous avions de l'eau jusqu'au-dessus de la cheville. Encore cinquante ou cent mètres à franchir et bien certainement la barque coulait à fond.

Maintenant que nous sommes sur le pont de l'*Intrepid*, je puis vous dire, chère Madame, que tout en fumant notre cigare en gens les plus heureux du monde, que tout en riant et devisant de mille choses indifférentes, nous l'avons échappé belle, comme on dit au pays Wallon.

La nuit est splendide, tellement claire avec ses millions d'étoiles que nous avons failli ne plus revoir, que nous ne pouvons nous décider à descendre dans nos cabines et restons jusque passé minuit à écouter les sérénades lointaines, à regarder de tous côtés les feux d'artifice qui continuent à parsemer le ciel de lueurs fulgurantes ou le teintent de feux de bengale verts, bleus, jaunes ou rouges.— Ce sont des heures inoubliables !

Lisbonne, 26 Juin

Nous avions invité pour ce jour-là notre Ministre le baron Pycke et le marquis de Sayve chargé d'affaires de France à faire une excursion sur la rive gauche et à dîner ensuite à bord. Les marins pour la circonstance avaient revêtu leur costume blanc, le chapeau de toile cirée, le petit nègre Morgan ses superbes vêtements égyptiens en soie écarlate brodée d'or.

Malgré le thermomètre qui accusait ce jour-là de 32° à 33° à l'ombre, d'innombrables barques sillonnaient le fleuve autour de nous pleines de gens admirant le riche costume de Morgan qui semblait fier comme un descendant des Pharaons. Il se laissait cuire pour avoir le plaisir de se montrer.

A cinq heures le plus grand des deux gigs à quatre rameurs s'en va prendre leurs Excellences et les conduit à bord. A cinq heures et demie la chaleur étant un peu tombée, nous nous faisons conduire avec eux sur la rive gauche du fleuve. De là l'on embrasse tout le panorama de Lisbonne et de sa rade. En aval de la ville, à quelques kilomètres, Belem avec sa tour blanche crénelée, au bord du fleuve, et derrière, l'église et le cloître de Santa Maria. En face le château et le cloître dos Necessitades, au loin les cimes de la Sierra de Cintra avec en couronnement le château de la Peña et le Castello dos Mouros.

Le dîner se passe fort gaîment sur le pont. Nous entendons dans le lointain de nombreuses sérénades, car c'est encore jour de fête. Des milliers de curieux ne cessent de tourner autour du yacht et se régalent les yeux des bouteilles de champagne que nous faisons sauter.

Lisbonne, 27 Juin

Nous passons la matinée à faire nos approvisionnements pour le voyage car nous comptons lever l'ancre demain. Puis nous faisons nos visites d'adieux aux diverses personnes dont nous avons fait la connaissance pendant notre séjour et que je n'ai pas citées toutes pour ne pas allonger mon récit. Le soir nous allons prendre le thé chez le marquis de Sayve et ne sommes pas peu surpris d'y rencontrer l'israélite au nez busqué, aux yeux en amandes, que j'avais dessiné sur le mur de l'auberge de Cintra. Ce qui nous surprend bien davantage encore. c'est que cet excellent juif est un compatriote, Monsieur L. Wiener, de Bruxelles en Brabant, graveur de grand talent, frère de celui que nous avions déjà rencontré avec le neveu du duc de Saldanha et qui est attaché à la monnaie de Lisbonne. J'aurais dû m'en douter à la ressemblance. La surprise de M. L. Wiener n'a pas été moins grande, je crois, mais en homme d'esprit il a beaucoup ri de nos charges et nous a fort amusés en nous racontant les diverses impressions des autres modèles dont j'avais reproduit les traits en caricature. Lui, je ne l'avais pas trop chargé heureusement. Je m'étais contenté de fort exagérer son nez caractéristique et son panama. Il s'était parfaitement reconnu et me félicita très gracieusement de mon talent.

Lisbonne, 28 Juin

Nous avons levé l'ancre à 10 heures du matin par un temps radieux, mais le courant de la marée étant assez fort, nous sommes obligés de jeter l'ancre vers une heure, en face de *Passo do Arcos*, car il nous est impossible de sortir du Tage. Vers trois heures la marée ayant cessé et une bonne brise s'étant levée du Nord-Ouest, nous parvenons à gagner la haute mer. Vers le coucher du soleil nous passons le cap Espichel et perdons bientôt la terre de vue.

Yacht *Intrepid*, 29 Juin.

Nous avons bien marché toute la nuit par une mer un peu houleuse. A 8 h. 1/2 nous doublons le *cap San Vincente* (St-Vincent). Nous avons très beau temps et distinguons parfaitement tout le panorama des côtes de Portugal que nous longeons à quelques milles de distance. Les cimes des *Sierras de Grandola*, de *Manchique*, de *Caldeirao* se découpent sur le ciel en lignes des plus pittoresques et revêtent selon l'heure du jour tous les divers tons de la nacre de perle. Nous passons devant les blanches silhouettes des ports de *Lagos*, de *Faro*, de *Tavira*, de *Castro-Maria*, d'*Ayamonte*. Vers trois heures de l'après-midi et presqu'en face de *Faro* nous voyons à fleur d'eau à babord, et à une portée de fusil, un requin, qui nous accompagne pendant un certain temps à distance respectueuse. Nous assistons de nouveau le soir à un de ces superbes couchers de soleil sur l'océan, dont on ne peut se lasser d'admirer la splendeur. Nous avons peu de vent et la mer nous berce fort agréablement sur ses vagues d'azur.

Yacht *Intrepid*, 30 Juin.

Nous avons passé tout au matin devant l'embouchure du Guadalquivir et le cap San Lucar de Baramada. Vers neuf heures nous arrivons en vue de Cadix. Des pilotes viennent nous offrir leurs services, mais mon cousin après avoir examiné attentivement ses cartes marines croit pouvoir s'en passer et prend le commandement de la manœuvre. A onze heures et demie nous avons franchi la passe et jeté l'ancre dans le port à une encablure des quais.

Nous sommes assaillis par une quantité de petites barques à rames ou à voiles latines, pleines de gens qui viennent pour nous approvisionner de poissons frais, de fruits ou de légumes, ou qui demandent à visiter le navire. Nous faisons la sourde oreille aux uns et aux autres et après déjeuner nous nous faisons conduire à terre.

Cadix cette presqu'île de pierre qui s'avance dans l'océan et que l'océan entoure de tous côtés, n'est reliée à la côte que par une langue de terre longue et étroite. Vue de la mer, elle a, sous le brillant soleil de l'Andalousie, l'aspect d'une ville orientale, avec ses murailles et ses maisons blanches à terrasses, que surmontent des clochers, des vigies, des phares, et d'innombrables belvédères qui ont l'air d'autant de minarets. Cadix a un climat merveilleux, le plus doux peut-être de toute l'Espagne, les ardeurs du soleil y étant presque toujours tempérées par la brise de mer.

Avant de vous décrire l'intérieur de la ville fortifiée et où l'on entre par cinq portes seulement, il vous sera peut-être agréable, chère Madame, d'en connaître l'histoire en quelques mots.

Vers le VIII° siècle avant Jésus-Christ, des Phéniciens chassés du littoral de l'Asie Mineure par une invasion des Hébreux, se réfugièrent en Afrique vers les côtes du Maroc, et ayant fait de là des excursions aux côtes méridionales de l'Espagne, découvrirent la presqu'île de pierre qui parut leur offrir un asile sûr, facile à défendre, tant du côté de la mer que du côté du continent.

Ils y fondèrent un premier établissement, auquel ils donnèrent le nom de Gadès en souvenir d'une des villes de l'ancienne Judée dont ils étaient originaires.

Au VIe siècle avant Jésus-Christ, c'est-à-dire deux cents ans plus tard, ils eurent à se défendre contre les Ibères, qui occupaient alors l'Espagne, et appelèrent à leur secours les Carthaginois avec lesquels ils faisaient grand commerce, et qui, séduits par ce doux climat, s'établirent sur divers points de la même côte.

On paie souvent cher l'aide de ses voisins ou de ses amis. Vers 350 avant J. C., les Carthaginois, mis en appétit par leurs premiers essais de colonisation, s'emparèrent de Gadès, et Annibal y apporta pour orner le temple d'Hercule les riches dépouilles de Sagonte.

Après la chute d'Annibal, les Gadènais la donnèrent aux Romains, et Scipion y mit une garnison latine. Jules-César y vint deux fois à vingt ans de distance, comme questeur d'abord, puis comme conquérant à la tête de ses armées.

Sous Auguste, Cadix devint une des villes les plus importantes de l'empire. Mais lorsque les Goths s'établirent en Espagne après le démembrement du colosse romain, elle perdit bientôt la prépondérance qu'elle avait acquise.

Les arabes, lorsqu'ils vinrent en Espagne en 714, appelés, dit la légende par le comte Julien dont la fille avait été outragée par le roi Rodrigue, s'emparèrent à leur tour de Cadix, et ce ne fut que cinq siècles plus tard, en 1263, qu'Alphonse le sage l'enleva aux Sarrasins, la fit rebâtir, l'entoura de nouveaux remparts, la repeupla, y fonda un évêché, et en fit une capitale de province.

Elle fut, depuis lors, encore saccagée par les Portugais et les Normands et trois fois menacée par les rois d'Alger, mais son importance commerciale ne cessa de s'accroître, surtout après la découverte de l'Amérique. En 1720, elle arriva à sa plus grande prospérité. Florissante encore aujourd'hui, elle est cependant bien déchue de son ancienne splendeur.

C'est de *Palos de Moquer* petit port situé au nord de Cadix que Christophe Colomb partit le 3 août 1492 pour découvrir un monde nouveau. On ne lui avait donné pour cette entreprise si hardie et si audacieuse que trois méchantes caravelles, sortes de barques non pontées dont un marin aujourd'hui ne voudrait pas pour aller de Cadix à Marseille. Sept mois plus tard il revenait au milieu de l'étonnement et de l'admiration des peuples, mettre aux pieds d'Isabelle, à Burgos, les premières dépouilles de l'Amérique qu'il avait devinée et découverte.

L'histoire de Christophe Colomb est la plus lamentable preuve de l'ingratitude et de l'injustice des peuples et des rois. De son troisième voyage il revint chargé de chaînes, accusé d'avoir voulu prendre pour lui ce qu'il avait offert généreusement à la Couronne d'Espagne. Au quatrième voyage, ayant échoué sur les côtes de la Jamaïque, on l'y laissa sans secours, malade de la fièvre et mourant de faim. Trois ans plus tard, Colomb s'éteignait à Valladolid, abandonné et délaissé par ceux qu'il avait enrichis d'un continent nouveau et couverts d'or, accablé de fatigue, miné par la douleur et le dégoût. L'Espagne très catholique et très chrétienne, dont il avait fait la plus riche nation du monde, ne lui a pas même élevé une statue !

Les rues de Cadix sont étroites, comme on le remarque dans presque toutes les villes méridionales, mais les maisons sont hautes, bien bâties, presque toutes ornées de balcons ou *moucharabiehs* vitrés appelés *miradorès*, peints de vives couleurs, ornés de plantes exotiques, de palmiers nains, de rosiers, de géraniums et de tentures bariolées. Ses remparts peu élevés au dessus du niveau de la mer sont plantés de beaux arbres qui donnent d'épais ombrages et forment de ravissantes promenades d'où la vue embrasse l'immensité de l'océan, ou la gracieuse courbure de la baie, ou la ligne ondulée de la côte de Rota qui remonte vers le Nord jusqu'aux falaises du Guadalquivir, avec la silhouette blanche de Porto Santa Maria, se détachant de l'autre côté de la rade sur les teintes grises et nacrées des collines. La population de Cadix est vive, affairée. Les femmes, vêtues d'étoffes multicolores, éclatantes de tons, la tête ornée de la dentelle noire andalouse avec la fleur écarlate coquettement piquée sur le côté dans les cheveux noirs, sont la plupart jolies, et nous regardent curieusement de leurs grands yeux d'antilopes. Quelques unes même, de leur balcon, nous sourient et nous font des signes d'amitié ou de bienvenue. On y semble aimer les étrangers et la race paraît hospitalière. Nous rencontrons quelques prêtres qui portent encore l'énorme chapeau à la Basile, comme on le voit dans le "Barbier de Séville" sorte de tuyau de poêle posé horizontalement sur la tête.

Le Comte du Monceau avait eu, au moment où nous jetions l'ancre, quelques difficultés avec les autorités du port qui lui réclamaient un droit de pilotage, malgré que nous nous fussions passés de pilote. Il prétendait qu'en sa qualité de membre du *Royal Squadron* il n'avait pas à acquitter ces droits, les Yachts inscrits au Club de Cowes, jouissant de toutes les prérogatives des navires de guerre.

Nous avions donc décidé d'aller voir le consul de Belgique pour nous soutenir dans nos droits. Après nous être fait indiquer sa demeure, nous arrivâmes dans une sorte de bureau sale et mal tenu où l'on nous fit faire antichambre d'abord sur des chaises de paille. Nous fîmes passer nos cartes au consul. Bientôt on nous introduisit dans une seconde salle qui n'était pas beaucoup plus luxueuse ni confortable que la première et où nous trouvâmes un monsieur à figure fort revêche, qui nous reçut très mal et qui de plus ne parlait ni un mot de français ni un mot d'anglais. Il lui fallut faire venir un interprète pour nous comprendre, ce qui eut l'air de l'ennuyer beaucoup, et lorsque celui-ci lui eut exposé notre cas, il fit répondre à mon cousin que cela ne le regardait pas, qu'il n'avait pas à s'occuper de cette affaire, etc., etc.

En sortant de là nous nous rendîmes tout droit au consulat d'Angleterre où nous fûmes reçus par un véritable gentleman très serviable, qui sourit dans sa barbe au récit de la réception que nous avions eue chez notre consul et nous assura que, bien que nous fussions belges, il s'occuperait de faire respecter les droits d'un navire qui portait légitimement le pavillon du R. Y. S.

Je comprends qu'on soit fier d'appartenir à une nation qui sait aussi universellement faire respecter non seulement ses nationaux, mais jusqu'aux privilèges d'un de ses yachts monté par des étrangers et portant légitimement les couleurs d'un club anglais. Inutile de dire que tout fut arrangé et que mon cousin n'eut rien à payer.

Le soir après le dîner nous retournâmes faire une nouvelle promenade en ville et à l'*Alameda*, sorte de boulevard sur les remparts, où toute la population se porte pour respirer les fraîches brises de la mer après la grande chaleur du jour. Les rues paraissent plus animées encore, car nul ne reste au logis. Bourgeois, commerçants, négociants, banquiers, armateurs, matelots, s'en vont goûter le *far niente* jusqu'à minuit. Seuls les marchands de fruits, d'amandes fraîches, *d'agua fresca*, de figues, de glaces, de sorbets, de nougats, continuent leur petit commerce. Les femmes sont décolletées sous leurs dentelles noires artistement et coquettement drapées, et jouent de l'éventail avec une élégance particulièrement séduisante.

Il paraît que l'éventail a tout un langage que comprennent admirablement les gens du pays. Telle façon de s'éventer en regardant quelqu'un veut dire : « Je vous ai remarqué jeune et charmant Caballero, vous me plaisez, » telle autre signifie : « Laissez-moi tranquille, vos soupirs sont inutiles », tel mouvement indique qu'on vous attend ce soir, tel autre que vous pouvez parler, tel autre qu'il faut vous taire. Selon que la main s'agite d'une manière plus ou moins rapide on indique que l'on a hâte de vous voir ou qu'il faut remettre l'entrevue désirée à un autre moment.

Pour nous, nous n'y comprenons rien et n'y voyons qu'un mouvement ininterrompu plein de coquetterie et de grâce. Mais ce que les maris dans ce pays là doivent avoir l'œil ouvert ! Et les espagnols sont aussi jaloux que les portugais le sont peu. De plus toutes les femmes coiffées et drapées dans la même mantille se ressemblent et rien ne leur est plus facile que de se cacher la figure, soit en descendant la dentelle de façon à masquer les yeux sans que cela les empêche de voir, ou de la ramener sur le bas du visage de manière à le voiler et à le rendre méconnaissable. Je crois les Cadénaises très coquettes, aimant le luxe, les plaisirs et les fêtes. Elles s'y adonnent avec autant d'ardeur que les Cadénais mettent d'activité aux affaires.

En rade de Cadix, 1ᵉʳ Juillet.

Malgré que nous soyons ancrés dans le port, nous avons roulé toute la nuit. La mer a dû être très mauvaise, mais cela ne m'a pas empêché de dormir et de rêver aux belles *senoras* entrevues la veille. A huit heures nous abordons à l'escalier du quai et commençons la visite des principaux monuments de la ville.

La *nouvelle Cathédrale* est un vaste édifice en marbre blanc chargé de colonnes et d'ornements en marbre et en jaspe. Elle est surmontée d'une coupole et recouvre une crypte admirablement construite. Elle possède quelques bons tableaux et un superbe trésor de reliques, de reliquaires, de chapes, de joyaux de toute espèce.

L'*ancienne cathédrale*, Santa Cruz, n'est pas remarquable. Elle possède cependant un rétable assez curieux. Le *couvent des carmes* a une façade de très belle architecture Louis XIII. A *la Casa da Miséricordia* on nous montre le tableau de Murillo " le mariage de Ste-Catherine ", qu'il ne put achever ayant fait une chute du haut de l'échafaudage sur lequel il montait pour travailler à son œuvre. Cette chute lui causa une maladie grave qui l'obligea de retourner à Séville. Depuis, il ne fit plus que languir et mourut bientôt dans la force de l'âge.

De la *Tavira* haute tour située au centre de la ville on a un coup d'œil splendide sur tout l'ensemble de Cadix et on découvre l'immense panorama maritime qui s'étend des falaises, au pied desquelles débouche le Guadalquivir, depuis *Rota* et *Porto*

Santa Maria, jusque sur la campagne qui s'étend au delà du Canal *Santi Pietri.*

Nous retournons à bord pour déjeuner à midi, et comme il fait une chaleur torride, nous avons fermé et couvert toutes les écoutilles après avoir fait installer des manches à vent pour nous donner un léger courant d'air. Les sabords ménagés dans la coque du navire et peu au-dessus de la ligne de flottaison, ronds et d'un très petit diamètre, à peine grand comme le fond d'un chapeau, laissent pénétrer peu de lumière de façon que nous sommes dans une demi-obscurité très agréable pour faire la sieste après le repas terminé. Les matelots font la leur dans les hamacs de l'entrepont d'avant, en sorte que le navire se balançant lentement sur ses ancres, paraît inhabité. Je ne parviens cependant pas à dormir, et comme je regarde par le sabord qui se trouve juste au-dessus de mon divan les rares passants qui se rendent à leurs affaires en longeant le quai, auprès duquel nous sommes ancrés, je vois une sorte de capitaine au long cours de quelque bâtiment brésilien, à la figure énergique et bronzée, coiffé d'un énorme bolivar en fibres de palmes, et qui arrêté tout au bord du quai, examine attentivement notre mâture élancée et si correcte dans ses vergues et ses agrès. Derrière lui s'arrêtent également deux gamins déguenillés, deux *muchacos* (petits garçons) de treize à quatorze ans fumant gravement des bouts de cigarettes qu'ils ont ramassés sur les trottoirs. Peut-être attendent-ils que le brésilien ait jeté le *brisago* de la Havane qu'il est en train de griller et qui paraît toucher à sa fin.

A la vue du bolivar immense, une idée drôle me passe par la tête et je vais dans ma cabine chercher ma sarbacane. Vous ne savez peut-être pas, chère Madame, ce que c'est qu'une sarbacane. Imaginez une canne creuse, une sorte de long tube en cuivre poli, en tout semblable à un canon de fusil. On lance avec force en soufflant dans ce tube des pois en terre cuite qui vont atteindre le but à vingt ou trente pas, ne causent aucune blessure, mais cependant cinglent comme une violente chiquenaude, ou comme un bon coup de fouet. Cet inoffensif engin est un souvenir d'université qui m'avait procuré de bons moments jadis, et je ne sais trop pourquoi je l'avais pris avec moi. C'est l'occasion ou jamais de s'en servir. Par le sabord ouvert et sombre, j'ajuste le bolivar. Au deuxième projectile je l'atteins, le fais vivement basculer en arrière. Le farouche capitaine s'imagine qu'on le lui a tiré par derrière, se retourne furieux et allonge une paire de gifles retentissantes aux deux pauvres *muchacos* qui poussent des cris de paons et se sauvent à toutes jambes sans savoir ce qui leur a valu, à eux paisibles, cette soudaine agression. Je ne m'attendais pas, je l'avoue, à ce dénouement tragi-comique. Aussi à peine le brésilien eut-il tourné les talons, que je lui envoyai dans le bas du dos et dans les mollets quatre ou cinq coups qui le pincèrent ferme et le firent se retourner en tous sens avec une mine terrible, exaspérée et vraiment amusante à voir. Mais il n'y avait plus personne après lui sur le quai et le yacht silencieux et vide en apparence, continuait à se balancer lentement sur ses ancres de l'air le plus innocent du monde.

Quant aux *muchacos*, je me promis bien de les indemniser du mauvais tour que je leur avais joué bien involontairement, si je venais à les rencontrer de par la ville. Quelques pesetas leur auront vite fait oublier leur mésaventure.

On a parfois de ces retours d'enfantillage à tout âge de la vie, mais je vous assure, chère Madame, que celui-ci nous a fait rire de bon cœur.

Les quais et la ville, malgré la chaleur, présentent vers trois heures plus d'animation que de coutume. C'est jour de fête et on a annoncé pour quatre heures une *Corrida real*. Nous avons fait retenir un landau qui vient nous prendre au quai vers 3 heures 1/2. Arrivés en vue du *Coliseo* sur la plaza de Toros, nous passons au milieu d'une foule compacte et bariolée, composée de *caballeros* à figure énergique et sinistre, de femmes en haillons traînant ou portant leur marmaille, de mendiants drapés fièrement dans leur *cape* brune et semblables à des *hidalgos* décavés, de culs-de-jatte se frayant passage entre les jambes des uns et des autres, de bourgeois et de bourgeoises endimanchés, de tout un peuple affairé, curieux, grouillant, se poussant serré vers les arènes.

Sur cette foule se dessine la file des *picadors* campés sur leurs chevaux, la lance au poing comme des conquérants allant au triomphe, lentement, graves, dédaigneux des pieds qu'ils écrasent, des cris de terreur des enfants qu'ils bousculent du poitrail osseux de leurs maigres coursiers, ces pauvres bêtes qui vont inconscientes au carnage.

L'arène rappelle en petit le Colisée de Rome. Même aspect, même construction.

Nous avons une loge et pénétrons avec peine dans l'enceinte qui commence à se remplir et qui peut contenir de vingt à vingt-cinq mille personnes.

C'est un spectacle étrange que cette foule étagée sur les gradins, sous le ciel bleu, éclairée presqu'en plein encore par les rayons de ce chaud soleil d'Andalousie qui donne aux couleurs des notes vibrantes, étonnantes de vigueur, des ombres profondes, tout ce monde s'agitant pour trouver place avec un frémissement vertigineux d'éventails qui papillotent dans un éblouissement difficile à soutenir du regard, avec une rumeur immense de notes gutturales et criardes, de cris d'appel, de rires sonores et bruyants qui vous cassent le tympan.

Mais bientôt le bruit cesse, le mouvement s'arrête. Les portes de l'arène se sont ouvertes et le spectacle commence. C'est d'abord le défilé en procession très solennelle que font autour du cirque les acteurs qui doivent paraître dans la course. En tête marchent les *picadors* à cheval, la lance à l'étrier, coiffés du *sombrero* à larges bords, les jambes enveloppées d'épaisses guêtres destinées à les protéger contre les coups de cornes auxquels ils sont exposés. Viennent ensuite les *Chulos* dont le rôle est d'exciter les taureaux en agitant devant eux la *capa* de couleur voyante qui redouble leur fureur, puis les *banderilleros* qui leur enfoncent dans le cou des flèches armées de dards crochus, ornées de rubans multicolores, ou d'autres flèches encore formant fusées, s'accrochant aux flancs de la bête, et lançant des gerbes de flamme et d'étincelles qui la brûlent et l'affolent. — Enfin viennent fermant la marche les *matadors*, *toreadors* ou *espadas* qui, lorsque le taureau est arrivé au paroxysme de la rage, doivent lui enfoncer l'épée jusqu'à la garde entre les cornes et les vertèbres de la nuque. Des attelages de mules richement caparaçonnées attelées par quatre ou par six et deux par deux suivent le cortège.

Tous excepté les *picadors* portent le riche et splendide costume andalous, culotte courte en velours brodé ou soutaché, les bas de soie, les escarpins vernis, la veste ou boléro brodée d'or ou d'argent, les cheveux enfermés dans une résille de soie rouge.

Un *Alguazil* à cheval, aussitôt le défilé terminé, s'avance et vient demander à la personne qui préside la corrida, au gouverneur royal, au général, au prince ou au souverain, la clé du *Toril*, sorte de couloir ou de cage murée donnant sur l'arène et où l'on enferme le taureau que l'on doit lâcher sur la piste. L'Alguazil remet la clé à un homme chargé d'ouvrir la porte, puis se sauve au galop par une des issues qui se referme aussitôt, au grand plaisir de la foule qui l'accompagne de ses bravos comiques, de ses lazzis et de ses éclats de rire.

Mais l'instant d'après les rires s'arrêtent, un grand

silence se fait, car le taureau excité à l'avance et furieux, écumant, se précipite dans l'arène. Là, un moment ébloui par le soleil qui l'aveugle au sortir de son couloir étroit et sombre, étonné de cette foule qui l'entoure, il s'arrête les naseaux frémissants. Il est pris comme d'un tremblement nerveux, il secoue deux ou trois fois la tête, la tourne à droite, à gauche avec un air de défi, puis apercevant les quatre picadors immobiles à leur poste et les *chulos* qui de loin le provoquent et agitent la *cape* de couleur voyante orange ou violette, il fond sur eux cornes baissées. L'animal se rue avec rage sur le lambeau d'étoffe flottante, mais l'homme léger comme l'oiseau a déjà sauté de côté et le taureau a manqué son but. Il se lance sur un autre ennemi qu'il croit à portée de ses coups, mais il se dérobe aussi. Si le *chulo* se sent trop vivement pressé et ne peut échapper au danger qui le menace, il s'élance rapidement derrière les palissades dressées de distance en distance, ou par dessus la barrière d'enceinte de l'arène haute d'environ deux mètres qu'il escalade et dans laquelle le taureau vient au même instant planter vigoureusement ses cornes.

Les *chulos* font ces exercices avec tant d'adresse et de grâce, avec une si grande sûreté de mouvements, qu'on oublie le péril qu'ils courent et qu'on se laisse aller au plaisir. Mais gare si le *chulo* glisse ou calcule mal son élan, il risque d'être cloué aux planches.

Bientôt les *banderilleros* entrent dans l'arène et le combat prend alors une tournure plus sanglante.

Le picador est à cheval armé de sa lance en bois garnie à la pointe de quelques centimètres de fer, juste assez pour blesser le taureau mais trop peu pour le tuer ou lui entrer trop profondément dans les chairs. Il tient les rênes de la main gauche, la lance est au bras droit. Tandis que les *banderilleros* excitent le taureau en lui incrustant dans le cou et dans l'échine leurs flèches enrubannées, le *picador* fait face au taureau et en attend la charge à fond qui ne tarde pas. Rendu sans cesse plus furieux le taureau prend son élan. Au moment où il baisse les cornes et va atteindre le cheval du *picador*, celui-ci lui oppose la lance, lui enfonce le fer dans les épaules, dans le mufle, dans l'œil quelquefois, et piquant en même temps son cheval de ses énormes éperons qui lui déchirent les flancs, le fait se dérober vers la gauche. Le taureau s'il a manqué le but secoue sa puissante tête aux naseaux écumants et sanglants et cherche une nouvelle victime. Il ne tarde pas à l'atteindre. Quelque cheval moins bien dirigé ou plus rétif reçoit le coup de cornes en plein poitrail ou dans le flanc, où s'ouvre une large et béante blessure. Le sang coule à flots ou bien les entrailles lui sortent du ventre. Si le cheval reste debout malgré cette affreuse déchirure, un *chulo* vient lui enfoncer une poignée d'étoupe dans le trou creusé par la corne afin d'arrêter l'hémorrhagie et pour qu'il puisse supporter un second assaut. Si le cheval et le *picador* sont jetés par terre, le taureau s'acharne sur eux et les éventre à moins que distrait par les *chulos* qui l'entourent de leurs capes écarlates il n'abandonne la malheureuse bête qui se tord dans une douloureuse agonie, raidissant les jambes, soulevant la tête dans un dernier et suprême effort, tandis que le *picador* se débarrasse de ses étriers et s'esquive vivement par une des portes de l'arène. Quelquefois cheval et cavalier sont soulevés de terre par la violence du choc qui a troué le cheval en plein ventre, et retombent violemment sur l'arène. Quelquefois les entrailles des chevaux s'échappent de l'horrible blessure et dévalent sur la piste, et l'on voit leurs pieds s'embarrasser dans cette trainée sanglante jusqu'à ce qu'un nouveau coup les culbute et les achève.

Quand le taureau, après avoir empoitraillé et éventré quelques chevaux dont les corps gisent çà et là se crispant encore dans les dernières convulsions de cette affreuse agonie, semble grisé de carnage, les *matadores* ou *espadas* entrent en scène tenant l'épée de la main droite et de la main gauche un petit drapeau écarlate destiné à surexciter encore la rage de l'animal. Ses yeux voient trouble, il ne mesure déjà plus ses coups, le sang lui ruisselle sur la tête et l'aveugle, ses flancs sont déchirés de flèches qui à chaque mouvement lui causent de cruelles douleurs. Le matador alors l'attend de pied ferme et tandis que le taureau fond sur le drapeau dont la vibrante couleur guide son élan, il lui plonge l'épée en plein dans la nuque. La lame adroitement dirigée s'enfonce jusqu'au cœur et le taureau vaincu trébuche, tombe sur les genoux et s'affaisse sur l'arène. Quelquefois le coup manque et le *matador* n'a que le temps de se jeter vivement de côté Quelquefois encore le taureau mal atteint se relève, se précipite sur celui qui l'a blessé et recouvrant un reste d'énergie, l'atteint, l'enfourche, et retombe mort auprès de sa victime expirante. Quelquefois le *matador*, comme je l'ai vu faire, attend le taureau, assis sur une chaise et la cigarette aux lèvres. Celui-ci renverse et broie la chaise, en passant dans sa course folle, tandis que son adversaire s'esquive par un saut prodigieux et rapide pour lui plonger l'instant d'après l'épée dans la nuque et la lui enfoncer jusqu'à la garde.

Alors toute la foule haletante qui a suivi ces diverses péripéties d'un œil fiévreux d'impatience, avide d'émotions, trépigne de joie, hurle d'enthousiasme, s'agite en contorsions délirantes, lance dans l'arène sombreros, boleros, mouchoirs, éventails, bracelets, grenades, oranges, tout ce qui lui tombe sous la main, tandis que le *toréador* salue et envoie mille baisers aux *senoras* et aux *senoritas*, dont les prunelles noires brillent d'un étrange éclat et dont les petites mains applaudissent avec frénésie.

Deux ou trois attelages de quatre à six mules ornées de fanfreluches, caparaçonnées de rouge et de jaune, arrivent alors au bruit joyeux de leurs clochettes et grelots, conduites à longues guides par leurs *Zagals* ou *arrieros*, sortes de muletiers, qui courent derrière elles. Ceux-ci accrochent les traits aux cadavres des chevaux et du taureau qui jonchent le sol, et les mules les entraînent au galop aux cris aigus de " *hotta ! Olle ! hotta ! hup huppa !*

Caramba, Caramba ! » accompagnés de vigoureux coups de fouet qui leur cinglent les jarrets.

L'instant d'après des valets viennent ratisser le sol et font disparaître sous le sable les flaques de sang ou les morceaux d'entrailles qui émaillent le champ de carnage et bientôt on lâche un nouveau taureau qui recommence les mêmes exploits.

Nous avons vu tuer ainsi sept chevaux et six taureaux, avec des péripéties diverses plus émouvantes et plus écœurantes les unes que les autres. Les *toréadors* qui tenaient la *spada* ce jour-là étaient les trois plus célèbres matadors de l'Espagne *El Tatto, Corruelo* et *Gordito*.

Telle est, chère Madame, la relation exacte de cet horrible spectacle qu'on appelle la *Corrida*. Quant à nos impressions, je ne vous étonnerai pas en vous disant que nous sommes sortis de là absolument abrutis et malades, le cœur soulevé, la nausée aux lèvres. Dix fois nous avions voulu quitter la loge et nous nous étions levés pour cela, mais subissant malgré nous les frémissements de la foule, subissant cet intérêt bestial, cette sorte d'instinct qui vous attire à tout accident, vous rive à la souffrance de la créature qui se débat contre une fatalité plus forte qu'elle, vous fait pour ainsi dire partager les émotions de la lutte quelque part qu'elle se produise, nous étions malgré nous restés spectateurs palpitants et dégoûtés de ces ignobles scènes, hypnotisés par la vue du sang. Que vous assistiez par hasard à un commencement d'incendie, à la disparition dans les flots d'un homme qui se noie et auquel vous êtes impuissant à porter secours, que vous aperceviez de la côte, un jour de tempête un navire qui se perd, quelle que soit l'horreur du drame, vous n'en pouvez détourner les yeux, un intérêt plus puissant que la volonté vous clouera sur place et vous fera suivre toutes les péripéties du malheur qui s'accomplit, là, devant vous. Mais aussitôt que le drame s'est dénoué, la réaction s'opère, on se sent opressé, on se reproche presque comme une inhumanité cette curiosité qui nous a saisis au premier acte et qui n'a été satisfaite qu'après l'accomplissement de la catastrophe.

Aussi avions-nous tous, les traits décomposés, comme gens qui s'éveillent d'un affreux cauchemar. Le petit nègre Morgan que mon cousin avait amené avec nous, bien que de race sauvage et que l'atavisme aurait dû endurcir, était devenu blême, son beau noir d'ivoire s'était changé en gris. Le capitaine du Yacht, vieux loup de mer à la mine dure et quelque peu brutale, exprima son sentiment par ces mots dits avec une crispation de dégoût : « Dirty people ! » qui résumait bien le sentiment que nous emportions nous mêmes.

En revanche il y avait dans la foule et jusque dans les loges qui touchaient à la nôtre, des enfants en bas âge, des nourrices avec leurs poupons, que ces horreurs enthousiasmaient et n'écœuraient pas.

Ni le christianisme, ni la civilisation n'ont décidément adouci les mœurs des Goths descendus du Nord et de la Germanie aux rives du Tage et du Guadalquivir, car l'Espagne très chrétienne a été et est encore aujourd'hui la nation la plus religieuse du monde.

C'est la croix et le Christ à la main, ce Christ messager d'amour et de paix, appelant à lui le faible et l'opprimé, prêchant la douceur, le mépris des richesses, l'humilité, l'humanité, la charité, le pardon des injures, c'est ce Christ à la main, que d'innombrables crimes ont souillé du sang d'innocentes victimes les moindres sillons de cet admirable pays qui aurait pu être un paradis sur la terre. C'est ce Christ à la main, qu'après la découverte de Colomb, les Espagnols ont égorgé et anéanti des peuplades, des races entières d'indiens hospitaliers et bons, qu'ils avaient trompés d'abord pour s'approprier leurs richesses, qu'ils avaient dépouillés volés et traqués ensuite. Puis c'est encore le Christ à la main que plus tard tournant leur fureur contre eux-mêmes, la *Sainte-Hermandad* dressait partout dans toutes les villes, dans toutes les bourgades, de sinistres autodafés où l'on brûlait comme hérétiques et après d'affreuses tortures, les malheureux qu'une aussi cruelle religion n'avait pu satisfaire, ou ceux qui avaient pu déplaire aux rois, aux ministres, aux évêques, aux prélats, aux chanoines, aux simples clercs.

Au milieu de ces flots de sang répandu par cupidité, par envie, par vengeance, par haine, se sont élevés alors de toutes parts, les plus riches monastères du monde entier, les cathédrales les plus somptueuses, où venait se fondre et se perdre tout l'or du Mexique et du Pérou.

Sous les Arabes, en quelques siècles, l'Espagne était devenue un Eden, une terre d'abondance, un merveilleux jardin des Hespérides ; ses plaines, ses montagnes les plus arides, étaient fertilisées par de nombreuses irrigations, les ports de Valence, de Murcie, d'Alicante, d'Agésiras, de Cadix étaient devenus de riches entrepôts de commerce exportant les blés, les olives, les huiles, les oranges, important au retour toutes les productions de l'Orient. Sous la domination des Espagnols, la croix a remplacé le croissant, mais malgré les innombrables dépouilles du nouveau monde, malgré les nombreuses armadas, escadres chargées de tout l'or des Incas, les acqueducs sont tombés en ruine, les irrigations se sont perdues, le sol est redevenu aride et improductif, des provinces entières ont été changées d'oasis en déserts brûlants, les ports sont devenus à peu près vides, et le peuple est resté dans sa misère, dans son ignorance, dans sa barbarie.

Dans aucun pays, je n'ai eu la vision plus nette de l'outrage fait au Christ par ceux qui se sont proclamés ses apôtres, ses disciples. Nulle part je n'ai vu de preuves plus palpables de l'abrutissement que peut produire la superstition et la tyrannie théocratique chez un peuple, fut-il comme celui-ci, admirablement doué d'intelligence native, de courage et de force.

Avec leur fierté d'hidalgos, enveloppés dans leur cape, ou capa, jetée négligemment sur une épaule avec leur figure régulière, décidée, leur regard hautain, leur pas martial, leur teint bronzé, leurs yeux et leurs cheveux noirs, les Espagnols ne ressemblent ni aux Arabes, ni aux Italiens. Les arabes ont le type plus sauvage, plus énergique encore, les italiens ont plus de douceur, plus de souplesse, plus de laisser aller. Dans l'espagnol il y a du vieux romain de l'ancienne république, il y a aussi du lion longtemps enfermé dans la cage du dompteur, comme un regret de la liberté rêvée et perdue, comme un souvenir lointain des grands horizons et des déserts immenses, comme une tristesse émanant de la conscience d'une force irrémédiablement condamnée à l'inaction. Toute autre race, à ce régime là, subi depuis sept siècles, se fut crétinisée. La race espagnole s'est endormie ainsi que s'endort ou sommeille le fier lion de l'Atlas dont j'ai parlé tantôt. Se réveillera-t-elle un jour ? Secouera-t-elle et brisera t-elle ces solides barreaux que lui ont forgés la monarchie et la théocratie associées dans la même œuvre de domination ? Qui le sait ?

En rade de Cadix, 2 Juillet.

Bien que le soleil soit à 37 millions de lieues de la terre, il nous gratifie aujourd'hui d'une ardente chaleur, qui marque vers midi trente-cinq degrés centigrades à l'ombre. Je me sens fort indisposé, non pas à cause de cette chaleur tropicale, mais par suite des émotions de *la Corrida* qui m'a soulevé le cœur en même temps qu'elle m'a rempli d'indignation. Le docteur me recommande le repos, ce qui fait qu'étendu sous la tente que nous avons fait dresser au-dessus du pont, j'ai le temps pendant que mes compagnons s'en vont visiter quelques églises et quelques rares monuments, de philosopher à l'aise sur les destinées du monde.

Il ne vous déplaira peut-être pas, chère Madame, d'observer en ma compagnie, la terre d'un peu haut, de quitter pour un moment la planète que nous habitons et de nous élever dans les régions célestes, que la science nous a ouvertes et pour ainsi dire révélées.

Quelques siècles à peine nous séparent de l'époque où l'on croyait encore que la terre était une surface plane reposant sur une base solide, et pour l'unique agrément de laquelle Dieu avait créé le soleil, la lune, les innombrables étoiles qui scintillent au firmament.

Bien que depuis quatre mille ans les astronomes de la Chine, de l'Egypte, de la Perse et de l'Inde eussent déterminé le cours des constellations, leur coïncidence avec certains phénomènes, leur influence plus ou moins réelle ou imaginaire sur les événements de la vie terrestre, les hommes n'en continuaient pas moins à s'imaginer que leur petit monde formait le centre de l'univers et que l'univers n'avait été créé que pour eux.

Lorsque vers la fin du XVIme siècle, il y a à peine trois cents ans, Galilée établit mathématiquement par ses calculs, le mouvement diurne de la terre, le Pape Urbain VIII et le tribunal du Saint-Office le traitèrent d'imposteur, d'hérésiarque, et le condamnèrent à trahir sa conscience et la vérité, sous peine d'être brûlé vif comme le savant Jordano Bruno qui enseignait la pluralité des mondes. Aujourd'hui que la science et l'astronomie ont fait d'immenses progrès, que des instruments sans cesse perfectionnés ont permis non seulement d'observer plus attentivement les astres disséminés dans l'espace, visibles à l'œil nu, mais ont découvert des milliers, des millions d'étoiles au delà et à des distances incommensurables des premières, nous avons dû renoncer à ces rêves de vanité et d'orgueil qui nous faisaient croire que le firmament n'avait été créé que pour nous et en vue de notre seul plaisir.

Aujourd'hui nous savons que tout se meut, que tout évolue dans l'immensité sans terme et sans limite d'après des lois immuables dont la fin et la cause nous échappent. Nous savons que le soleil forme le centre de notre système planétaire, que nous tournons depuis des millions d'années (1) avec une rapidité vertigineuse, parcourant sans nous en douter 650.000 lieues par jour dans le vide d'une ellipse déterminée, tandis que la lune

(1) D'après les derniers calculs des Géologues, le minimum de l'âge de la terre après la période d'ignition est de vingt millions d'années, dont 6.700.000 ans pour l'âge primordial, 6.400.000 ans pour l'âge primaire 2.300.000 pour l'âge secondaire, 460.000 pour l'âge tertiaire et cent mille ans pour l'âge quaternaire.

évolue autour de nous et que d'autres planètes plus rapprochées ou plus distantes du soleil, se meuvent par le même mécanisme dans la même sphère d'attraction.

Nous savons que chaque étoile que nous voyons au ciel est un autre soleil, ou plus grand ou plus petit que le nôtre, autour duquel gravitent d'autres planètes, comme la Terre, Mars, Mercure, Vénus, Saturne, Jupiter, Neptune évoluent autour de notre foyer de lumière et de chaleur. Si les étoiles nous paraissent infiniment petites dans leur scintillement de lucioles, c'est qu'elles sont situées dans l'espace à des distances tellement considérables, que nous les distinguons à peine dans les ténèbres de la nuit, tandis que leur éclat réel est parfois infiniment plus grand, que celui du globe incandescent dont les rayons nous brûlent les yeux.

Nous connaissons aujourd'hui exactement par les calculs de la parallaxe la distance qui nous sépare de notre foyer de lumière, de la lune, des principales étoiles, nous connaissons leur volume, leur intensité de chaleur. Ainsi l'étoile appelée Sirius est à 39 trillions de lieues de la terre (39.000.000.000.000) et son volume est de trois à quatre fois plus gros que celui de notre soleil, qui lui, est déjà d'environ un million deux cent quatre-vingt-mille fois plus volumineux que la terre. L'étoile polaire que nous connaissons tous est à cent trillions de lieues de la terre (100.000.000.000.000) et un train express lancé à 60 kilomètres à l'heure, courant nuit et jour, mettrait plus de sept cent millions d'années à traverser l'espace qui nous sépare d'elle. Le même train express partant de la terre ne mettrait que trois siècles à atteindre notre soleil. Bagatelle !

Ces chiffres établis sur des calculs indiscutables, ces distances mesurées géométriquement et mathématiquement donnent le vertige, n'est-il pas vrai ? Et si l'on songe qu'au delà de ces mondes situés à des centaines de trillions de lieues du nôtre il en existe encore, et toujours, à d'autres centaines de trillions, indéfiniment, au-dessus, au-dessous, et partout autour de nous, que tout cela n'a ni limite, ni fin, évolue sans cesse, éternellement, ne sommes-nous pas appelés à nous demander ce que notre existence infinitésimalement petite, microscopique dans l'espace, infinitésimalement courte dans le temps, représente en somme dans ce grand tout de la nature éternelle et infinie ?

Imperceptibles atômes, éphémères manifestations du principe vital qui anime le vibrion dans l'air ou l'infusoire dans la goutte d'eau, tout comme il nous anime nous mêmes à la surface de la terre, ce caillou qui roule vertigineusement dans le vide, ne faisons-nous pas preuve d'une immense et ridicule présomption en nous persuadant que l'âme du monde que nous appelons selon les religions Zeüs, Dieu, Brahma, Jéhovah ou grand Manitou se préoccupe de nos faits et gestes, de nos peines ou de nos joies, de nos jouissances ou de nos douleurs, de nos sentiments, de nos pensées, de nos aspirations, de nos extravagances ?

Plus l'homme est ignorant, plus il rapetisse Dieu à sa taille, plus il l'affuble de ses imperfections, de ses vices, de ses passions. Le sauvage que la peur fait trembler devant les phénomènes de la nature qu'il ne peut expliquer, lui suppose des appétits et sacrifie ses bœufs, ses chevaux, ses poules devant la hideuse idole de bois taillée à coups de hache dans quelque tronc d'arbre mal équarri. Plus tard il lui fait partager ses haines, ses cruautés, ses vengeances, il immole ses esclaves, ses prisonniers, ses ennemis, ses semblables. A mesure que la civilisation avance, l'idole prend une forme plus humaine, elle devient le magot des pagodes chinoises, hindoues, siamoises, au ventre ballonné, à la figure effrayante ou grotesque. Ce n'est plus la grossière effigie de bois, mal taillée, c'est l'idole en métal précieux, en bronze, en argent, en or. Bientôt un Dieu ne suffit plus, il se divise. La civilisation arrivée au raffinement ne se contente plus d'images bouffonnes, contrefaites, ridicules, elle humanise définitivement la divinité et sculpte dans le marbre de Paros ou de Carrare les figures de Jupiter, d'Apollon, de Neptune, de Pan, de Vénus.

Mais ce n'est pas encore assez, l'anthropomorphisme n'a pas dit son dernier mot. Il faut à l'humanité orgueilleuse l'incarnation complète, il faut qu'elle s'adore dans sa chair, dans son sang, dans sa forme la plus réelle, et c'est le Christ qui vient réaliser l'union définitive du microcosme avec le principe infiniment grand, éternel, qui préside à l'éternelle évolution des mondes.

Après avoir jeté un coup d'œil rapide sur les constellations du ciel, sur les espaces incommensurables qui nous environnent de toutes parts de quelque côté que nous tournions les yeux au-dessus et autour de nous, voulons-nous, chère Madame, changer pour quelques instants notre objectif et observer les infiniments petits ?

Le télescope nous a fait découvrir en haut des millions de mondes dont nous ne soupçonnions pas l'existence, que nous ne pouvions voir à l'œil nu. Il nous a fait mesurer leur distance prodigieuse, vertigineuse, nous a fait connaitre par d'ingénieux calculs leur volume, leur diamètre, leur pesanteur, leur période d'évolution, leur système de gravitation dans les espaces sans fin et sans limites. Prenons le microscope et voyons ce qui se passe plus près de nous, au dessous de nous, comment la vie a pris naissance sur notre planète, comment elle se manifeste partout dans l'univers par des causes et des forces inconnues, mystérieuses, qui nous échappent, comment la nature dans sa merveilleuse activité crée éternellement et indéfiniment des myriades d'existences aussi éphémères les unes que les autres, quelle que soit leur durée dans l'éternité, se transformant sans cesse, disparaissant pour faire place à de nouvelles combinaisons, détruisant aujourd'hui ce qu'elle a formé hier.

Souvent penché sur les bastingages du Yacht, je regarde pendant de longues heures ce mouvement incessant de la nappe liquide qui couvre les trois quarts de notre planète. J'en scrute les profondeurs et j'y devine, dans ma pensée, la vie infinie, s'agitant luttant, se modifiant toujours, comme je l'ai vue dans l'immensité des cieux.

Là aussi, dans ces eaux vertes ou bleues qui paraissent vides, d'innombrables être que mes yeux sont impuissants à voir, fourmillent, naissent, procréent et meurent, subissant l'immuable et universelle loi tour à tour créatrice et destructive. Pas une goutte de ces océans qui ne soit un monde.

Il y eût un temps où notre planète fut un globe de feu lancé dans l'espace par quelque cataclysme, sphère incandescente émanant de notre soleil sans doute, et qui arrêtée dans le mouvement de projection se mit à tourner vertigineusement dans le cercle d'attraction de son point d'origine, formant l'ellipse qu'elle parcourt encore aujourd'hui (ou à peu près) à la vitesse de 650.000 lieues par jour, comme je l'ai dit plus haut. Elle mit des milliers d'années à briller de sa lumière d'astre, avant de se refroidir dans l'atmosphère qui s'était formée autour d'elle. Puis lorsqu'une croûte vint peu à peu couvrir toute sa surface, les vapeurs soutenues dans cette atmosphère, absorbées jusqu'alors au contact au fur et à mesure de leur formation et tant que la croûte ne s'était pas suffisamment épaissie, se condensèrent et la couvrirent d'eau. Pendant des milliers d'années encore la terre ne présenta qu'une immense nappe liquide en ébullition. Petit à petit la croûte s'épaississant toujours, la couche d'eau qui couvrait le globe uniformément et jusqu'au sommet des plus hautes montagnes se refroidit, puis s'évapora, tandis que le feu disparaissait plus profondément dans le centre de la terre.

Bientôt les montagnes surgirent du sein des flots, puis les continents. D'immenses soulèvements volcaniques déchirant la surface solidifiée éclatèrent souvent encore çà et là, modifiant à tout instant la configuration des masses émergées et des océans.

Mais alors au milieu de ces révolutions fréquentes, par suite de la fermentation des eaux sur les terres, sur les cendres et les scories d'une part, par les effluves de chaleur, de lumière et d'électricité tombant du soleil et par la combinaison des gaz atmosphériques d'autre part, les mousses gigantesques, les fougères immenses, les premières végétations parurent et en même temps que ces végétations les premiers symptômes de la vie animale, produite elle-même par la fermentation des plantes au milieu de ces éléments liquides et aériens.

Ce fut pendant cette période et peu à peu que parurent ces espèces bizarres et primitives, innombrables, perdues aujourd'hui, dont on retrouve parfois quelques vestiges fossiles dans les formations géologiques. Elles furent les premiers habitants du monde et pendant d'autres millions d'années se transformant sans cesse, se perfectionnant dans leurs organes, elles précédèrent l'arrivée de l'homme qui paraît être aujourd'hui, mais combien misérable encore, le roi de la création. Roi, oui, non pas du monde, car nous ne connaissons pas ce qui existe sur les autres planètes, mais de notre petit globe microscopique en lui-même au milieu du grand tout dont j'ai essayé de vous faire entrevoir tantôt l'infinie grandeur, l'insondable étendue.

Il n'y a pas me semble-t-il là de quoi s'enorgueillir encore beaucoup. Nous valons plus que les protozoaires, plus que les poissons, plus que les oiseaux, plus que les quadrupèdes, plus que les singes, mais de là à nous croire le chef d'œuvre, le dernier cri de la nature, l'image de Dieu, qu'il y a loin !

Les végétaux se produisent donc sur la terre par l'action de la chaleur, de la lumière, combinées avec l'hydrogène, l'oxygène et l'azote. Toute matière végétale immergée dans l'eau détermine au bout de quelque temps une fermentation causée par la désorganisation des tissus et c'est dans cette fermentation que la vie apparaît d'abord à son état rudimentaire.

Voulez-vous assister, chère Madame, à cette chose vraiment merveilleuse de la vie sortant de la matière inerte se transformant, se perfectionnant sous vos yeux ? Rien de plus simple. Remplissez un verre de cristal bien pur d'eau prise dans une rivière, dans un ruisseau quelconque, immergez dans ce verre quelques brindilles végétales, quelques branches de persil ou de cerfeuil ou de toute autre herbe que vous avez sous la main, et placez-le sur un plateau à rebords d'un ou deux centimètres que vous remplirez à moitié de la même eau. Vous couvrirez ensuite le verre d'une cloche également en cristal, de façon que l'eau que vous avez versée dans le plateau baigne toute la base de la cloche. Cela vous assurera qu'il ne s'introduira aucun élément étranger, aucune poussière, aucun germe nouveau dans le verre que vous aurez ainsi isolé hermétiquement. Au bout de quelques jours, cinq ou six, en ayant soin de tenir le tout à la lumière, car la lumière et la chaleur sont nécessaires à la vie, le verre d'eau ou l'éprouvette se peuplera peu à peu d'infusoires, ces premiers *protozoaires* que vous ne pouvez apercevoir cependant qu'au moyen d'un microscope grossissant de 400 à 500 fois, car la taille de l'*infusoire* ne dépasse pas trois millièmes de millimètre. Vous les verrez se mouvoir, s'agiter sans cesse dans l'eau, se multiplier à l'infini ; puis apparaîtront sous votre microscope les *monades* mesurant de sept à huit millièmes de millimètre, les *spirilles* tournoyant sans cesse, les *vibrioniens*, toute une série d'infiniment petits se dévorant les uns les autres, se livrant des batailles acharnées, s'exterminant dans leur rage de voracité. La lutte pour la vie !

Bientôt se forment des animalcules plus grands déjà doués d'une organisation plus complexe et d'appétits tout aussi insatiables. Ils auront bientôt fait d'engloutir les premiers habitants de votre aquarium. Ce sont les *kéroniens*, les *glaucones* qui mesurent déjà sept centièmes de millimètre, les *paraméciens*, des géants comparativement aux glaucones, des monstres immenses comparativement aux infusoires, aux spirilles, aux vibrioniens et mesurant vingt-cinq centièmes soit un quart de millimètre, puis les *systolidiens* qui du double plus grands, mesurent un demi millimètre.

Tandis que les premiers habitants de votre aquarium n'étaient que de simples tubes animés de vie, des bulles informes, des spirales tournoyant sur elles-mêmes, ces nouvelles espèces présentent déjà des organes embryonnaires. Chez les uns on distingue une sorte de tête armée d'un bec ayant quelque analogie avec le bec de l'oiseau, les autres ont des apparences d'yeux; on aperçoit dans ceux-ci des machoires cornées qui broient les aliments vivants ou inertes produits par la fermentation des végétaux dans l'eau trouble, des queues terminées par des fourches servant de pattes et permettant au microzoaire de se fixer temporairement en quelqu'endroit des tissus de la plante. Le *kérone* marche sur des sortes de pieds informes. Certains types sont doués de sensibilité et vous les voyez se contracter en boule si vous donnez un choc à la plaque de verre sur laquelle vous les avez étalés dans la goutte d'eau pour les examiner au microscope. Ils sont donc arrivés déjà à l'instinct de la conservation. A travers leur enveloppe visqueuse et transparente vous distinguez les organes. En tintant l'eau de votre aquarium avec de la cochenille ou de l'indigo, vous parviendrez à déterminer la place de l'estomac ou des estomacs car certaines espèces, plus privilégiées que nous, en possèdent plusieurs.

Les *brachions* que vous verrez apparaître ensuite, nagent vigoureusement de côté et d'autre, changeant de direction avec aisance, au moyen de leur queue qui leur sert de gouvernail. Ils produisent des remous attractifs avec les lobes ciliés qui garnissent leur tête. Ce sont les poissons embryonnaires en miniature. Le *stentor*, le plus grand des infusoires qui peut déjà se discerner à l'œil nu, possède le singulier privilège de se métamorphoser en cent formes diverses. Il se montre sous des aspects si bizarres, si variés que l'esprit est frappé d'étonnement. Tantôt c'est un cylindre qui roule sur lui-même, tantôt un fuseau qui court horizontalement, tantôt il a l'apparence d'un vase, tantôt d'une bouteille au goulot allongé, puis c'est un cube qui se transforme l'instant d'après en losange, en triangle qui pivote, en lentille qui coupe l'eau. S'imagine-t-on la complication du mécanisme enfermé dans ces êtres à peine de l'épaisseur d'un millimètre pour arriver à pareil résultat? N'est ce point absolument fantastique et déconcertant?

Le *tardigrade* autre infusoire géant se distingue par l'analogie presque complète de sa conformation avec les animaux supérieurs. On aperçoit nettement chez lui une tête allongée en museau et portant des yeux, un corps soutenu par huit pattes armées d'ongles crochus, et couvert d'une peau translucide, épaisse, de couleur rouge ou rosée.

Les mêmes aquariums composés des mêmes éléments ne produiront pas toujours des types identiques, car la variété des infusoires est innombrable. J'en ai cité quelques familles comme exemple, mais il se peut que la succession des êtres engendrés dans votre éprouvette soit toute différente.

Toujours est-il que quelles que soient les causes qui pourront modifier les espèces, vous assisterez à des transformations analogues successives et bizarres, montrant la vie se perfectionnant sans cesse. Vous assisterez à la lutte acharnée de ces légions d'êtres animés qui ne naissent que pour dévorer les petits, et qui finissent par être dévorés eux-mêmes suivant l'éternel et universel principe de création et de destruction.

Votre verre d'eau ne produira nécessairement qu'un nombre limité de créations microzoaires et vous n'arriverez pas à voir surgir un *Iguanodon* ou un *Mastodonte*, le champ d'épreuve, ou le bouillon de culture, si vous le voulez, étant trop exigu, mais vous comprendrez comment dans l'énorme alambic que représentent la terre et les océans, la nature a pu varier ses types à l'infini et produire successivement tous les êtres qui ont embelli ou enlaidi la création depuis l'origine de nos siècles terrestres remontant à des millions et des millions d'années.

Si, comme je le disais plus haut, nous n'avons aucun sujet de vanité ou d'orgueil à tirer de l'étude des cieux, de l'immensément grand, en comparaison desquels nous sommes d'imperceptibles poussières, nous n'avons pas plus de droits de nous enorgueillir de l'étude des infiniment petits dont le mécanisme vital, relativement à leur taille et proportionnellement à la nôtre, est bien autrement merveilleux.

Lorsque, sans descendre même aux infusoires, aux systolidiens, aux tardigrades, nous voyons le travail intellectuel qui s'opère dans une tête de fourmi grosse à peine comme une tête d'épingle, n'y a t-il pas quelque honte à considérer l'état de civilisation encore si défectueux et si barbare, auquel notre cerveau, colossal en comparaison du leur, nous a amenés après tant de milliers de siècles de travail, d'efforts et de révolutions ?

Il y a plus d'ordre dans ces républiques lilliputiennes que dans les nôtres, parce qu'elles suivent sans s'en écarter les simples lois de la nature, parce qu'il existe entre toutes les individualités d'une même famille, d'une même colonie, des liens de solidarité dont nul égoïsme ne les éloigne.

L'homme au contraire paraît s'être efforcé de violer de plus en plus ces lois primordiales pour y substituer les siennes, basées sur l'erreur, sur l'illusion, sur le mensonge. S'il a le don de la parole, qui lui a donné la suprématie sur toutes les autres espèces de la création terrestre, en lui permettant de transmettre de génération en génération l'expérience acquise, s'il a le don de la parole qui le rend susceptible de perfectionnement, tandis que les espèces muettes sont vouées à l'immobilité psychique, il en a jusqu'ici étrangement abusé contre lui-même, à son propre détriment, et il faudra des siècles encore pour que la science et la saine appréciation des choses nous ramènent aux lois de la nature, sans lesquelles tout progrès sérieux est impossible ici-bas.

Toute cette étude un peu trop scientifique peut-être, bien que résumée et condensée autant que possible, semble sortir du cadre de mon voyage. Elle n'est cependant pas tout à fait inutile, parce qu'elle nous fait envisager de plus haut l'origine, l'histoire, la civilisation et la destinée des peuples, nous fait mieux apprécier les causes de leurs vices et de leurs vertus, nous explique leurs maladies morales, leurs crises, leurs périodes de prospérité ou de décadence. Elle nous enseigne qu'il ne faut pas désespérer de l'humanité, que tout dans la nature évolue lentement, progressivement, arrive à son heure.

Ainsi, incontestablement il y a au moins cinquante mille ans que la race humaine existe sur la terre et il n'y en a guère que trois ou quatre mille qu'elle possède une histoire. Encore l'histoire des mille ou deux mille ans qui ont précédé notre ère est-elle bien incomplète, bien fabuleuse, bien hypothétique et relative à quelques races, à quelques pays privilégiés seulement, les Indes, la Chine, l'Egypte, la Grèce.

Pendant des milliers de siècles donc, l'homme est resté dans la barbarie ou dans une sorte de bestialité dont les sauvages découverts par le Capitaine Cook ou par Lapérouse, dans quelques dernières îles de la Polynésie, peuvent seuls donner une idée. Il a fallu de longues, d'interminables séries de siècles pour arriver à développer les facultés intellectuelles de l'espèce, la faire sortir de son animalité primitive. Il est certain qu'en ces derniers temps ce développement s'est accentué d'une façon infiniment remarquable et d'autant plus rapide, que par suite des découvertes relativement récentes de la science, l'imprimerie, les applications de la vapeur, les chemins de fer, l'électricité, les rapports d'hommes à hommes, de peuples à peuples se sont incroyablement multipliés. Nous commençons donc selon moi, et à peine, à entrer dans la voie civilisatrice. Nous n'y avancerons réellement à grands pas, par la diffusion de plus en plus rapide de l'instruction saine, positive et scientifique, que lorsque nous serons débarrassés d'erreurs et de mensonges séculaires, qui, soit dans nos lois, soit dans nos institutions, soit dans nos religions, soit dans nos mœurs, entravent encore la marche du progrès. Ce n'est pas petite affaire, pour toute une humanité que de changer de route, de changer ses habitudes et ses croyances, que de renoncer à ses usages, à ses superstitions, mais infailliblement la vérité doit triompher de l'erreur. Ce que ne comprennent pas encore les générations de ce siècle, les générations prochaines le comprendront.

C'est pourquoi il ne me déplait pas, quand j'écris, de faire quelquefois l'école buissonnière, de porter ma lanterne non seulement dans les chemins parcourus, suivant la grand'route comme le commun des voyageurs, mais d'éclairer les coins sombres et obscurs auxquels les superficiels ne s'arrêtent pas. Ma lanterne n'éclairera peut-être pas ces coins-là d'un grand jour, mais elle engagera d'autres plus savants, à y apporter plus de lumière, à y faire peut-être des découvertes utiles que je ne suis pas suffisamment outillé pour faire moi-même.

En rade de Cadix, 3 juillet.

Nous avions fixé au trois juillet notre départ pour Séville. Nous aurions pu nous y rendre en yacht, par le Guadalquivir, mais il aurait fallu nous faire remorquer, la navigation à voile étant presqu'impossible sur les fleuves et cela nous aurait pris trop de temps. Nous nous étions donc décidés pour la voie de terre.

Nous passons la matinée à bord, à faire nos correspondances et à préparer nos valises, et nous nous faisons conduire vers les trois heures de l'après-midi au *caminhos de ferro* (chemin de fer). La gare n'a rien de remarquable et l'on voit au premier coup d'œil que les railways de l'Andalousie n'ont pas encore acquis le grand mouvement de trafic et de circulation de nos chemins de fer des pays du Nord.

Le train que nous allons prendre est composé d'un petit nombre de voitures, dont mi-partie de 1ro, de 2mo et de 3mo classes, et le reste de fourgons ou wagons de marchandises. Les voyageurs sont rares. Parmi ceux qui sont assemblés là nous voyons quelques bourgeois et bourgeoises de Cadix, quelques prêtres avec leur chapeau en tuyau de poêle à la Basile, quelques capucins, quelques soldats qui s'en vont en congé, ou changent de garnison. Pas d'anglais, ce qui m'étonne.

Comme nous sommes de quinze ou vingt minutes en avance, un soldat en veste jaune et pantalon rouge assez malpropres, nous donne une sérénade et chante une complainte très monotone qui me rappelle les chants arabes et la cantilène orientale. Une femme aveugle, sa mère peut-être, bien qu'elle paraisse plus vieillie par la misère ou les soucis que par l'âge, l'accompagne de la guitare. Cela ne manque pas d'un certain caractère.

Nous remarquons, que toutes les voitures du train sont à doubles toits superposés, de dix à quinze centimètres d'écartement, de façon à laisser circuler l'air entre le toit supérieur recevant les rayons du soleil et la tôle recouvrant le plafond, qui, par cette combinaison, reste invariablement à l'ombre. La précaution est bonne, car sinon par ces chaleurs tropicales, les voitures seraient de vraies fournaises. Je me demande pourquoi l'on n'adopte pas chez nous ce système, qui serait en somme fort peu coûteux, et qui nous empêcherait de rôtir lorsqu'il nous arrive de voyager en juin, en juillet ou en août. Il me souvient d'avoir fait le trajet de Paris à Royat par 31° à l'ombre dans un compartiment chauffé de telle façon par sa toiture, que c'est miracle que je n'y aie pas rendu l'âme. Rien de plus simple que de supprimer le courant d'air raffraîchisseur en hiver, par des cloisons réunissant les doubles toits sur leurs quatre côtés. Cela préserverait même du froid, puisque l'air emmagasiné entre les deux plateformes conserverait nécessairement une partie de la chaleur émanant des voitures.

La cloche du départ met fin à la sérénade et à nos réflexions. Nous montons dans un compartiment de 1ʳᵉ classe où nous restons seuls, ce dont nous sommes fort aises, car cela nous permettra de voir le pays par l'une et par l'autre portière.

En sortant de Cadix nous traversons toute une série de ponts-levis, de voûtes obscures pratiquées à travers les fortifications de la place, puis le *faubourg San José* situé au milieu des eaux, sorte de lagune enfermée entre la baie d'une part, l'océan et le canal de S¹¹ Pietri d'autre part. De hauts peupliers et des bouquets de palmiers découpent leurs fines silhouettes dans la clarté du ciel.

Le chemin de fer s'engage ensuite sur un long remblai dont la base en talus baigne dans les flots, traverse le canal de *la Cordatura*, qui coupe l'attache de la presqu'île de Cadix et constitue une nouvelle défense de la ville en cas de siège.

Au delà, après avoir passé *San Fernando*, nous avons à notre gauche la baie, à droite dans le lointain les cimes de la *Sierra de Ronda*, d'*El Aljib* et la petite ville de *Medina Sidonia*.

San Fernando, nouvelle place de guerre, dont la défense est assurée par de nombreux fossés et des marais salants, remonte à l'antiquité mythologique. Cette ville de 20.000 habitants, emprunta successivement son nom à Junon et à Vénus. Elle figure dans l'histoire fabuleuse de la jeunesse d'Hercule. Son observatoire l'un des plus anciens de l'Espagne, fixe le méridien pour les calculs astronomiques des marins espagnols. Au moyen-âge elle s'appelait Léon. Les Cortès lui donnèrent en 1814 le nom qu'elle porte aujourd'hui, en récompense de son attitude patriotique dans la guerre de l'indépendance.

Nous sortons enfin de *l'Ile de Léon* par un pont à trois arches traversant le canal de *Santi Pietri* et arrivons à Puerto-Réal, ancien port de Cadix fondé à l'époque de la domination romaine.

Puerto-Réal est une ville de marins, de pêcheurs, de marchands, de constructeurs maritimes. Nous continuons à contourner la baie et pouvons admirer tout le panorama de Cadix et de l'Ile-de-Léon, par les portières de gauche. Nous distinguons les deux forts qui dominent et défendent l'accès du *canal du Trocadéro*, le fort *San Lorenzo del Puntal* et le *fort du Trocadéro*, démantelé en 1823 par l'armée française, sous les ordres du duc d'Angoulême.

Nous franchissons bientôt le *Guadalète*, à son embouchure près d'un pont suspendu par où passe la route, et arrivons à *Puerto-Santa-Maria* qui compte environ 19.000 habitants. La silhouette de Cadix, toujours à gauche, au loin, se dessine blanche, éblouissante de soleil sur les horizons bleus de l'Océan.

On cite *Puerto Santa-Maria* pour la beauté de ses femmes, de ses jeunes filles, dont la réputation s'étend dans toute cette partie de l'Andalousie, comme Malaga l'a conquise sur l'autre rivage de l'Espagne confinant à la Méditerranée. Je ne puis malheureusement vérifier le fait, le train ne s'arrêtant que quelques minutes avant de continuer sa course vers Xérès-la-Fontera.

Puerto-Santa-Maria se trouve exactement en face de Cadix sur l'autre côté du golfe et séparée d'elle par une nappe d'eau de quatre lieues d'étendue.

Bateaux à vapeur, tartanes, barques latines font constamment le trajet de l'une à l'autre. Nous ne pouvons nous lasser de nous pencher tantôt aux portières de droite, tantôt aux portières de gauche. Ici c'est la baie avec ses eaux bleues scintillantes sous les rayons du soleil, ses voiles blanches, roses ou pourprées, semées çà et là comme des pétales de fleurs, droites ou penchées sous le vent, ses pyroscaphes, qui creusent le sillon d'argent et déroulent le ruban de fumée nacrée qui se dissipe en spirales transparentes dans l'azur d'un ciel sans nuages ; là ce ne sont que villas coquettes, constructions variées et originales, rappelant l'orient en même temps que Naples et Sorrente, jardins enchanteurs plantés de palmiers, de dattiers, d'ifs immenses, d'orangers tout chargés de leurs fruits d'or, de mimosas en arbre, de vignes centenaires, de figuiers d'Inde dignes de l'Afrique, d'aloès gigantesques, de cactus, de géraniums aux floraisons écarlates, de chamérops aux larges éventails.

La richesse et l'aisance s'y étalent partout, car Puerto-Santa-Maria est une ville de plaisir, de mouvement, un centre d'attraction pour toute la côte voisine. Ses maisons ont un air de fête, ses rues sont propres, bien entretenues, la population est remuante et gaie. En peut-il être autrement quand les femmes y sont si belles? Mais elle a aussi sa *plaza de Toros*, ses *corrida* pour faire ombre au tableau. Les courses de taureaux y durent deux jours à la San Juan et recommencent à la San Pedro, car en ce beau pays d'Espagne religion et cruauté vont de pair, étrange antithèse, et semblent y vivre en excellents termes. « La veille et l'avant-veille, me dit mon guide, on voit les routes se couvrir de gens qui se hâtent, tout ce qui marche, tout ce qui roule est mis à réquisition. On ne voit que cavaliers fringants portant dames en croupe, calesas légères, lourdes berlines chargées de familles entières, que chariots à bœufs sur lesquels s'arrondissent des cerceaux recouverts de bâches de toile ornées de rubans et de fleurs, d'où s'échappent des cris, des éclats de rire, des chansons, des bruits de guitare, des trémolos de castagnettes. Les bateaux à vapeur se chargent de passagers, à sombrer, la mer se couvre de barques qui de Cadix, de Puerto-Real, de Rota ou de San-Fernando amènent des flots incessants de spectateurs, toute une marée humaine ».

L'histoire de Puerto-Santa-Maria remonte au siège de Troie. Un des rois des Grecs, au retour de la célèbre guerre, vint y fonder une ville à laquelle il donna son nom « *Menesthès*. » Les arabes s'en emparèrent plus tard lorsqu'ils envahirent l'Andalousie et y restèrent jusqu'au temps où ils furent chassés par Alphonse le Sage.

Les femmes et les jeunes filles de Puerto doivent-elles leur beauté aux Grecs, aux Arabes ou aux Castillans ? Je ne sais. Toujours est-il qu'on y retrouve, dit-on, les qualités réunies de ces trois races bien distinctes.

Quel merveilleux pays ferait l'Espagne, avec son climat idéal, avec son sol si fertile ou si facilement fertilisable, avec ses richesses minières, ses gisements de mercure, de fer. de cuivre, de plomb, de charbon de terre, d'antimoine, d'argent, avec ses larges fleuves, ses deux mers qui bordent ses rivages et lui donnent les voies de communication les moins coûteuses. si l'homme n'avait compromis et gâché tout ce que la nature y avait répandu de trésors.

On est tenté de lui chanter l'amoureuse strophe du poète :

> Le stelle e'l Cielo e gli elementi à prova
> Tutte lor arti, et ogni estrema cura
> Poser nel vivo lume, in cui Natura
> Si specchia e'l sol, ch'altrove non trova.

et de répéter avec le proverbe espagnol :

« El cielo y suelo es bueno, el entra suelo malo ».

« Le ciel est beau, la terre est belle, cela seul est mauvais qui est entre ciel et terre ».

Les arabes cependant avaient apprécié ce pays privilégié entre tous, mais les espagnols ne sont parvenus qu'à le stériliser en partie, à accumuler la misère où les autres avaient semé et récolté la richesse, car à part quelques ports comme Cadix et Barcelone, tout s'étiole dans une sorte de léthargie dont le réveil se fera quelque jour, mais pourra tarder longtemps encore.

La superficie de l'Espagne est à peu près égale à celle de la France, et elle ne comporte que quinze millions d'habitants. Elle en pourrait nourrir trois fois autant. Les villes ont toutes ou presque toutes diminué considérablement de population, les campagnes sont en partie désertes et l'on parcourt souvent de longs espaces sans rencontrer une habitation, une culture. Séville qui comptait quatre cent mille habitants au XVIe siècle n'en a plus guère que cent mille aujourd'hui. On y comptait 2.000 métiers travaillant la laine et la soie. Il n'y reste plus que quelques fabriques. Partout la terre est si féconde qu'elle enrichit l'homme presque sans travail. Mais la population manque, les bras font défaut, l'insouciance achève la ruine et laisse croître l'ivraie où pourrait venir le bon grain.

Dans ce peuple aucun esprit politique, aucune notion de philosophie pratique. Ni travail sérieux, ni réflexion. En toute chose il se contente de l'apparence. Il est orgueilleux et paresseux. Un espagnol rougira de travailler, mais il n'aura pas honte de mendier. Depuis le moyen-âge tous les espagnols sont nobles et vivent noblement, mais tous ou presque tous sont gueux ou en train de le devenir. Ce sont les institutions et les superstitions religieuses qui l'ont amené là. Les impôts de l'Etat et les impôts du culte sont lourds, la corruption est universelle, l'avidité sans pudeur, la vénalité sans borne. Tout y marche à l'arbitraire, tout dépend du bon plaisir des fonctionnaires. Ceux-ci sont mal payés, il leur faudrait beaucoup de vertu pour rester honnêtes. On raconte qu'un hidalgo ayant affaire aux tribunaux pour un procès et mis à rançon par le juge, s'écria, fort de son droit et trouvant ses prétentions exorbitantes : « Il n'y a donc pas de justice en Espagne ? » Le juge lui répondit : « Tu raisonnes comme un âne. Ne vois-tu donc pas qu'il y en a une puisque je la vends ». Une vieille légende dit que quand St-Jacques de Compostelle présenta Fernando III à la Ste-Vierge, après sa mort, le saint roi sollicita pour son royaume mille faveurs qui lui furent gracieusement accordées en récompense de sa piété et de ses mérites. Mais quand le roi, pour finir, lui demanda un bon gouvernement, la Sainte Vierge effrayée lui répondit : « Oh ! cela jamais ! Si je t'accordais cette prière, aucun ange et aucun saint ne voudraient plus rester au Paradis ».

Tout bon catholique espagnol est donc convaincu que s'il est mal gouverné c'est que la Très Sainte Mère de Jésus-Christ ne veut pas qu'il en soit autrement, et pour se consoler il grille la cigarette du matin au soir et souvent du soir au matin. « A quelque heure que ce soit, » écrit M. Eugène Poitou, « si l'on vous demande ce que fait un espagnol, répondez hardiment : « Il fume !... Par la pluie, par le beau temps, de nuit, de jour, dedans, dehors, vivant, j'allais dire mort, l'espagnol prend un calepin, son tabac et roule sa cigarette ».

En quittant Puerto-Santa-Maria, le chemin de fer semble s'éloigner à regret, par une longue courbe qui s'écarte de plus en plus de l'Océan et de ces beaux rivages pour s'engager sur la terre ferme vers Xérès-la-Fontera. Ce ne sont partout que champs de maïs ou de nopal, que vignobles s'étendant en longues guirlandes entre les oliviers ou les mûriers plantés en quinconce, car aux environs des ports règne encore quelqu'activité que galvanisent le commerce extérieur et le contact avec l'étranger. Des maisons de campagne, des fermes, sont dispersées à droite et à gauche de la route, dans ce paysage d'une incomparable richesse sous ce beau soleil qui sème partout sa lumière d'or, puis on longe pendant un certain temps le Guadalète et le train s'arrête en gare de Xérès.

Xérès-la-Fontera célèbre par ses vins généreux dont les Anglais surtout font une ample consommation en guise d'apéritif, compte environ quarante mille habitants. C'est une jolie ville, d'aspect riant, à la silhouette pittoresquement irrégulière par le grand nombre d'édifices, d'églises, de monuments qu'elle renferme. Jadis elle était peuplée de couvents ; les jésuites, les moines, les capucins appréciaient sans doute alors, comme les Anglais aujourd'hui, les bienfaits du jus doré de ses treilles fécondes. La plupart de ces couvents sont maintenant changés en casernes et en entrepôts de vins.

Toute la campagne environnante, toutes les collines qui l'entourent ne forment qu'un vaste vignoble. Dans quelques-unes des principales exploitations on est admis à visiter des caves immenses, contenant des chais, *Bodegas*, qui mesurent de cinq à dix mille tonneaux. Ici comme à Cognac certains crus vieillissent depuis cinquante ou soixante ans.

Parmi les monuments de Xérès on cite l'*Alcazar* ancienne citadelle arabe, forteresse entourant un palais qui n'offre plus que des murs délabrés. Ses deux tours à créneaux dominent une des extrémités de la ville. Parmi sept ou huit églises peu remarquables, la *Collégiale* seule offre quelqu'intérêt. Après l'*Hôtel de Ville* de style gréco-romain et le *Coliseo de Toros*, l'un des mieux construits de l'Andalousie, il n'y a rien qui mérite de fixer l'attention.

Xérès fut fondée par les Phéniciens. C'est l'ancienne Hasta. Ses campagnes furent ensanglantées par des luttes terribles, par d'épouvantables batailles. Sous ses murs les Carthaginois furent écrasés par les légions Romaines. La ville fut enlevée ensuite aux Romains par les Goths, après d'effrayants carnages qui les rendirent maîtres de l'Andalousie. En 711 les Arabes anéantirent l'immense armée des Goths qu'ils rencontrèrent campée dans les mêmes parages, victoire qui leur assura tout le sud de l'Espagne où ils fondèrent le grand Kalifat d'Occident. La bataille dura sept jours. Le huitième l'Evêque de Tolède, Oppaz, trahit le roi Rodrigue son seigneur et passa aux musulmans avec les troupes qu'il commandait. Cette trahison décide du sort de la bataille. Les Sarrasins triomphent. Bientôt les Goths succombent malgré leur valeur et leur résistance opiniâtre. Tout ce qui n'est pas massacré fuit et se disperse. « Rodrigue s'éloigne
« du champ de bataille, dit *le Romancero*, seul,
« l'infortuné, sans suite, sans escorte. Epuisé de
« fatigue, il ne peut plus conduire son cheval qui
« harassé chemine au hasard. Il meurt de faim et

« de soif. Son armure couverte de sang est rouge
« comme un soleil couchant. Ses armes sont
« faussées; son épée n'a plus ni pointe ni tranchant,
« son casque criblé de coups s'enfonce sur sa tête
« gonflée par la fatigue et la douleur. Du haut
« d'une colline il regarde la plaine couverte de
« cadavres, des larmes jaillissent de ses yeux : Oh!
« malheureuse fut l'heure où je naquis, gémit-il,
« hier j'étais roi d'Espagne, j'avais un peuple
« puissant, des villes, des châteaux, des forteresses,
« un royaume, j'ai tout perdu, il ne me reste rien
« aujourd'hui. O mort! que ne viens-tu! Qu'attends-
« tu pour enlever mon âme à ce corps misérable?.. »

Mais pendant que ma pensée me reporte à toutes ces scènes tragiques de l'histoire d'un autre temps, le train s'est ébranlé lentement et a quitté Xérès. A ces siècles cruels et barbares ont succédé d'autres siècles aussi barbares, aussi cruels, plus cruels peut-être, et les conditions d'existence ne sont devenues ni meilleures, ni plus belles. L'imprimerie est inventée depuis plus de quatre cents ans, mais elle n'a guère apporté de lumière au peuple de l'Espagne. Le gouvernement, les rois, et le clergé étaient trop intéressés à le maintenir dans l'ignorance. On tond plus facilement la laine de la brebis que la crinière du lion. Cet élément de civilisation n'a donc amené ni changement, ni instruction, ni bien-être. On ne s'en est servi que pour l'induire davantage en erreur, que pour augmenter le poids de ses chaînes, l'asservir davantage par la superstition.

Voilà trente et quelques années (1) que les chemins de fer, cet autre élément considérable de civilisation, se répandent petit à petit dans le monde, mais il ne semble pas qu'en ce pays, ils aient beaucoup amélioré la situation. L'Espagne par sa position géographique est trop isolée du mouvement général des nations dont les progrès ont été plus rapides. Tandis que les chemins de fer se sont multipliés avec un développement presque prodigieux en Belgique, en Angleterre, en France, en Allemagne, en Amérique, ils se créent ici lentement, transportent peu de monde, favorisent tout au plus le commerce de ville à ville, mais ne servent encore ni à l'échange des idées, ni à la diffusion des principes d'émancipation, d'indépendance, de liberté, ni à ces aspirations vers une organisation meilleure qui travaillent les masses plus éclairées de nos pays du Nord.

Pour ceux qui considèrent les peuples comme des troupeaux c'est un bien sans doute. Le statu quo est ce qu'il y a de meilleur. Mais pour ceux qui moins égoïstes rêvent une répartition plus juste, plus équitable des biens que la nature a répandus sur la terre au profit de tous, pour ceux qui trouvent que les hommes ne sont pas faits pour rester des brutes, qu'ils ont quelque droit à désirer plus de bien-être, plus de justice, plus de vérité, tout progrès qui active le travail, qui stimule et ouvre l'intelligence, qui élargit les relations, qui permet au jugement de

(1) J'écrivais cela en 1865. Il y en a plus de soixante aujourd'hui, et toutes proportions gardées avec les autres pays, mes observations n'ont rien perdu de leur valeur.

s'éclairer, mérite encouragement, doit être accueilli avec joie, avec enthousiasme.

Or cette invention des chemins de fer que notre génération a vu naître, qui se développe sous ses yeux, sans que nous en mesurions encore toute la portée sur nos destinées futures, est peut-être l'évènement le plus important, l'élément le plus puissant de progrès qui se soient produit depuis l'origine de l'histoire du monde.

Si l'imprimerie transmet et transporte la pensée partout où les livres et les journaux pénètrent librement, la pensée peut être étouffée, travestie, avant d'arriver à son but. Que de temps a-t-il fallu déjà pour qu'elle put se manifester sans entraves ! Depuis quatre cents ans, trois siècles environ ont été perdus par l'acharnement de ceux que leur intérêt égoïste portait à étouffer la lumière, à arrêter l'essor de l'esprit humain. Il n'y a guère plus d'une centaine d'années que l'on a reconnu en France, aux opinions philosophiques ou religieuses, le droit de s'exprimer franchement, d'être discutées à ciel ouvert, *coram populo*. Et encore que d'obstructions intermittentes, que de réactions, que d'efforts pour décourager les timides ! Le chemin de fer en transportant les hommes, en mélangeant les peuples, en supprimant en quelque sorte les distances, les frontières, facilitera peu à peu cette fraternisation des races, si nécessaire au développement du bien-être de l'humanité, que le Christ avait le premier rêvée lorsqu'il fit la parabole du bon Samaritain, et que ses continuateurs ont eu soin d'étouffer afin d'assouvir plus facilement leur soif de domination et de richesse.

Aujourd'hui grâce au chemin de fer, l'idée ne s'arrêtera plus. Elle a pris son vol déjà, elle traverse l'espace, elle s'étendra comme la tache d'huile, elle sèmera la lumière aux coins les plus retirés, les plus obscurs du globe. Elle pénétrera chez les races les moins civilisées, les plus barbares.

Nous n'arriverons sans doute pas vite encore à d'immenses résultats, car nos vices, nos erreurs, nos préjugés, nos habitudes sont trop profondément ancrés, enracinés, mais le progrès marchera plus régulièrement, la vérité se dégageant des chimères et des mensonges qu'ont inventés les ignorants et les fourbes, apparaîtra plus claire, et les conditions d'existence de l'homme sur la terre que nos tâtonnements, nos errements séculaires ont rendues si pénibles et si dures, s'amélioreront insensiblement et deviendront infiniment plus supportables.

L'âge d'or est un rêve de poète irréalisable. Tout ce qui vit est destiné à souffrir. La souffrance est inhérente à la vie, elle en est même la condition. C'est la souffrance qui crée notre individualité. Supprimez la douleur, nous ignorerions que nous sommes, que nous existons; nous n'aurions pas même l'instinct de la conservation, et l'espèce privée de cet instinct serait destinée à périr, au moment même où elle viendrait à naître, comme ces éphémères qui inconscients de la brûlure ou de l'asphyxie, se jettent dans la flamme qui les attire et les éblouit, ou se noient dans les océans ou dans les eaux des fleuves. Pourquoi devons-nous naître et souffrir? Dieu seul le sait. C'est son secret, c'est son mystère qu'il ne nous dévoilera jamais ici bas. Cela rentre dans ses plans, dans ses lois immuables, dans la voie qu'il poursuit à travers son éternité. La douleur n'est d'ailleurs pas spéciale, réservée à l'humanité seule. Que l'on naisse homme ou microzoaire, du moment qu'il y a vie il y a souffrance et la souffrance est en raison directe du développement du système nerveux et cérébral. Nous n'y pouvons rien faire.

Mais qu'en outre des maux auxquels notre nature imparfaite nous expose, nous nous en créions d'autres par notre faute, que nous nous martyrisions nous-mêmes, que nous augmentions notre propre malheur, que faute de nous entendre, de nous comprendre, nous nous mangions les uns les autres au lieu de nous entr'aider pour améliorer la vie, cela est vraiment incompréhensible et trop bête. Nous ne sommes plus précisément des caraïbes, car nous sommes arrivés déjà à préférer la viande du bœuf et du mouton à la chair humaine, mais nous ne valons pas encore beaucoup mieux puisque nous nous entre-tuons encore dans des guerres acharnées et sanglantes, puisque nous ne cessons de fabriquer des engins de carnarge et de destruction, puisque nous entretenons par notre politique les haines de races, puisqu'il y a encore des gens qui meurent de faim pendant qu'on dépense des milliards annuellement pour nous armer les uns contre les autres, puisqu'il y a encore des oppresseurs et des opprimés, des exploiteurs et des exploités.

Les rêves de paix universelle sont-ils donc une utopie, comme le rêve de l'âge d'or ? Evidemment oui, dans l'état actuel de notre civilisation. Mais il est permis d'espérer, de prévoir même que lorsque les peuples s'étant mutuellement éclairés, s'étant instruits, s'étant mélangés, comprendront mieux leurs intérêts, auront aboli les gouvernements qui les exploitent ou les oppriment, les haines religieuses qui les séparent, se seront donné des constitutions plus étudiées, plus logiques, plus équilibrées, des lois plus justes, plus humaines, les choses iront mieux qu'aujourd'hui. Les frontières disparaîtront peu à peu, le libre échange impossible maintenant mais certainement possible plus tard, nous rendra solidaires d'un bout du monde à l'autre, et la saine raison finira par prévaloir des insanités qui forment depuis trop longtemps la base de notre politique et de notre organisation sociale.

Quel élément donc plus civilisateur que le chemin de fer qui, avant peu reliera toutes les nations entre elles, pénètrera en Asie, en Perse, en Chine, dans l'Afrique, le mystérieux continent noir dont nos intrépides explorateurs commencent à déchirer les voiles, se multipliera à l'infini en d'infinies ramifications répandant partout les découvertes de la science, les grandes idées de progrès et de fraternité humaine?

Mais pendant que je me livre à ces réflexions que je soumets à votre si vive intelligence, chère Madame, le train a marché et nous nous arrêtons à *El-*

Cuervo, puis à *Trebujana* où nous descendons de voiture pour nous dégourdir les jambes pendant quelques instants. A toutes les gares d'ailleurs on passe de cinq à dix minutes pour se rafraîchir. Un buffet en plein air, très rustique, nous offre de l'*agua fresca*, des oranges, des pastèques, des grenades, des limonades. On allume la cigarette, on cause, on s'évente et les employés pas plus que les voyageurs ne semblent pressés de rentrer dans les boîtes. Je remarque cependant que nous y souffrons moins de la chaleur que parfois en France ou chez nous. Il y a toujours un courant d'air et comme le train ne marche guère plus vite qu'une voiture au grand trot, on se tient penchés aux portières sans avoir trop à se plaindre de la poussière de la route ou de la fumée de la locomotive.

Déjà le pays est moins fertile, moins cultivé, plus triste et plus désert. On aperçoit de loin en loin quelque ferme qui semble tomber en ruine, quelques paysans coiffés du sombrero avec guêtres et manteau couleur de terre rougeâtre, vrais types de brigands, auxquels il ne manque que l'escopette pour se croire au temps de Don Quichotte ou de Fra Diavolo.

Bientôt nous apercevons *Lebrija* sur une colline que surmontent les ruines d'une vieille forteresse. Elle domine d'un côté la plaine qui s'étend jusqu'au Guadalquivir, à une lieue de là; de l'autre côté une série de mamelons couverts d'une maigre culture et de troupeaux de mérinos. Lebrija possède une haute tour qui est à la fois la copie et la rivale de la célèbre Giralda que nous verrons à Séville. Elle est adaptée à une sorte de vieille mosquée mauresque qui a conservé tout son caractère extérieur, bien qu'elle soit depuis longtemps consacrée au culte catholique, ce qui forme un singulier contraste. L'église est richement ornée et on y admire un retable d'*Alonzo Cano*, élève de *Pacheco* dont il surpassa la réputation. Ce grand artiste eut une vie des plus étranges. Protégé par le duc d'Olivarès il fut bientôt introduit à la Cour et en obtint toutes les faveurs. Mais sa femme fort belle, dit-on, et fort coquette ayant été poignardée par un italien dans des circonstances restées mystérieuses, Alonzo Cano poursuivi par l'envie fut accusé d'avoir été l'instigateur du crime. Il fut condamné, mais parvint à s'enfuir à Valence. Cependant quelque temps après ayant eu l'imprudence de revenir à Madrid, il y fut reconnu, incarcéré de nouveau et soumis à la question. Il la subit avec un courage héroïque qui lui rendit la faveur du roi. Mais ces événements et peut-être l'injustice des hommes l'avaient dégoûté de la vie. Il entra dans les ordres et mourut tranquille après une vie si pleine d'orages.

Nous constatons que l'*agua fresca*, les limonades et les oranges de *Lebrija* valent celles de *Trebujana*, car par ces quarante degrés de chaleur, les rafraîchissements deviennent absolument indispensables.

Le train se remet en marche et traverse un pays désert, *despoblado*, comme disent les espagnols, une sorte de grande plaine marécageuse, malsaine, qui du temps des arabes était d'une fertilité inouïe.

Des milliers de canaux d'irrigation avaient assaini et disposé le sol à la culture des céréales et à la culture maraîchère. Il ne reste que quelques vestiges de leur ouvrage; leurs habitations, leurs fermes mêmes ont disparu, on n'en aperçoit plus trace et pendant deux lieues environ on ne voit que maigres herbes brulées au soleil, au milieu desquelles se promènent ou s'envolent par bandes, à l'approche du train, des quantités de très petites cigognes blanches aux ailes noires et aux pattes rouges, fort gracieuses, dont je n'ai pu savoir le nom zoologique.

Nous franchissons un cours d'eau qui se jette dans le Guadalquivir et nous arrivons à *Alcantarillas*.

Nouvelle station de cinq à dix minutes devant le buffet. A droite nous avons une très belle vue sur la *Sierra de Montellano* dont les cimes pittoresques se détachent en festons nacrés sur le ciel bleu. Toutes les montagnes d'Espagne que nous avons aperçues jusqu'ici, nous paraissent arides et absolument déboisées.

En quittant *Alcantarillas*, nous traversons une forêt d'oliviers séculaires et montons par une longue rampe jusqu'à *Utrera*, située à 17 kilomètres, au point le plus élevé du railway de Cadix à Séville. Le pays plus accidenté devient plus fertile. De ci, de là, quelques fermes, quelques cultures, de nombreux vignobles.

Utrera, ancienne ville mauresque, fortifiée, jadis florissante, ne compte plus que 15.000 habitants. Bien que déchue de son importance d'autrefois, c'est encore une des plus jolies villes de l'Andalousie. Parmi ses églises, la plus remarquable est *Santiago*, qui fut une mosquée arabe et sous laquelle existe une crypte dont le sol a la propriété de dessécher les morts. Parmi les reliques de l'Eglise, on conserve un des trente deniers que reçut Judas pour vendre le Christ. Un autre de ces trente deniers est à la cathédrale d'Orviedo dans les Asturies. Cela me rappelle que j'ai vu dans deux cathédrales, l'une en Allemagne à Cologne, je pense, et l'autre en Italie, les trois crânes des Rois mages. Et comme à la seconde édition des trois crânes, je paraissais surpris et manifestais mon étonnement, le sacristain qui m'en faisait les honneurs me dit fort naïvement : " Ceux-là, c'est peut-être quand ils étaient jeunes, les nôtres auront été pris après leur mort, car voyez, ils devaient être très vieux, les dents sont usées et il en manque ".

D'Utrera nous redescendons dans la plaine du Guadalquivir, passons à *Las Hermanas* et bientôt nous apercevons dans le lointain irisés d'or, les murs crènelés et la silhouette de *Séville* qui reçoivent les derniers rayons du soleil couchant.

Séville, 4 Juillet.

Qui n'a pas vu Séville, dit un vieux proverbe espagnol, n'a pas vu de merveille.

> Quien no ha visto Sevilla
> No ha visto maravilla.

Séville qui fut tour à tour la capitale des rois Maures et des rois d'Espagne, Séville dont l'origine remonte à Hercule qui, dit-on la fonda, que les Phéniciens agrandirent, que les Grecs embellirent, que les Romains firent florissante et puissante, que St Ferdinand de Castille qualifia de très-noble, que Don Juan II qualifia de très loyale, est vraiment une ville merveilleuse.

En descendant hier soir d'*Utrera* dans la vaste plaine où se déroule majestueusement le Guadalquivir aux eaux larges et profondes, nous ne pouvions nous lasser d'admirer de loin son imposante perspective enserrée dans son enceinte crénelée finement découpée, mesurant deux lieues de tour, ornée de distance en distance de tourelles mauresques datant comme les murailles de onze siècles environ, aussi solides encore que si elles dataient de nos jours, et surmontée ça et là par des monuments qui attestent son ancienne et incomparable opulence, sa *Giralda* s'élevant hardie vers le ciel à 250 pieds au dessus du sol, sa *Cathédrale* dont on voulut faire la plus grande église qui fut au monde, ses tours de *San Marcos*, de *Santa Marina* avec son clocher arabe, de *San Esteban*, de *San Miguel*, de *Santiago*, de *San Pedro*, toute cette splendeur, dentelle de pierre et de marbre, dorée par les derniers rayons du soleil couchant et se détachant sur la silhouette lointaine aux tons bleus et nacrés des *Sierras de Arache* et d'*Azuago*.

Je n'avais jamais ressenti pareille émotion à la vue d'une ville nouvelle, inconnue, désirée, rêvée, si ce n'est à mon premier voyage à Venise, cette autre merveille mystérieuse aussi, qui, comme elle, parle autant à l'imagination qu'aux souvenirs, autant au cœur du poète, de l'artiste, qu'à la curiosité inquiète de l'historien ou du philosophe. Ni Vienne, ni Berlin, ni St-Pétersbourg, ni Londres, ni Paris même ne m'avaient produit cette impression.

Aussi lorsque le train se fut arrêté en gare à la porte de San Fernando, nous nous décidâmes à envoyer nos bagages à l'hôtel que nous avions choisi et à nous y rendre à pied. A peine entrés en ville nous nous arrêtons étonnés et remplis d'admiration sur la place *del Triumpho* où sont réunis les trois principaux monuments de Séville, à l'ouest la *Cathédrale* imposante dans son style simple et sévère, avec auprès d'elle la *Giralda* dont le campanile et la girouette semblaient se fondre dans les ombres du soir et se mêler aux premières étoiles, à l'est l'*Alcazar* puis le palais de *la Lonja* contenant les archives des Indes.

Les rues que nous traversons sont propres et élégantes, leurs maisons sont peintes de couleurs claires et harmonieuses, ornées de gracieux *miradores* faisant saillie sur le mur, pareils, grâce aux fleurs et aux tentures qui les garnissent, à des serres suspendues. Ce qui nous frappe tout d'abord, c'est qu'aucune maison n'a de porte close extérieure. Une sorte de portique toujours ouvert, orné de colonnes ou de sculptures, donne accès dans un couloir ou vestibule menant à une cour intérieure que l'on aperçoit à travers une grille ouvragée, souvent riche d'ornementation, de dorures, et que l'on nomme *patio*. Cette grille est la véritable porte du Logis. Le patio, à ciel ouvert, est le salon où l'on se tient de préférence pendant la belle saison et où jaillit sans cesse, dans une vasque de marbre ou de bronze, un jet d'eau claire et rafraîchissante. Il est dallé de marbre blanc ou de mosaïques, garni de plantes rares, de palmiers nains, de chamerops, de vignes vierges. Toute la famille se tient là, c'est là que l'on reçoit les amis, les visites ; quelques tables, des chaises, des fauteuils, des canapés, des divans plus ou moins luxueux indiquent le degré d'aisance ou de fortune des habitants de la maison. Partout en traversant la ville nous apercevons ces intérieurs coquets, animés, éclairés par les lampes, et dont les habitants causent, jouent de l'éventail ou font de la musique.

Nous arrivons enfin à la *Fondas de Londra*, (hôtel de Londres) qui nous parait confortable et aménagé de la même façon, avec un spacieux atrium ou patio autour duquel règne une galerie soutenue sur colonnettes reliées par des arcs à plein cintre arabe, et servant de corridor au premier étage de l'habitation où sont les chambres d'étrangers.

Mais avant de vous conter nos excursions à travers ces mille choses intéressantes que notre première impression nous promet, il est utile, je pense, chère Madame, que nous jetions un rapide coup d'œil sur l'histoire des temps passés. Comme je l'ai dit plus haut, l'origine de Séville remonte aux âges fabuleux et sa création est attribuée à tort ou à raison à Hercule. Je doute que ce héros ait séparé les montagnes du Rif de l'Afrique du rocher de Gibraltar, lors de son voyage dans le sud de l'Ibérie, et si cette légende a été acceptée par une longue suite de générations, cela prouve une fois de plus que la naïveté et la crédulité humaines n'ont pas de bornes. Mais il n'est nullement impossible que le fils d'Alcmène ait au cours de ses pérégrinations, établi les fondements d'une colonie grecque dans cette admirable plaine du Guadalquivir. Les Phéniciens, ces grands et hardis navigateurs, dont le commerce s'étendait à toutes les parties connues du monde, vinrent bientôt y établir leurs comptoirs, puis d'autres peuplades grecques s'y fixèrent à leur tour et y restèrent prépondérantes jusqu'au jour où les légions romaines englobèrent l'Espagne dans le grand empire qui s'étendait de l'Océan à la mer des Indes.

César la fit entourer de murs et y fit construire d'importants monuments, notamment l'acqueduc qui fournit encore aujourd'hui l'eau aux Sévillans.

En 413 une peuplade de Goths venue du Nord de la Germanie et appelée Vandales, s'empara de la Bétique à laquelle elle donna son nom — *Vandalucia* —, et elle y trouva toute prête cette magnifique capitale où s'établirent des rois barbares et à demi sauvages.

Trois siècles plus tard les *Sarrasins* appelés d'Afrique par le Comte *Julien* exterminèrent l'armée des Goths dans les environs de *Xérès-la-Fontera*. J'ai dit comment la bataille fut perdue après huit jours de lutte acharnée.

Les chefs arabes se partagèrent alors ce beau pays, fondèrent le grand Kalifat d'occident, et Séville devint la résidence de l'un des plus puissants d'entre eux.

Ce fut alors qu'ils élevèrent ces superbes murailles crénelées qui après douze siècles défient encore les ravages du temps. Ce fut en l'an 1.000 qu'un de leurs architectes *Guever*, le premier qui introduisit l'algèbre en Europe, bâtit la *Giralda* dominant de 150 pieds le niveau de la ville afin de servir d'observatoire et de vigie en cas de guerre et de siège. Il en termina le faîte par quatre énormes globes superposés en bronze doré, qui, frappés des rayons du soleil, brillaient comme des phares, et se distinguaient à huit lieues à la ronde. Un tremblement de terre renversa en 1395 les quatre boules d'or, mais la tour dont la profondeur et l'étendue des fondations dépassent tout ce que l'on peut imaginer de solidité et de puissance, resta debout et ne fut même pas lézardée. Qui voudrait l'arracher, disent les vieux historiens de l'Espagne, entraînerait avec ses fondements toute une moitié de Séville.

Vers la même époque les arabes construisirent le palais de l'*Alcazar* qui ne fut terminé qu'en 1181. Mais bientôt, comme il arrive toujours, des dissensions éclatèrent entre les divers rois Maures qui s'étaient partagé l'Andalousie, et ils eurent entre eux des guerres acharnées. Les rois de Castille, ces descendants des Vandales et des Goths, se réveillèrent alors et en 1248 Séville fut assiégée et capitula.

Le 23 novembre de cette même année Ferdinand de Castille y fit son entrée et vint s'asseoir sur le trône et dans le palais des rois Sarrasins. Alphonse le Sage en fit sa capitale et y réunit les Cortès en 1263. Il lui donna la devise qu'elle garde encore : " Elle ne m'a point abandonné, *No m'ha deja do* " en souvenir du secours qu'elle lui apporta dans la guerre qu'il soutint contre son fils rebelle, Don Sanche. On la retrouve sur tous les monuments, partout, inscrite par les mots *nodo* séparés par un écheveau en forme 8 (una madeja).

Sanche le brave lui succéda en 1284. Puis vint le règne de *Don Pedro I le cruel* dont les crimes ensanglantèrent l'Espagne et laissèrent un impérissable souvenir de réprobation et d'horreur.

Les espagnols de ce temps alliaient les mœurs voluptueuses de l'Orient aux mœurs féroces et violentes des Goths, la superstition chrétienne et catholique aux barbaries du paganisme et de l'idolâtrie. Les vengeances et les cruautés de Don Pedro furent sans nombre. Il fit lâchement assassiner sous ses yeux, à l'Alcazar qu'il avait fait restaurer par des architectes arabes, son propre frère *Don Fabrique* qui revenait triomphant et lui avait reconquis une partie du royaume de Murcie. Un esclave africain auquel il avait remis son poignard l'acheva sur le seuil du patio où les courtisans chargés de l'exécution l'avaient laissé agonisant. Cela fait, Don Pedro rentra pour se mettre à table avec sa favorite *Maria de Padilla*, la belle tigresse, qu'il combla de ses faveurs pendant tout le cours de sa vie, ce qui ne l'empêchait pas d'avoir une autre courtisane *Aldonza Coronel* à la *Torre d'oro* sur la rive du Guadalquivir. Ayant épousé en 1353 une nièce de Charles V, roi de France, *Blanche de Bourbon*, âgée de dix-sept ans à peine, belle, bien faite, aimable, il l'abandonnait deux jours après et allait retrouver sa maîtresse. Quelques années plus tard il faisait égorger Blanche dans la forteresse de *Xérès-la-Fontera* où il l'avait fait enfermer. Le *Romancero* lui prête au moment de mourir ce chant funèbre : « O France ! ô ma douce patrie, « pourquoi ne m'as tu pas gardée quand tu m'as « vue partir pour ce pays de douleur et de souf- « france ?... Castille ! Castille ! Que t'ai-je fait, « je ne t'ai point trahie et cependant ta couronne « me couvre de sang !... »

Plus cruel que Caïn, le sang d'un frère ne lui suffit pas. Il fait assassiner deux autres de ses frères naturels dans les prisons de Carmona. Le meurtre d'une pauvre et innocente jeune femme venue du beau pays de France pour s'asseoir sur le trône à ses côtés, ne lui cause aucun remords. La reine Leonora sa tante, Dona Juana de Lara sa belle-sœur, Isabelle veuve de Don Juan d'Aragon sont l'une après l'autre emprisonnées et mises à mort.

Don Juan lui même, son cousin avait été massacré par ses ordres dans son palais. Don Alvarez Ozorio est tué à sa table auprès de lui, et sa tête tranchée vient au milieu du festin éclabousser son pourpoint et rouler à ses pieds. Je cite les plus célèbres de ses victimes, mais ses cruautés et ses vengeances furent innombrables. Une âme de tigre dans une poitrine de chrétien. Fratricide, il fut enfin poignardé lui-même par son frère Henri de Transtamare, qui plus prudent que Don Fabrique, s'était réfugié en Languedoc et était revenu l'assiéger dans son château de Montiel.

Il fallut deux siècles plus tard un roi plus cruel encore, Philippe II, pour l'absoudre de ses crimes et essayer de changer son surnom de *Pedro le cruel* en celui de *Pedro le justicier*. Pour l'honneur de l'Espagne, le premier seul lui est resté.

Au milieu de tout ce sang, de tous ces crimes. Séville avait perdu déjà une partie de sa prospérité première due à la civilisation arabe. Ferdinand et Isabelle lui rendirent au XV° et au XVI° siècles, la richesse et l'activité commerciale. Ce fut l'époque de la prépondérance maritime des Espagnols et d'une accumulation inouïe de trésors amassés sur tous les points du monde, dans les mers des Indes, sur les côtes de l'Afrique, aux nouvelles colonies immenses que Colomb venait de leur donner, que Pizarre et Fernand Cortès dépouillaient à leur profit. Ce fut en ce temps que Séville compta quatre cent mille habitants, que ses caravelles remontant le Guadalquivir venaient entasser dans la *Torre de Oro* tout l'or des Antilles, du Mexique et du Pérou. Le règne de *Charles-Quint* laissa Séville florissante, mais sous Philippe II, sous Philippe III, sous Philippe IV cette immense prospérité s'effondra peu à peu. L'Inquisition, cette terreur noire, s'empara de l'Espagne. Fondée par les Evêques d'abord, *la Sainte Hermandad* passa bientôt aux mains de la monarchie qui ne voulut pas laisser au clergé seul, tout le bénéfice de la confiscation et toute la puissance de ses implacables moyens de domination. *Thomas de Torquemada* premier inquisiteur général avait installé son tribunal sanglant dans le château du faubourg de *la Triana* à Séville et y avait allumé les premiers autodafés vers le milieu du XV° siècle. Des cruautés sans nombre marquèrent les arrêts de ce mystérieux et effrayant pouvoir ecclésiastique. Ferdinand inquiet de la prépondérance que cette juridiction allait donner au clergé, l'enleva à l'autorité des Evêques et s'en appropria la direction. Les évêques en appelèrent à la papauté et la lutte fut longue, mais le roi l'emporta sur le pape, ou tout au moins l'Inquisition resta-t-elle un pouvoir occulte, terrible et redoutable, destiné à défendre en même temps et la foi et le trône.

Le résultat de cet accord fut la décadence incessante, la ruine du pays le plus riche, le plus vivant, le plus puissant qui fut au monde à cette époque de l'histoire. Séville la ville merveilleuse par sa situation, par son incomparable climat, par ses richesses artistiques, ne compte plus, comme je l'ai dit plus haut, que cent mille habitants, l'Espagne, que quinze millions sur un territoire qui en pourrait nourrir quatre fois autant.

Je ne vous redirai pas, chère Madame, l'histoire de Philippe II ce roi froidement cruel et féroce, ce fanatique implacable qui croyait servir Dieu et les intérêts de la couronne en couvrant ses royaumes de bûchers, d'échafauds, en étouffant dans ces effroyables tortures, dans la flamme et dans le sang, tout essor de la pensée humaine. Les annales de nos Flandres et des Provinces unies vous sont trop connues et présentes à la mémoire.

L'Espagne n'offre plus à partir de cette époque qu'une longue suite de revers et d'infortunes, perdant successivement et peu à peu les plus beaux fleurons de sa couronne.

Un cardinal italien, parmesan, qui dût son chapeau à sa fortune et à son esprit, à sa belle humeur et à ses talents culinaires, *Alberoni*, tenta, un peu plus d'un siècle après, sous *Philippe V*, de lui reconquérir son ancienne splendeur. Amené à Madrid, alors qu'il n'était encore que simple abbé, par le Duc de Vendôme qu'il divertissait par sa gaîté et ses bons mots, il sut se mettre dans les bonnes grâces de la *princesse des Ursins*, la maîtresse du roi. Monsieur de Vendôme étant mort au cours de sa mission, la princesse en fit son aumônier, car si le diable lorsqu'il devient vieux se fait hermite, Madame des Ursins qui se sentait devenir vieille, comprenait qu'il ne lui serait pas inutile d'avoir une soutane à son service.

En effet, le roi venant de perdre sa première femme, Marie de Savoie, Alberoni persuada à Madame des Ursins, que pour conserver son crédit à la cour, il fallait qu'elle s'entendît avec lui pour faire épouser à Philippe V une princesse de leur choix, insignifiante, sans volonté, sans expérience, à qui l'on ferait jouer un rôle complètement passif dans les affaires de la cour et dans les affaires politiques du royaume.

Ils se décidèrent pour la fille du duc de Parme, l'ancien maître et protecteur d'Alberoni et celui-ci entama les négociations qui ne tardèrent pas à aboutir.

Mais à peine la jeune princesse eut-elle mis les pieds en Espagne, qu'elle fit arrêter Madame des Ursins et l'expédia au-delà des Pyrénées

Le lendemain de son mariage, le roi d'Espagne débarrassé d'une vieille maîtresse, enchanté de la jeune princesse qu'Alberoni lui avait choisie, enthousiasmé des vues politiques que celui-ci lui avait développées et qui ne tendaient à rien moins qu'à réunir la couronne de France à celle d'Espagne sur sa tête en sa qualité de petit fils de Louis XIV, le nomma premier ministre,

Bientôt le chapeau de cardinal persuada à l'abbé qu'il serait le Richelieu ou au pis aller le Mazarin de la péninsule Ibérique.

Malheureusement il eut affaire à un autre abbé, à un autre cardinal, sinon plus digne de la pourpre romaine, tout au moins aussi madré, aussi astucieux et plus intelligent, à Dubois, l'âme damnée du duc d'Orléans alors régent de France pendant la minorité de Louis XV.

Les combinaisons et les intrigues d'Alberoni, conduites à Paris par le prince *de Cellamare* et par Madame *du Maine*, furent découvertes, et l'ambassade d'Espagne ayant été occupée militairement par un détachement des mousquetaires du roi, le prince de Cellamare fut arrêté et reconduit à la frontière. Il voulut, mais en vain, réclamer l'inviolabilité diplomatique garantie par le droit des gens, il lui fut répondu que le droit des gens n'existait pas pour les conspirateurs.

L'issue de cette affaire fut la guerre avec l'Espagne et peu après la disgrâce d'Alberoni qui, ayant embarqué son maître dans une mauvaise affaire, dut quitter Madrid dans les vingt-quatre heures.

En 1726 fut signé à Séville le traité de paix de l'Espagne avec la France, la Hollande et l'Angleterre coalisées.

En 1810 le maréchal Soult y fait son entrée et les français occupent la ville jusqu'au mois d'août 1812. En 1820 le roi Ferdinand y jure le rétablissement de la Constitution libérale de 1812.

En 1823 les Cortès viennent y établir leurs assemblées, et fuyant devant l'armée française, commandée par le duc d'Angoulême, vont s'abriter derrière les murailles de Cadix qui capitule après la prise du Trocadéro.

En 1834 Séville se soulève, proclame la Constitution de 1812 et se livre à tous les désordres de l'anarchie.

En 1843 les Sévillans se révoltent contre le régent Espartero duc de la Victoire. Il marche sur Séville, la bombarde pendant deux jours, mais les vieux remparts mauresques restent infranchissables et la paix se rétablit au retour de la reine Marie Christine à Madrid.

Il serait trop long de faire un résumé plus complet des temps modernes, que nous connaissons tous, les événements contemporains offrent d'ailleurs moins d'intérêt que les siècles que nous n'avons pas eu autant le loisir d'étudier.

Que nous sommes loin des beaux temps de la splendeur de Séville alors que le roi Maure *Abd-el-Asiz* terminait l'Alcazar et réalisait dans sa capitale un rêve des mille et une nuits ! Plus de sept siècles nous séparent de cette époque et c'est encore l'influence arabe. le génie arabe, qui y rayonnent à travers les âges, comme à Xérès, comme à Cadix, comme à Grenade, comme à Cordoue, jetant une note orientale ineffaçable sur les couches successives gothiques et castillanes. Les monuments, les usages les mœurs, le langage, l'air ambiant, en conservent comme un reflet indélébile. Il en est de cela, comme de ces parfums qui ne s'évaporent point, qui résistent à l'usure et au temps, qui ont tout imprégné autour d'eux, comme l'odeur du Santal imprègne jusqu'aux dernières fibres du bois et communique son arôme à tout ce qu'il touche.

Notre première visite est pour la *Giralda*, car j'ai pour principe quand j'arrive dans une ville nouvelle pour moi, d'en considérer d'abord l'aspect général, d'y chercher une vue d'ensemble, qui me permette de mieux m'orienter, de mieux classer mes observations et mes découvertes, de mettre plus d'ordre dans mes excursions. Ainsi à Venise, je suis monté tout d'abord au Campanile, à Paris sur les tours de Notre-Dame, à Rome sur le dôme de Saint-Pierre.

La Giralda est régulièrement carrée, chacune de ses faces ayant cinquante pieds de largeur. Bâtie en pierres de taille jusqu'à hauteur d'homme, elle se continue en briques d'une incroyable solidité, de teinte rougeâtre, et qui brûlées depuis des siècles au soleil ont gagné des tons chauds et métalliques qui émerveillent l'œil des artistes. J'ai dit que ses fondations étaient formidables, l'épaisseur des murailles y répond. Seulement, au rebours de ce que j'ai vu ailleurs, cette épaisseur relativement médiocre au début va augmentant à mesure que l'on monte.

De distance en distance, la tour est percée d'étroites fenêtres, de style arabe, à fines colonnettes surmontées du plein cintre en fer à cheval.

A la hauteur de cent cinquante pieds d'élévation finit la tour arabe que terminait jadis une plate-forme à laquelle on accédait depuis la base par un chemin incliné, sorte d'escalier sans degrés, composé de trente-cinq coudes. C'est de là, dit-on que le dernier roi Sarrasin, au moment de la prise de Séville par les troupes Castillanes, et ne voulant pas survivre à son désastre, éperonna son cheval, sauta par dessus la balustrade dans le vide et vint s'aplatir en bouillie sanglante sur la place del Triumpho.

En 1568 Fernan Ruiz exhaussa la tour de cent pieds se décomposant en trois bâtiments ; le premier, qui renferme vingt-cinq cloches, continue l'édifice dans ses proportions primitives ; seulement il est percé d'arcades régulières qui, en laissant passer le jour, lui donnent plus de légèreté. Le second bâtiment également carré, mais de dimensions moindres, appartient à l'ordre dorique, abandonnant malheureusement le style arabe qu'il eût mieux convenu de conserver jusqu'au sommet de l'édifice. Le dernier, de forme cylindrique, est terminé par une coupole portée sur des colonnes ioniques, que surmonte une statue de la foi, de quatorze pieds de hauteur. Cette statue qui tourne sur un pivot de fer, sert de girouette. N'est-ce point une ironie de l'artiste ou de l'architecte ? Je ne sais, toujours me paraît-il étrange qu'on ait donné à la foi, immuable en Espagne surtout, ces fonctions de continuelle mobilité.

Du haut de la Giralda on domine tout le panorama de Séville à vol d'oiseau. En dessous et à côté, l'énorme masse de *la Cathédrale* couvrant quatre cents pieds de longueur sur deux cent quatre-vingt-onze de largeur, avec ses coupoles, ses toits immenses, ses clochers et clochetons. De l'autre côté l'*Alcazar* et ses merveilleux jardins, le palais de *la Lonja*, la *fabrique de tabacs*. Plus loin *l'Hôtel-de-Ville*, le *palais archiépiscopal*, le *palais de San Telmo*, la *torre del Oro* *l'université*, *les bâtiments de la douane*, les églises de *Santa Catarina*, de *San Juan Palma*, de *Madre de Dios*, de *San Marcos*, de *Santa Mari-*

na, *de San Miguel*, *de San Salvador* et vingt autres encore, car jadis au temps de sa prospérité Séville était remplie d'Églises et de Couvents. Au milieu de toutes ces constructions, des bouquets d'arbres touffus couvrant les principales places, la *place d'armes*, la *place de la Constitution*, celles *des déchaussés*, *del Duque*, *de la Magdalena*, *du Pan*, etc., etc. Enfin près du Guadalquivir dont la large nappe contourne de verdoyants boulevards, le *Coliseo de Toros*, l'indispensable complément de toute grande ville espagnole.

Comme la Giralda touche pour ainsi dire à la cathédrale, c'est à celle-ci que nous faisons notre première visite. C'est incontestablement l'édifice le plus considérable et le plus important de Séville. Il fut construit sur les ruines d'une mosquée et commencé en 1401 par le chapitre des chanoines de l'Archevêché qui avait résolu d'y élever la plus grande église qu'il y eut au monde. La Cathédrale ne fut achevée qu'en 1519, c'est-à-dire plus d'un siècle après qu'on en eût posé la première pierre. J'ai dit tout à l'heure son étendue. Elle a neuf portes. L'entrée principale qui est à l'Est, ne s'ouvre qu'au roi et à l'archevêque revêtu de ses habits pontificaux.

A l'extérieur l'édifice est d'un style simple et sévère, ne rappelant en rien nos cathédrales gothiques du Nord surchargées d'ornements, de statues, de motifs d'architecture variés à l'infini, aux magnifiques dentelles de pierre, aux multiples sculptures aux clochetons trèflés découpant dans le ciel leurs fines silhouettes. L'aspect extérieur est donc imposant et presque lourd.

A l'intérieur, l'église est immense. Tout y est dans des proportions gigantesques. Elle est divisée en cinq nefs dont les voûtes sont supportées par des groupes de colonnes qui au sommet se perdent dans les nervures. Ces colonnes ont cent quarante-cinq pieds de haut. Le maître-autel est grand lui-même comme une cathédrale. Quatre-vingt-treize fenêtres en ogive, ornées de vitraux splendides répandent une clarté sobre malgré le nombre, tamisée et mystérieuse. Dans le pourtour de l'église sont rangées trente-sept chapelles renfermant tant d'œuvres d'art, de souvenirs historiques, de tableaux précieux qu'il faudrait presque un volume pour en faire la description détaillée.

Le maître-autel situé au centre de la nef principale est entouré d'une grille en fer forgé et cuivre d'un travail prodigieux. Son retable sculpté dans un bois incorruptible, l'Alerce, a demandé près d'un demi-siècle de travail. Cent dix-sept sièges en bois sculpté sont disposés autour du chœur pour les chanoines du chapitre et les dignitaires de l'église. Le lutrin est un chef-d'œuvre et deux orgues énormes peuvent accompagner de leur voix grave et profonde les psalmodies et les chants liturgiques des cérémonies du culte.

La chapelle principale, ou *capilla mayor* a un tabernacle en argent massif doré, trois grilles splendides, un retable gothique de toute beauté et une sacristie pleine de style où l'on admire quelques tableaux d'*Alejo Fernandez* dit *Fernandez de Guadalupa* qui peignait vers 1510. Dans la chapelle du baptistère se trouve un chef-d'œuvre de *Murillo*, « Saint Antoine de Padoue ». Malheureusement l'éclairage en est si défectueux qu'il est difficile d'en apprécier toute la valeur. La lumière qui donne bien faiblement à travers les vitraux de la fenêtre ogivale, salis, noircis par le temps, ne permet guère de voir que la tête du saint, et laisse dans une obscurité profonde toutes les parties ombrées que l'on ne peut que deviner ou entrevoir à la longue, lorsque les yeux se sont accoutumés à ce demi jour de caveau mortuaire.

La chapelle royale, *capilla real* est tout un édifice. L'arc-de-voûte qui en forme l'entrée a quatre-vingt-sept pieds de haut. La grille qui la ferme, admirable travail de ferronnerie, est surmontée de la statue équestre de St-Ferdinand, recevant les clés de Séville, après sa victoire sur les Sarrasins. Sur la frise de l'arc-de-voûte s'élèvent douze statues en marbre. Autour de la chapelle sont les tombeaux de doña Béatrix, épouse de St-Ferdinand, de Maria de Padilla, la belle tigresse, et d'Alphonse le Sage. Tous les rois de Castille ont leur image peinte à fresque sous la voûte. L'un des autels de la Capilla real contient la châsse en or et en cristal de roche où repose le corps du Saint roi Ferdinand. Il est là, couché, vêtu de son armure, avec brassard, cuirasse, cuissards, et enveloppé dans le manteau royal, la tête ceinte de la couronne d'Espagne. Le visage et les mains sont nus et paraissent, s'ils ne sont imités, dans un prodigieux état de conservation. A côté du cadavre qui semble dormir d'un sommeil de plusieurs siècles sont la canne et l'épée du libérateur de l'Andalousie.

Parmi les tableaux qui ornent les différentes chapelles nous remarquons plusieurs toiles de Murillo, de Juan de las Roëlas, de Luis de Vargas, de Fernandez de Guadalupa, de Zurbaran, de Pablo de Cespedès, de Hernando, de Sturnio, de Valdès-Leal, et d'autres maîtres moins célèbres. Les sculptures qui les ornent sont de Roldan, de Montanez, de Mercadante, de Bretaña, de Miguel le Florentin, de Juan de Segura.

Adossé à la cathédrale et comme si on ne la trouvait pas assez grande encore, on a construit en 1615, le *Segrario*, ou église paroissiale, au-dessous de laquelle se trouve le caveau de sépulture des archevêques de Séville. Cette église possède un retable œuvre remarquable du célèbre sculpteur Cornejo.

Tout cet ensemble laisse une impression profonde, inoubliable. On reste confondu à la pensée des efforts gigantesques d'art et de talent, des sommes incalculables qu'il a fallu dépenser pour créer cette merveille de pierre, de marbre, de bronze, de fer, d'argent et d'or, qui n'a pas sa pareille au monde. Quarante-cinq architectes, soixante-sept sculpteurs, trente-huit peintres, vingt-trois graveurs, verriers, orfèvres et serruriers y ont employé leur vie, y ont entassé leurs créations les plus étudiées comme en une synthèse de ce que le génie de l'Espagne pouvait produire de plus grand, de plus complet, de plus admirablement beau.

Après avoir visité le chef-d'œuvre de l'art chrétien nous passons au chef-d'œuvre de l'art arabe, le merveilleux *Alcazar*, construit aux premiers temps de la domination Sarrasine, reconstruit au douzième siècle par le roi Maure Abd-el-Aziz, restauré dans les derniers temps par le duc de Montpensier. Ces deux monuments posés face à face sur la place *del Triumpho* forment une étrange antithèse. Le premier immense, imposant et sévère, semble vouloir emprisonner la vie dans ses murailles épaisses, détacher l'âme de la nature, l'astreindre à dédaigner la lumière et le soleil source de toute joie, de tout épanouissement, pour l'entraîner au milieu de ténèbres voulues, vers les aspirations mystiques d'un idéal irréalisable sur la terre. On se sent là dans le temple d'un Dieu magnifique, omnipotent, implacable dans son amour comme dans ses haines, nous ayant donné la vie non pour en jouir, mais pour en souffrir toutes les douleurs, en expiation d'une faute que nous n'avons pas commise, mais que son inexorable colère nous oblige à racheter. Sous ces voûtes puissantes et sombres, qui nous cachent le ciel bleu si rayonnant de soleil qu'il nous donnait de la joie à l'âme, devant cette forêt de colonnes supportant les cinq nefs obscures; en présence de ce luxe de décor inouï, plus que royal, divin, nous nous sentons écrasés et inquiets. Le bruit de nos pas même sur le pavement dallé de noir et blanc, nous paraît sacrilège, le murmure de la parole nous semble attentatoire à la majesté du lieu, et lorsque le sacristain qui nous guide, moins impressionné que nous de la grandeur et de la splendeur de cette mise en scène qu'il voit tous les jours, nous explique à haute voix les merveilles qu'il nous montre, nous sommes tentés de lui mettre la main sur la bouche ou de lui demander de parler plus bas.

A l'*Alcazar* au contraire, on sent la vie ; le soleil s'y répand à profusion, fait briller comme des pierreries d'un incomparable écrin toutes les couleurs si gaies de ses murailles et de ses colonnes blanches, des faïences multicolores, *azulejos*, qui en décorent les salles, les arcades en fer à cheval, les voûtes, les voussures. On y sent la recherche de tout ce qui peut flatter l'œil, de tout ce qui peut faire épanouir le bonheur de vivre, de tout ce qui peut écarter les préoccupations moroses de l'existence. Ce ne sont partout qu'arabesques gracieuses, que festons, qu'enlacements savamment combinés, que colonnes et colonnettes légères, qu'astragales élégamment ciselées, qu'incrustations d'émaux polychromes se mariant à la blancheur des marbres, aux tons d'albâtre des murs de stuc, ou aux boiseries finement sculptées des portes ou des chambranles.

Le palais qui reste seul aujourd'hui, était jadis enveloppé dans une forteresse, selon le modèle ordinaire des Alcazars, qui s'étendait jusqu'à la *Torre del Oro* et longeait le Guadalquivir. Des quartiers ont été bâtis entre cette tour et la masse actuelle de l'édifice. On y retrouve encore une partie des anciens murs.

Nous entrons d'abord dans une première cour, plus longue que large, encombrée de chétives maisons et de quelques hangars. Au temps où les rois d'Espagne résidaient à Séville, les *Monteros de Espinosa* leur antique garde, sorte de mousquetaires, y tenaient garnison, aussi cette cour garde-t-elle le nom de patio de la Monteria.

Une seconde entrée conduit à une cour d'honneur sur laquelle donne la véritable façade du palais, formée d'une porte en fer à cheval entourée d'arabesques où se mélangent les émaux et la dorure. Une inscription gothique encadrée dans les ornements donne la date des restaurations de don Pedro le cruel. Après avoir passé par cette porte et par une étroite galerie on arrive dans le *grand patio* principal du palais tout en marbre blanc dont l'apparition vous plonge dans une sorte d'enchantement. Un double étage de colonnes supportant les voûtes cintrées des galeries, décore les quatre côtés de cette cour intérieure ornée au milieu d'une grande vasque d'où anciennement devait jaillir un jet d'eau sussurant nuit et jour sa douce mélodie.

Sur ces quatre façades, d'une architecture toute orientale, s'ouvrent les appartements intérieurs où l'on entre par de grandes portes ouvertes sur les galeries. Les salles du rez-de-chaussée formaient les fraîches habitations de l'été. Au premier étage étaient celles de l'hiver. On y voit encore la chambre de don Pedro et une petite chapelle gothique où peut-être il allait dire un chapelet avant de faire enfoncer son poignard dans la gorge de son frère Fabrique ou avant de faire sauter la tête de don Alvarez Osorio.

De la chambre de don Pedro et de cette partie du palais, on domine le jardin de l'Alcazar avec ses orangers séculaires chargés tout ensemble de fleurs et de fruits murs, avec ses fontaines jaillissantes, ses haies de buis taillés, avec ses rosiers, ses myrtes, ses géraniums, ses lentisques roses en pleine efflorescence, au milieu desquels on s'attend à voir apparaître, comme en un rêve, cette femme étrangement belle qui sut dominer le cœur du tigre, *Maria de Padilla*. Participa-t-elle à ses crimes? Nul ne pourrait le dire. Les historiens du temps louent sa bonté, sa grâce, sa discrétion, l'accueil bienveillant qu'elle savait faire à tous, et Philippe II le roi très catholique, le panégyriste de don Pedro, lui fit décerner le titre de reine, bien qu'à tout prendre elle n'eût été qu'une courtisane. Dans ces Huertas (jardins) de l'Alcazar on voit encore les beaux bassins en marbre blanc qui servaient de bains aux sultanes et à Maria de Padilla. Les allées et les chemins en sont pavés en briques à travers lesquelles l'eau jaillissait du sol en une infinie quantité de jets minuscules, passant par des milliers de conduits souterrains, que l'on ouvrait ou que l'on fermait à volonté au moyen d'une seule clef. On rafraîchissait ainsi le sol, ou bien l'on enveloppait les belles promeneuses du harem dans un nuage de rosée s'épandant en fine pluie irisée aux rayons du soleil de toutes les nuances de l'arc-en-ciel.

Maria de Padilla mourut à l'Alcazar de Séville, en l'absence du roi, qui la pleura sincèrement. Elle fut inhumée d'abord à *Astulido*, où elle avait fait bâtir un monastère. Mais le roi la voulant plus près de lui, bien qu'elle fut morte et désormais insensible à ses protestations d'amour et à ses regrets, fit revenir le corps à Séville et le déposa dans la chapelle royale de la cathédrale.

Mais la journée touche à sa fin. Des tons orangés se mêlent à l'azur du ciel et une poussière d'or semble couvrir les murailles opalines, les sombres verdures des myrtes et des caroubiers, les toitures des maisons, les dentelles de pierre et de marbre des monuments qui paraissent grandis encore au moment où nous revenons sur la place del Triumpho en quittant l'Alcazar.

Le soir après le dîner nous nous rendons à la promenade *las delicias de Christina* composée de vastes et larges allées plantées d'arbres séculaires et se développant le long du Guadalquivir depuis la *Torre del oro* jusqu'à la puerta de Xérès. Des fontaines, des parterres fleuris, des bancs nombreux, ornent cette sorte de longue Huerta, d'où l'on domine le port, le cours du fleuve et tout le mouvement des embarcations qui le sillonnent en tout sens. De belles Sévillanes l'éventail à la main, la tête couverte de la mantille noire, la rose rouge piquée dans les cheveux, vont là, prendre le frais. Elles ne sont pas, nous dit-on, du meilleur monde de Séville et nous nous en apercevons un peu à leurs allures, mais nous sommes trop fatigués de nos visites de la journée pour nous rendre à la *plaza del Duque* ou à la *Magdelena*, où se réunit la société élégante. Nous avons la tête rompue par tant d'impressions diverses ressenties à la vue de toutes ces merveilles artistiques répandues en un aussi petit espace et ne cherchons que la tranquillité et le repos.

Séville, 5 juillet.

Avant de quitter le quartier de Séville où nous avons visité déjà la Cathédrale, la Giralda et l'Alcazar, je vous dirai deux mots, chère Madame, de la *plaza del Triumpho*, de la *Torre del Oro* et du palais de *la Lonja*, dont j'ai déjà parlé souvent.

Au centre de la place del Triumpho se trouve une croix dont l'origine est assez singulière. Le jour de la Toussaint de l'année 1755, à dix heures du matin, pendant qu'un chanoine célébrait les saints offices, un tremblement de terre violent se fit ressentir ébranlant les autels, les colonnes, et menaçant de faire écrouler les voûtes de la cathédrale. Une affreuse panique s'empara des assistants qui se précipitèrent vers les issues. En un instant la place del Triumpho fut pleine de monde, et au milieu de la foule le prêtre officiant revêtu de ses ornements sacerdotaux et le calice à la main, suivi des enfants de chœur. Le premier moment d'angoisse passé, le chanoine fort embarrassé de se trouver là, et honteux peut-être d'avoir manqué de confiance dans la solidité de l'édifice et surtout dans la protection divine, fit signe qu'il allait continuer la messe, et la continua. Je me serais probablement sauvé comme lui et bien d'autres avec moi, car la secousse avait été violente, mais je n'aurais peut-être pas eu sa présence d'esprit. Ce tremblement de terre était précisément celui qui détruisit Lisbonne et la couvrit de ruines, comme je l'ai raconté plus haut. Ce fut en souvenir de cet évènement que l'on éleva dans la suite la croix qu'on voit actuellement sur la place del Triumpho.

La *Torre del Oro*, tour octogone terminée actuellement par une coupole couverte en faïence est un vieux monument romain reconstruit par les arabes et qui faisait partie de la forteresse qui entourait l'Alcazar. Elle est solide et massive au bord du Guadalquivir où se reflètent ses vieilles murailles rougeâtres et semblables pour la couleur à ces vieux cadres italiens défraîchis. C'est là que le roi don Pedro le Cruel entassait ses trésors et que l'on enferma plus tard les lingots apportés d'Amérique par les galions espagnols.

Le palais de la Lonja, construit d'après les plans d'Herrara, est un édifice massif couronné d'une galerie en pierre que supportent des colonnes. En face de l'entrée principale un vaste patio dallé de marbre et orné au centre d'une élégante fontaine. C'est là que se tient la bourse de Séville.

En quittant définitivement maintenant la plaza del Triumpho, dont je vous ai décrit tous les édifices principaux, nous arrivons bientôt en nous dirigeant vers le Guadalquivir, au couvent de la *Caritad*, chapelle appartenant à la confrérie du même nom, instituée pour l'inhumation des suppliciés, confrérie en grand honneur à Séville et dont les personnages les plus élevés et les plus distingués tenaient à être membres honoraires. Singulière et bizarre association, n'est-ce-pas, qui ne pouvait naître et avoir de raison d'être que dans un pays où l'on avait coutume de livrer à la torture plus d'honnêtes gens que de bandits et où les bandits étaient les maîtres ? Nous admirons dans cette chapelle deux superbes tableaux de Murillo, la « multiplication des pains » et « Moïse frappant le rocher ». Un autre tableau attire vivement notre attention. C'est une toile très importante de Valdès Leal qui bien que datant du milieu du XVIIe siècle, me semble le comble du réalisme. Il représente un caveau funéraire tel qu'il en existe sous les merveilleuses cathédrales de Tolède, de Burgos, de Séville et où l'on enterre les évêques, les princes et les hauts dignitaires de l'Eglise. Dans l'atmosphère humide, dans la buée souterraine, un amoncellement de cercueils à demi rongés et pourris par le temps, d'ossements échappés de linceuls déchirés, décousus ou mangés de moisissure. Au premier plan, un cercueil plus récent, dont le couvercle avait été violemment soulevé et d'où sortaient un bras et une main contorsionnés, crispés dans un suprême effort, semblant menacer le spectateur, une tête mitrée en décomposition, bras et tête mangés des vers qu'on aurait pu compter à la loupe, pullulant dans la matière visqueuse des orbites vidés, des cartilages mis à nu, dépouillant les muscles qui s'étaient raidis dans une dernière expression de désespoir, de douleur et de rage. De grosses mouches noires achevaient l'œuvre de décomposition, et des rats s'attaquaient à la base du cercueil afin d'en mieux disjoindre les planches. Tout cela peint de main de maître, je ne dirai pas pris sur le vif, mais sur le mort, avec une effrayante précision dans les détails, un parti pris de repoussant et d'horrible. Vers, insectes, rongeurs, araignées énormes, ornements épiscopaux, mitres merveilleuses de broderies d'or ou d'argent, crosses ouvragées, joyaux de toute espèce, gisent là pêle-mêle dans la promiscuité la plus hideuse, d'où le peintre a voulu dégager l'idée philosophique inscrite jadis sur le fronton du temple de Delphes : Ματαιοτης ματαιοτιων παντα ματαιοτης (vanité des vanités tout n'est que vanité). Cette œuvre est bien autrement énergique et saisissante que la danse macabre de Holbein traduisant la même pensée. Il y a dans cette différence d'interprétation, toute la distance qui sépare le bon bourgeois de Bâle, buveur de bière, citoyen d'un pays libre, du sombre Hidalgo espagnol, s'étourdissant avec le vin lourd de Montecano, afin d'oublier la féroce tyrannie théocratique et monarchique qui enténèbre sa vie.

Nous remarquons encore deux tableaux de Murillo, l'un représente St Jean de Dieu, l'autre l'enfant Jésus et St Jean-Baptiste et un autel sculpté très-remarquable par Roldan, la mise du Christ au tombeau.

Comme je l'ai dit, Séville est peuplée d'églises. On en rencontre à chaque pas et dans chacune il y a quelqu'œuvre d'art, quelque souvenir historique. Je ne vous promènerai pas cependant, chère Madame, de temple en temple, de chapelle en chapelle. Je me contenterai de vous désigner les plus importants.

Dans la chapelle du couvent de *San Inès* on admire trois superbes statues de Montañez et le tombeau de *Maria Coronel* qui fonda le monastère. Le corps de la morte dans un état étonnant de conservation est enfermé dans une châsse en cristal. Cette Maria Coronel était sœur, je crois me souvenir, de cette *Aldonza Coronel* que Dom Pedro comblait de ses faveurs, de ses largesses, et avait installée à la Torre del Oro. Maria devint célèbre par la résistance presque héroïque qu'elle opposa à l'amour et aux criminelles poursuites de ce roi. Il y a là encore tout un drame palpitant dont s'occupent les historiens de l'époque.

L'Eglise de *Santa Marina* a conservé le style arabe à son clocher qui servit sans doute, jadis, de minaret à quelque mosquée. On y remarque une belle statue de la patronne par *Bernardo Gijon* et le mausolée de l'historien *Pedro Mejia*.

L'Eglise d'*Omnium Sanctorum* a gardé aussi sa tour arabe et possède quelques bons tableaux de *Francisco Varela* qui vivait au XVIIe siècle.

A *Santiago* on voit le manteau impérial de *Charles Quint* et le tombeau de *Molina*.

San Esteban et *San Isidoro* possèdent quelques bons tableaux de Las Roelas, de Zurbaran et de Juan Valdes Leal.

Il n'est pas une église, pas une chapelle qui n'offre à la vue quelques chefs-d'œuvre de sculpture ou de peinture, quelques tombes royales ou seigneuriales de toute beauté.

Parmi les palais les plus remarquables on nous mène à la casa *da Pilatos*, construite au XVIe siècle par un *Medina Cœli* et reproduisant, dit-on, toutes les dispositions de la maison de Pilate à Jérusalem. On a donné aux diverses pièces et parties du palais, des noms correspondant aux stations de la passion de Jésus-Christ. Le portail est orné de colonnes en marbre blanc. Il s'ouvre sur un vaste *patio* qu'entourent des galeries soutenues par des arcades superposées. Les salles, les galeries, les escaliers, les plafonds, offrent une richesse étonnante en boiseries, en marbres précieux, en azulejos ou faïences émaillées, en ornements de toute espèce.

Le palais de *San Telmo* habité par le duc et la duchesse de Montpensier, construit en 1680 est surtout remarquable par ses superbes jardins.

La casa de *las Taveras* appartenant au marquis del Moscoso fut occupée autrefois par le tribunal du St Office. C'est là, disent les chroniques, que le roi don Sanche le brave allait chaque nuit voir une belle Andalouse, la célèbre *dona Estrella*. Un soir, son frère surprit le roi et tua la négresse qui venait lui ouvrir la porte du palais.

Le palais *del Duque* aux ducs de *Medina-Sidonia* a l'aspect grandiose d'une demeure royale. La place *del Duque* a été construite sur ses Huertas.

Le *musée de Séville* nous réserve d'autres surprises. Vingt-quatre à vingt-cinq toiles de *Murillo* d'une splendeur inouïe, la plupart de grande dimension; des *Valdès Leal;* des *Juan de las Roelas*, qui fut avec Murillo et Vélasquez. un des plus grands peintres de l'Espagne, et que l'on compare au Titien et au Tintoret; de *Herrera le vieux*, dont la rudesse de caractère fut si désagréable qu'aucun élève ne put rester chez lui. Ses enfants même furent obligés de le fuir. Son fils Francesco lui enleva une somme d'argent et s'enfuit à Rome où il acquit un grand talent. Il ne revint en Espagne qu'à la mort de son père. Sa fille se fit religieuse. La manière de Herrera le vieux tenait de son tempérament. Elle était brutale, hardie. audacieuse dans la touche, originale par la pensée et par la forme, pleine d'imprévu, d'oppositions violentes, mais d'un coloris magique, d'une anatomie savante et étudiée. Dans sa fougue il se servait de tout ce qui lui tombait sous la main pour peindre, de son couteau à palette, d'un manche de pinceau, d'un morceau de bois. S'exerçant à graver sur le bronze, on l'accusa d'être faux monnayeur et il dut se réfugier dans un couvent de Séville où il fit de merveilleuses choses. Le roi, en considération de son talent lui fit grâce.

Après ces maîtres, nous pouvons admirer encore quelques toiles de *Miguel Tobar*, de *Pablo Ces-*

pédes, d'*Alonzo Cano*. Mais parmi tous ces chefs d'œuvre, c'est Murillo qui domine, comme Rembrandt dans les musées de Hollande, comme Rubens dans nos musées flamands. Son génie est tellement prodigieux, qu'il semble avoir créé toute cette admirable série de tableaux, dont le moindre a dix ou douze pieds de haut, en se jouant, sans autre effort que de diriger par la pensée une main prompte et sûre d'elle-même, obéissant à la volonté, traduisant immédiatement, sans tâtonnements, toutes les fantaisies de sa merveilleuse imagination.

Saint Félix de Cantaliccio recevant l'enfant Jésus des mains de la Vierge est une de ses plus éclatantes toiles. L'expression du saint agenouillé est admirable. La tête de la Vierge, bien humaine, et n'ayant rien du mysticisme de Raphaël, est une des plus charmantes expressions d'idéal qu'on puisse imaginer. Elle se détache dans un reflet de lumière chaude et dorée qui semble l'envelopper de joie et de béatitude.

Une autre toile, *Saint Thomas de Villanuova*, distribuant l'aumône, n'est pas moins éblouissante. L'évêque coiffé de sa mitre d'argent se profile sur les poussières d'or d'un rayon de soleil qui se glisse à travers les colonnes de son palais. Les pauvres aux mains desquels il sème ses pièces de monnaie sont d'un réalisme plein de vérité et de noblesse, exempts de cette recherche de sordide et d'horrible qui eut fait une opposition trop marquée, un contraste trop cherché et de mauvais goût, procédé dont souvent abusent les maîtres de nos époques de décadence artistique. Il faut bien le dire, l'art n'atteint plus à ces hauteurs, et bien certainement il n'y atteindra plus dans l'avenir. Il fallait pour produire et pour payer ces efforts là, toute la pompe et tous les trésors des monarchies absolues et théocratiques, tout le prestige des cérémonies religieuses entourées, encadrées d'un luxe inouï, n'épargnant rien pour frapper les imaginations les moins exaltées, il fallait pour les comprendre une aristocratie de naissance habituée dès l'enfance aux plus merveilleuses créations de l'imagination humaine.

Or le temps des monarchies absolues, des pompes sacerdotales, des aristocraties riches et puissantes, passe de plus en plus par suite du nivellement social inévitable dont notre siècle a marqué l'évolution. La grande peinture historique et religieuse a fait son temps, comme les pyramides ont fait le leur aux siècles des Pharaons, il y a quelque mille ans d'ici, alors que les souverains étaient assez puissants pour se préparer et se construire de pareils mausolées et que les peuples étaient assez asservis et abrutis pour élever, au prix de quelles sueurs et de quelles ruines, ces montagnes de pierre et de granit où devaient s'immortaliser les cadavres de leurs tyrans.

Et sans aucun doute si nous admirons encore ces chefs-d'œuvre de la peinture du XVI° et du XVII° siècles, si nous nous enthousiasmons devant ces efforts de génie qui ont traduit par le pinceau toute la foi, toute la splendeur royale d'une époque disparue, il arrivera un moment où on ne les comprendra plus, où tout cela paraîtra vieux, démodé, comme sont démodés déjà les primitifs italiens, les Cimabue, les Giotto, les Buffalmaco, les Fra Lippi, les Guido da Sienna, les Gadda, les Pisano, les Barnaba da Modena, les Lorenzetti, qui ne sont plus recherchés et appréciés que par quelques collectionneurs de vétustés. De même que l'esthétique varie de pays à pays pour ainsi dire, qu'elle n'est nullement la même en Chine, au Japon, aux Indes, au Cap, qu'en Europe, de même elle change avec le temps et subit de nouvelles exigences et de nouvelles règles. Il n'y a d'absolu dans le monde que le chiffre, et les lois immuables de la nature. Deux et deux font quatre et feront toujours quatre en quelque point du globe qu'on se transporte. Tout le reste, beauté, vertu, morale, idéal, est relatif, et par cela même essentiellement sujet à transformations, à modifications successives.

Soit ! Pour le beau — me direz-vous, chère Madame, car vous conviendrez vous-même que la taille de la Vénus de Milo, ou même de la Vénus de Médicis, ces chefs-d'œuvre de l'antiquité grecque, ne vous siérait point, qu'elle est lourde, épaisse et serait tout-à-fait disgracieuse dans vos toilettes modernes. — Mais la vertu ! Mais la morale !... — Eh bien ! Je ne m'en dédis pas. Tout cela est convention. Au Malabar, par exemple, il est vertueux et moral pour une femme de se suicider en se jetant sur le bûcher où, selon la coutume indienne des Parsis, on brûle le cadavre de son mari. Chez nous il est infiniment plus vertueux et moral qu'elle se console et convole en secondes noces. Chez nous les femmes les plus vertueuses et les plus morales se décollettent outrageusement souvent, je ne m'en plains pas, pour aller dans le monde, au bal, au théâtre. Cette mode qui ne choque personne dans l'Europe entière de St-Pétersbourg et de Londres à Gibraltar, devient parfaitement immorale aussitôt que l'on a passé le détroit. En Algérie, au Maroc, les femmes mettent autant de soin à se voiler le visage et le haut du corps, que vous en mettez à cacher vos jambes. Chez nous l'infanticide est un crime abominable. Chez les *Khonds*, ces peuplades qui habitent des montagnes presqu'inaccessibles aux environs de *Gumsur*, dans les Souras au sud de l'Hindoustan, la majeure partie des enfants du sexe féminin est vouée à la mort en naissant. On n'épargne une fille qu'autant qu'elle vienne au monde la première. Ils font cela sans remords et tout naturellement comme ils noieraient de jeunes chats, persuadés que leur dieu *Boura* n'ayant qu'une certaine portion d'âmes à distribuer à chaque génération, en donnera plus aux hommes s'il y a moins de femmes à pourvoir. L'infanticide n'est donc pour eux ni immoral ni criminel.

La bigamie et la polygamie sont immorales chez nous, elles ne le sont point chez les mahométans.

Je pourrais en parcourant l'histoire des peuples, multiplier ma démonstration à l'infini, mais cette longue visite des églises et des musées de Séville m'a fatigué et je me propose d'aller admirer après notre dîner une troupe de danseuses espagnoles que notre hôtelier a eu la gracieuseté de nous retenir pour ce soir.

Séville, 6 juillet.

Rien n'est aussi original, aussi gracieux, aussi captivant que la danse espagnole. Les danses hongroises et polonaises ont également un grand cachet d'originalité, mais elles n'ont point cette allure particulièrement féminine, cette fougue méridionale, cet entrain endiablé, qui semblent renouvelés des anciennes Bacchanales que l'on célébrait aux fêtes du fils de Jupiter et de Sémélé. La chorégraphie de nos corps de ballet de l'opéra est peut-être plus scientifique, plus étudiée, plus difficile, mais elle est froide et monotone. La danse des Almées est lascive, la danse espagnole ne l'est point, ou tout au moins n'arrive-t-elle au délire des sens, que lorsqu'à bout de force et de passion, la Señorita se pâme aux bras du *caballero* qui la suit et l'accompagne du tambourin.

Notre ballet d'hier, notre *Tertulia*, se composait de quatre danseuses également jolies, aux grands yeux noirs, aux sourcils bien arqués, aux cheveux artistement relevés sous la dentelle, et piqués d'un œillet rouge, moins rouge cependant que leurs lèvres souriantes qui laissaient voir des dents blanches bien rangées, prêtes à croquer amandes, pralines, friandises et bien d'autres choses encore, pour peu qu'on eût voulu satisfaire leur insatiable appétit de mangeuses de *douros*. L'une d'elles, une *muchaca* (1) de quinze à seize ans, toute ébouriffée, a le type de la *gitana*, car les *gitanos* sont nombreux à Séville. Elle a la peau plus bronzée, les yeux plus grands, plus éclatants, les attaches plus fines, plus nerveuses, et dans son ensemble comme un souvenir des races primitives de la terre Hindoue d'où ses ancêtres ont dévalé à travers le monde depuis des siècles, depuis plus de deux mille ans peut-être, sans se mêler aux nations d'un type moins pur qu'ils ont dédaignées.

Toutes ont le corsage décolleté, de satin noir ou orange, avec épaulières bouffantes couvertes de résilles à pompons, les bras nus, les castagnettes aux mains mignonnes, la jupe courte de soie jaune, ou émeraude, ou cerise, garnie de dentelle noire, le maillot couleur chair aux jambes, le soulier rouge chaussant les petits pieds très fins, très cambrés, de vrais pieds d'Andalouses. L'orchestre se compose d'une guitare, d'une mandoline et d'un centerio, sorte de table d'harmonie dont on pince les cordes avec les doigts armés d'onglets de cuivre.

D'après le programme, chacune des mañolas devait exécuter d'abord une des danses de caractère spéciales aux différentes provinces de l'Espagne, la

---

(1) Gamine.

Madrilène, la Malagenaise, le Fandango, l'Aragonaise, la Sévillane, la Havanaise, puis pour finir, une Tertulia ou quadrille d'ensemble des plus mouvementés.

Bientôt la musique commence, lente, et grave, avec cette cantilène toute spéciale aux pays ibériques, un peu triste, un peu mélancolique, et la danseuse fait quelques pas, distraite, songeuse, et comme si elle cherchait une inspiration dans la douce poésie héréditaire de son pays natal. La musique devient bientôt plus vive, la mesure s'accuse davantage, le mouvement se presse. Elle esquisse quelques pas pleins de légèreté et de grâce, mais le rythme n'a rien encore d'entrainant et elle attend que l'orchestre s'anime peu à peu, pour se livrer à l'inspiration, qui bientôt la saisit et ne la lâche plus que lorsqu'elle tombe épuisée et presqu'inanimée dans les bras du Caballero qui a sans cesse tourné légèrement autour d'elle, agitant son tambourin, comme les papillons aux ailes frémissantes volètent autour d'une fleur.

La danse de la *muchaca* est gracieuse au possible. Elle s'élance, elle pivote, elle se baisse, s'agenouille puis se relève, cambrant sa taille avec fierté, suppliante ou hautaine, scandant la mesure, accompagnant la musique de trémolos de castagnettes qui se heurtent vertigineusement dans ses petites mains nerveuses. L'ivresse de la danse la possède, elle s'abandonne toute au plaisir, à la jouissance de la sensation inconsciente qui l'entraine. Sa bouche entr'ouverte et souriante laisse voir une double rangée de perles, ses yeux brillent d'un éclat extatique, elle trouve des mouvements de hanches d'une souplesse inouïe, merveilleuse, le secret de poses géniales qui vous ravissent et vous transportent, tant il y a en tout cela de grâce native, de légèreté, de voluptueux abandon.

Le quadrille est d'un irrésistible entrain et d'autant plus animé que nous avons fait verser du champagne aux jolies danseuses. C'est extravagant, délirant, mais jamais trivial, vulgaire ou obscène. On sent qu'il y a dans ces filles là, très peu vertueuses sans doute, du sang de hidalgo, que la danse est pour elles, non seulement un moyen de plaire, mais un culte, une vocation, une passion.

La *muchaca* a cassé en se démenant, le talon de son petit soulier de maroquin rouge et paraît désolée. Je lui donne un doublon d'or à l'effigie de la reine Isabelle, en échange de la paire, et ce marché conclu, la joie renaît dans ses beaux yeux d'antilope. J'ai conservé longtemps ces petits souliers de cendrillon, si mignons qu'une enfant de dix ans, chez nous, ne les aurait pu chausser.

Pendant vingt ans peut-être ils ont été pendus dans mon fumoir en guise de porte-cigarettes, et en souvenir de cette inoubliable soirée.

Autant les danses nationales de tous pays, espagnoles, russes, polonaises, hongroises, italiennes, écossaises, sont naturelles, gracieuses, spontanées, ont leur raison d'être par l'exubérance de vie qui se manifeste aux jours de fête, chez les jeunes, à l'enivrement de quelque rythme musical, jaillissent

pour ainsi dire instinctivement du caractère de
chaque nationalité, de chaque race distincte, se perpétuent d'âge en âge, conservent leur originalité
propre et spéciale à travers la succession des siècles, autant nos danses aristocratiques, nos danses
de salon me paraissent sottes dans leur raideur
voulue, illogiques, en contradiction flagrante avec
nos institutions et nos mœurs chrétiennes. Jusqu'à
l'âge de dix-sept ou dix-huit ans, nous élevons nos
jeunes filles, dans une atmosphère de puritanisme
excessif, de chasteté méticuleuse, de vertueuse ignorance, avec robe longue en fourreau, manches disgracieuses autant qu'on peut les faire, cheveux
tirés en bandeaux plats à la vierge, tressés à l'allemande, étouffant en elles toute coquetterie, toute
velléité de plaire, puis tout à coup, à ce moment là
où on les tire de pension ou du couvent, on les
décollète jusqu'à la naissance des seins, laissant
leurs épaules nues, leurs bras nus, on appelle le
perruquier à la mode qui les coiffe en falbalas avec
ébouriffement de frisons et de frisettes, on leur
met les bas de soie et les petits souliers de satin, ce
qui doit leur faire supposer qu'elles montreront leurs
jambes, et on les conduit au bal. Vous êtes-vous
jamais demandé ce que psychologiquement parlant,
ces inconséquences si subites devaient amener de
trouble et de contradiction dans ces pauvres petites
têtes encore mal équilibrées ? Au bal.... à ce premier coup d'œil jeté par elles sur le monde dont
elles ont entendu parler, qu'elles ne connaissent
pas encore, on les lance dans les bras de quinze ou

vingt jeunes gens qui successivement et tour à tour, les enlacent par la taille et les entraînent dans le tohu-bohu de la valse rapide, du galop vertigineux, tournant comme des tontons, comme des toupies, s'entre-choquant sans grâce, sans enivrement, sans caractère esthétique, accouplement grotesque prémédité par des parents chrétiens, catholiques, vertueux, pour faciliter quelque déclaration bête et la demande en mariage.

Ce qu'elles facilitent surtout ces danses là, c'est la culbute rapide de toute l'éducation première, de la pudeur si précieusement cultivée, de l'innocence conservée avec tant de sollicitude. Ce corps à corps admis par les plus dévots, par les plus scrupuleux, par les plus collet-montés, est cent fois moins décent, à mon avis, que toutes les danses nationales que j'ai vues en Espagne, en Hongrie, en Pologne, en Italie. A moins de supposer que ces jeunes filles ne soient que des poupées absolument dépourvues de sensualité, insensibles à tout magnétisme, à tout hypnotisme, que tous les jeunes gens ne soient que des coquecigrues ou des imbéciles, il est aisé d'imaginer ce que ces enlacements, ces vues d'épaules et de bras nus, ces buées de parfums capiteux, doivent amener d'excitations, de désirs voluptueux, de compliments trop flatteurs, de conversations et d'étreintes suggestives, d'initiations précoces. Et je n'exagère pas. Toute belle jeune fille, je ne parle pas des laides, toute fille intelligente vraiment désirable, achève là en peu de temps son éducation, mais dans un sens tout différent de l'éducation du pensionnat, des institutrices, ou du couvent. Ce qu'elle entend, elle ne le redira pas à sa mère qui la regarde et la couve de loin d'un œil béat, mais elle se le gravera profondément dans la mémoire et se mettra vite au niveau de la demi-mondaine que son cavalier a quittée au restaurant avant la soirée, ou qu'il ira retrouver après le cotillon. Je comprends les puritains et les mormons, ils sont logiques dans leurs principes, mais nous, nous sommes absolument illogiques dans les nôtres. Nous faisons dans notre société à l'étiquette vertueuse et dévote, un méli-mélo tout à fait drôle de pudeurs farouches et de vices éhontés. Si les résultats n'en sont pas pires, et déjà laissent-ils fort à désirer, cela tient à ce que le nombre des belles filles est assez rare et que beaucoup de cavaliers ne brillent ni par l'esprit ni par la virilité. Les vierges peu séduisantes et les danseurs mal venus, ou fatigués, ou fourbus, forment la majorité et sauvent les apparences.

En tout cas, père ou mari, j'aimerais mieux voir ma fille ou ma femme danser le Fandango ou la gigue écossaise ou la mazurka polonaise, que de lui permettre ces danses stupides et immorales que notre singulière civilisation autorise dans nos salons. La pavane, le menuet avaient encore leur grâce et leur cachet esthétique.

Au nombreux bals auxquels j'ai assisté, j'ai entendu mille conversations de jeunes gens, j'ai surpris quantités d'intrigues amoureuses, de demi mots, de coups d'œil significatifs, de baisers furtifs, qui échappent à l'observation des naïfs, des douairières pieuses et fatiguées, des coquebins, des congréganistes, des quelques rares Louis de Gonzague. C'est inouï ce que l'on ne voit pas dans le monde et rien n'est plus amusant que l'ébahissement des bonnes gens qui n'ayant rien vu, se récrient, s'étonnent, se lamentent, se désespèrent, se frappent le front à chaque scandale nouveau, à chaque histoire grivoise révélée, à chaque incident non prévu par eux, comme s'il n'était pas tout indiqué que les choses aillent de travers dans une société organisée en dépit du sens commun, hypocritement vertueuse, et complètement dévoyée des lois de la nature que le plus simple bon sens porterait à prendre pour base avant toutes autres.

Pardonnez-moi, chère Madame, cette longue digression à propos de la danse. Mais comme mon livre de bord est plutôt un prétexte à bavardage qu'un simple itinéraire de voyageur à descriptions archéologiques, architecturales ou monumentales, j'écris au fur et à mesure tout ce qui me passe par la tête, histoire, astronomie, philosophie, psychologie, études de mœurs. Cela met un peu de décousu dans la suite de mes lettres, mais d'autre part la variété des sujets empêchera peut-être l'ennui qui naîtrait de trop d'uniformité.

Tout ce qui précède se rattache à ma soirée d'hier qui par son originalité méritait bien un développement spécial. Elle a duré trop tard pour que je transcrive mes impressions en rentrant à ma chambre. Je vous les détaille donc ce matin que je suis bien reposé et que j'attends l'heure de continuer nos excursions à travers Séville.

Aujourd'hui nous avons visité la fonderie de canons, la *Fundicion de Artilleria*, qui passe pour une des plus considérables et des mieux organisées qu'il y ait en Europe, après quoi nous nous rendons à la *fabrique de tabacs*, vaste édifice voûté, entouré d'un fossé, et que l'on prendrait pour une caserne de forteresse. L'Etat y occupe de quatre à cinq mille ouvrières. Le fils de notre aimable Consul, qui veut bien nous servir de cicerone, nous mène à travers les immenses salles du premier étage où sont groupées toutes ces femmes et jeunes filles, les unes fabriquant le cigare ou le tabac à priser, les autres roulant la cigarette avec une dextérité et une rapidité remarquables. Comme la chaleur de serre chaude, dans ces ateliers, dépasse de beaucoup les 40° centigrades, toutes les ouvrières ont appendu le long des murs leurs robes, leurs châles, leurs mantilles et sont en chemise, les bras nus, la poitrine découverte. Parfois un collier de verroterie, et toujours la fleur rouge du grenadier, ou l'œillet, ou la rose du bengale dans les cheveux, prouvent qu'elles n'ont pas, malgré la simplicité primitive de leur costume, abdiqué tout sentiment de coquetterie. Les plus vieilles même, sont quelquefois les plus ornées, avec quelques parures de corail et leurs grandes boucles d'oreille en filigrane d'or que les jeunes n'ont pu se procurer encore sur leurs économies. Notre apparition dans les couloirs ne les intimide nullement. C'est une distraction pour elles que la visite de quelques étrangers. Elles nous observent curieusement de leurs grands yeux noirs, nous sourient, nous interpellent de compliments que nous ne comprenons pas.

On retrouve là tous les types de l'Andalousie et il y aurait pour un peintre des trésors d'études, de croquis, d'ébauches à faire, s'il pouvait y transporter son chevalet et ses pinceaux. Les types arabes, les types sévillans, les types de gitanos s'y mêlent dans un ensemble des plus pittoresques. Que de vieilles têtes qui paraissent sorties des toiles de Valdès Leal ou de Ribera, que de splendides figures de Vierges à la façon de Murillo ou d'Alonzo Cano! Nous ne pouvons nous lasser d'admirer le sang chaud et vigoureux qui coule dans ces natures écloses au pays du soleil. Rien de l'étiolement, de l'abrutissement des femmes employées dans nos fabriques du Nord, rien de ces formes anémiées, attristantes, qui vous émeuvent jusqu'au fond de l'âme, quand nous visitons nos filatures ou nos ateliers de tissage. Ici toutes les fenêtres ouvertes laissent entrer l'air oxygéné en toute liberté, en toute saison, car l'hiver est doux à Séville, et l'été, s'il est quelque peu énervant pour nous, qui venons des climats tempérés, n'a rien d'accablant, de suffoquant pour ceux qui sont habitués au ciel de l'Espagne. La grande nappe du Guadalquivir qui descend des *Sierras de Costantina*, de *Morena* et d'*Alcaraz* entretient toujours un peu de fraîcheur, un léger courant d'air qui tempère les trop fortes chaleurs.

Séville, 7 juillet.

J'aurais encore beaucoup à dire sur Séville, dont les richesses artistiques sont inépuisables, mais je crains, chère Madame, que mes descriptions ne vous fatiguent.

Le trésor de la Cathédrale que nous avons visité aujourd'hui, avec ses admirables orfévreries, avec ses reliquaires précieux, ses ciboires, ses calices, ses ostensoirs d'or et d'argent, avec ses chasubles, ses chapes aux inimitables broderies, ses mitres enrichies de pierreries sans pareilles, ses crosses du moyen-âge ciselées, repoussées, sculptées, niellées, incrustées, émaillées, avec ses antiquités gothiques, indiennes, hindoues, avec ses missels stupéfiants d'enluminures qui sont toutes des chefs-d'œuvre de patience laborieuse et de goût, m'entraînerait à tout un catalogue raisonné d'archéologie qu'un examen rapide ne me permet pas de faire. Nous sommes sortis de là éblouis, émerveillés par tant de splendeurs accumulées en un aussi petit espace, rêveurs en songeant à la puissance de l'idée mystique, de la foi religieuse qui a pu réunir là pendant des siècles cet entassement d'objets d'une valeur inappréciable et représentant plus qu'une fortune royale. Encore n'y voyons-nous qu'une faible et insignifiante partie des largesses faites depuis la conquête arabe, car que de choses, que de merveilles disparues, volées, dilapidées, perdues, vendues au cours des guerres, des sièges, ou au fur et à mesure des besoins du culte, du clergé, des évêques et des rois !

Les archives des Indes qui occupent au palais de la Lonja l'étage supérieur, offrent une collection inestimable de documents sur l'histoire maritime de l'Espagne et de ses colonies.

Les bibliothèques de l'université, de la province, et de la Colombine fondée par *Hernando Colomb*, fils de *Christophe Colomb*, et laissée par lui au Chapitre de la Cathédrale, possèdent de précieux manuscrits, de belles séries de livres rares et d'ouvrages historiques. Sur un exemplaire de Sénèque, en regard d'une sorte de prophétie relative à la découverte « d'un continent immense » et de « nouveaux mondes au delà de l'Océan », on peut lire en latin écrit de la main du donateur de la Colombine : « Cette prophétie a été accomplie par mon père, l'amiral Christophe Colomb, en l'année 1492 ».

Maintenant que j'ai parlé de tout ce que j'ai vu, je ne puis cependant quitter Séville, chère Madame, sans vous dire quelques mots de son héros le plus connu de votre sexe et le plus envié du nôtre, de *Don Juan*, qui m'a hanté partout où j'ai rencontré ces ravissantes et gracieuses sévillanes aux yeux noirs pleins de feu et d'amour, à la taille svelte et gracieuse, à la démarche fière et nonchalante, à la mantille de dentelle accrochée si coquettement au grand peigne d'écaille brune ou blonde. Musset, Théophile Gautier, Byron et tant d'autres poètes et romanciers en ont parlé avant moi, et je me trouve fort embarrassé de vous conter la plus vraisemblable de ses biographies. Je ne puis mieux faire, je crois, que de résumer le portrait que nous en a fait Mérimée.

D'après cet auteur il y aurait eu plusieurs Don Juan, deux à coup sûr, *Don Juan Ténorio* qui fut emporté en enfer par la statue de pierre du Commandeur et *Don Juan de Maràna*, dont la fin fut toute différente. « Don Juan de Marâna, dit-il, ce
« fils tant désiré, fut gâté par son père et par sa
« mère, comme devait l'être l'unique héritier d'un
« grand nom et d'une grande fortune. Tout enfant
« il était maître à peu près absolu de ses actions, et
« dans le palais de son père, personne n'aurait eu
« la hardiesse de le contrarier. Seulement, sa mère
« voulait que son fils fût dévot comme elle, son père
« voulait que son fils fût brave comme lui. Celle-ci à
« force de caresses et de friandises, obligeait l'enfant
« à apprendre les litanies, les rosaires, enfin toutes
« les prières obligatoires et non obligatoires. Elle
« l'endormait en lui lisant la légende.

« Il y avait dans l'oratoire de la comtesse de Ma-
« râna un tableau dans le style dur et sec de Mora-
« lès, qui représentait les tourments du purgatoire.
« Tous les genres de supplices dont le peintre avait
« pu s'aviser, s'y trouvaient représentés avec tant
« d'exactitude, que le tortionnaire de l'inquisition
« le plus difficile et le plus cruel n'y aurait rien
« trouvé à reprendre. Les âmes en purgatoire
« étaient dans une espèce de grande caverne au haut
« de laquelle on voyait un soupirail. Placé sur le
« bord de cette ouverture, un ange tendait la main
« à une âme qui sortait du séjour de douleurs, tan-

« dis qu'à côté de lui, un homme âgé, tenant un
« chapelet dans ses mains jointes, paraissait prier
« avec beaucoup de ferveur. Cet homme c'était le
« donataire du tableau qui l'avait fait faire pour une
« église de Huesca. — Dans leur révolte les Moris-
« ques mirent le feu à la ville. L'église fut détruite
« mais, par miracle, le tableau fut conservé. Le
« comte de Marâna l'avait rapporté et en avait dé-
« coré l'oratoire de sa femme.

« D'ordinaire, le petit Juan, toutes les fois qu'il
« entrait chez sa mère, demeurait longtemps immo-
« bile en contemplation devant ce tableau qui
« l'effrayait et le captivait à la fois. Surtout il ne
« pouvait détacher ses yeux d'un homme dont un
« serpent paraissait ronger les entrailles, pendant
« qu'il était suspendu au-dessus d'un brasier ardent
« au moyen d'hameçons de fer qui l'accrochaient
« par les côtes.

« Tournant les yeux avec anxiété du côté du
« soupirail, le patient semblait demander, au dona-
« taire, des prières qui l'arrachassent à tant de
« souffrances.

« La Comtesse ne manquait jamais d'expliquer à
« son fils que ce malheureux subissait ce supplice
« parcequ'il n'avait pas bien su son catéchisme,
« parcequ'il s'était moqué d'un prêtre, ou qu'il
« avait été distrait à l'église. L'âme qui s'envolait
« vers le paradis, c'était l'âme d'un parent de la
« famille de Marâna, qui avait sans doute quelques
« peccadilles à se reprocher ; mais le Comte avait
« prié pour lui, il avait beaucoup donné au clergé

« pour le racheter du feu et des tourments, et il
« avait eu la satisfaction d'envoyer au paradis l'âme
« de son parent, sans lui laisser le temps de trop
« s'ennuyer au purgatoire.

« A dix-huit ans, Don Juan expliquait mal le
« latin, servait fort bien la messe et maniait la
« rapière, ou l'épée à deux mains, mieux que ne
« le faisait le Cid. Son père, jugeant qu'un gentil-
« homme de la maison de Marâna devait encore
« acquérir d'autres talents, résolut de l'envoyer à
« Salamanque ».

C'est donc à Salamanque que commence l'histoire traditionnelle de toute une vie de débauche et de crimes. C'est une chose curieuse entre toutes, que malgré tout son effrayant pouvoir, l'Eglise n'ait pu dompter dans les pays les plus catholiques et les plus encapucinés, les lois naturelles qui entraînent irrésistiblement à l'amour, à la reproduction et à la propagation de la vie. Il est à remarquer même, que dans ces pays et sous l'empire de la plus effroyable terreur, l'amour, ce sentiment si généreux et si noble en soi, s'est transformé le plus souvent en débordements plus scandaleux, en instincts plus vicieux, plus pervers, en crimes souvent innomables et inavouables. Œuvres du diable ! disent les théologiens. Œuvres de réaction violente, selon moi, produites par la révolte non pas contre les lois de Dieu, mais contre les lois fondamentales éternelles et essentielles de la Nature.

Je ne vous raconterai pas, chère Madame, les prouesses scandaleuses du Don Juan légendaire.

Mais comme tout prend fin en ce monde, il arriva que notre héros ayant trop largement usé et abusé de la vie, devint fort malade et dut mettre un terme momentané à ses excès. Arrivé cependant à la convalescence, il s'amusa à dresser une liste de toutes les femmes qu'il avait séduites et de tous les maris qu'il avait trompés.

« Un jour, dit Mérimée, il la montra à un de ses
« amis qui était venu lui rendre visite. — Vois mon
« cher, vois, nul n'a pu m'échapper, depuis le Pape
« jusqu'au cordonnier ; il n'y a pas une classe qui
« ne m'ait fourni sa quote-part.

« L'ami examina la liste et la lui rendit en disant
« d'un ton de triomphe :

« — Elle n'est pas complète.

« — Comment ! pas complète ! Qui manque donc
« à ma liste ?

« — Une religieuse !

« — C'est vrai, il n'y a pas de religieuse. Morbleu!
« je te remercie de m'avoir averti. Eh bien ! je te
« jure sur ma foi de gentilhomme qu'avant qu'il
« soit un mois, je te ferai souper ici avec une
« religieuse ».

Don Juan, aussitôt qu'il le put, se mit en campagne fréquentant les églises et les couvents de femmes. Il eut bientôt remarqué dans l'église Notre-Dame-du-Rosaire, une jeune religieuse d'une beauté ravissante.

« Afin d'éviter les soupçons, dit Mérimée, Don
« Juan partit pour le château de Marâna deux jours
« avant celui qu'il avait fixé pour l'enlèvement.

« C'était dans ce château qu'il avait passé la plus
« grande partie de son enfance ; mais depuis son
« retour à Séville il n'y était pas rentré. Il y arriva
« à la nuit tombante, et son premier soin fut de
« bien souper. Ensuite il se fit déshabiller et se mit
« au lit. Il avait fait allumer dans sa chambre deux
« grands flambeaux de cire, et sur la table était un
« livre de contes libertins. Après avoir lu quel-
« ques pages, se sentant sur le point de s'endormir,
« il ferma le livre et éteignit un de ses flambeaux.

« Avant d'éteindre le second il promena avec distrac-
« tion ses regards par toute la chambre et tout d'un
« coup il avisa dans son alcôve le tableau qui repré-
« sentait les tourments du purgatoire, tableau qu'il
« avait si souvent considéré dans son enfance. Invo-
« lontairement, ses yeux se portèrent sur l'homme
« dont un serpent dévorait les entrailles, et bien que
« cette représentation lui inspirât encore plus d'hor-
« reur qu'autrefois, il ne pouvait s'en détacher... Il
« éteignit la dernière bougie, espérant que l'obscurité
« le délivrerait des images hideuses qui le persécu-
« taient. L'obscurité augmenta encore sa terreur. Ses
« yeux se dirigeaient toujours vers le tableau qu'il ne
« pouvait voir ; mais il lui était tellement familier qu'il
« se peignit à son imagination aussi nettement que
« s'il eût été grand jour. Parfois même il lui semblait
« que les figures s'éclairaient et devenaient lumineu-
« ses, comme si le feu du purgatoire, que l'artiste avait
« peint, eût été une flamme réelle. Enfin son agi-
« tation fut tellement grande qu'il appela à grands
« cris ses domestiques pour faire enlever le tableau
« qui lui causait tant de frayeur ».

Peu de temps après on le trouve évanoui. Quand il reprend ses sens, il demande un confesseur à qui il déclare que sa résolution est prise de se retirer d'un monde où il avait donné tant de scandales et de chercher à expier dans les exercices de la pénitence les crimes énormes dont il s'était souillé. Mérimée attribue la conversion de Don Juan à l'épuisement produit par les excès, par la maladie et par l'âge, ainsi qu'aux influences d'hérédité maternelle.

Le purgatoire (purgatorium) dont le Christ n'a pas dit un mot, dont ne font mention ni St-Matthieu, ni St-Marc, ni St-Luc, ni St-Jean, les quatre Evangélistes, fut, il faut l'avouer, une merveilleuse invention pour purger au profit de l'Eglise, les coffres trop pleins des puissants et des riches. Dans les premiers temps où il en fut timidement mention, les Pères de l'Eglise ont professé à l'égard du purgatoire les idées les plus variées. Origène, le célèbre docteur du IIIe siècle de notre ère, se basant sur un passage obscur de l'Epitre aux Corinthiens III. 13. de St-Paul, crut comprendre que tous les élus devaient passer par le feu avant de jouir de la béatitude éternelle et que les apôtres eux-mêmes n'avaient pu s'y soustraire. Cette doctrine fut condamnée comme hérétique. — Saint-Augustin et Saint-Fulgence niaient l'existence du purgatoire. Le premier admettait cependant un petit feu purificateur dans l'intervalle entre la mort et le jugement dernier pour les péchés de petite importance. — Saint-Grégoire le Grand qui porta la Tiare de 590 à

604 comprit le premier tout le profit et tout le bénéfice qu'on pouvait en tirer, mais ce ne fut qu'au Concile de Florence tenu en 1439, plus de quatorze siècles après Jésus-Christ, que l'on admit le jugement immédiat des âmes après la mort, sans préjudice du jugement dernier qui ne fut plus considéré dès lors que comme une simple formalité, comme une cérémonie solennelle destinée à marquer la chute du rideau, le dernier acte et comme l'apothéose de la fin de notre monde. Le Concile de Trente ratifia les décisions du Concile de Florence et décréta l'existence dogmatique du purgatoire. — Il était en effet peu pratique et peu profitable de décider comme on l'avait fait jusqu'alors que les âmes des trépassés dussent attendre le jugement dernier pour recevoir la punition de leurs fautes ou la récompense de leurs vertus, sans autre alternative que le ciel ou l'enfer. Il s'en suivait nécessairement que les survivants devaient se désintéresser plus ou moins de ce qui pouvait arriver à ceux qui n'étaient plus. A quoi bon payer des centaines de messes, des milliers d'indulgences, des prières, des oraisons, pour ceux qui étaient irrémédiablement damnés ou immédiatement destinés au ciel? La crainte de l'enfer rapportait déjà beaucoup d'argent, faisait racheter par les intéressés beaucoup de fautes, de peccadilles, de gros péchés et de crimes. Mais un bon petit purgatoire devait nécessairement rapporter beaucoup plus, puisqu'il laissait planer le doute sur le sort définitivement réservé aux mourants. Les héritiers qui dans le premier système

n'avaient plus à se préoccuper du decujus après les premières larmes versées sur sa tombe, allaient être invités à participer à la délivrance des âmes de leurs ancêtres, de leurs parents, de leurs amis même, sous peine de s'exposer à être couverts de leurs malédictions s'ils ne payaient la forte somme pour les soustraire aux supplices temporaires et pour les aider à monter plutôt au paradis.

Quoiqu'il en soit et sans entrer plus loin dans la discussion théologique que je vous expose brièvement, la petite religieuse de Notre-Dame-du-Rosaire dut un fameux cierge au peintre Moralès dont l'épouvantable tableau sauva la vertu menacée. Je ne sais où Moralès s'inspira des tortures réservées aux âmes du purgatoire, mais ne trouvez-vous pas, chère Madame, que c'est payer bien cher quelques péchés véniels que d'avoir les entrailles dévorées par un affreux boa, tandis que des hameçons plantés dans les côtes vous balancent au-dessus d'un brasier dont les flammes vous brûlent les chairs et vous rôtissent comme une simple volaille ? Un repentir comme celui de Don Juan qui n'est dû qu'à la terreur de pareils supplices, laisse, me paraît-il, fort à désirer (1).

---

(1) Dans certaines paroisses de la Basse-Bretagne on dit encore des messes pour le repos de l'âme de Louis XIV et pour le tirer du purgatoire où l'on suppose qu'il expie ses petits péchés véniels. *(Note de l'auteur).*

Séville, 8 juillet.

Nous quittons enfin Séville non sans regrets car nous eussions volontiers passé quinze jours de plus dans cette nouvelle Capoue, dans cette cité hospitalière qui semble un vrai paradis sur terre. Je ne connais pas Madrid, mais si j'étais roi d'Espagne, je crois que je ferais de Séville la capitale de mon royaume. Madrid n'a ni le climat, ni le sol fertile de l'Andalousie, ni le Guadalquivir, ni ses beaux horizons, ni ses hivers si doux, ni le voisinage de Cadix la belle, de Puerto Santa Maria, de Xérès la Fontera, de Cordoue, ni les brises de l'Océan, ni les brises de la Méditerranée, ni ces parfums de l'Arabie qui en imprègnent encore le sol. Madrid n'a rien d'espagnol, c'est une ville à l'aspect entièrement moderne. Elle n'a ni ces vieux palais, ni ces somptueuses cathédrales gothiques comme Tolède, Burgos, Valladolid, Grenade, Badajoz, Saragosse, Séville, ni ces édifices admirables semés dans tout le midi par la civilisation mauresque, ni ces rues anciennes et pittoresques qui rappellent les époques de splendeur écoulées. Les églises, dit-on, n'y sont que des chapelles mal situées, lourdement bâties, n'ayant absolument aucun caractère architectural ou religieux. L'intérieur en est orné avec un mauvais goût qui correspond à celui du monument, si l'on peut donner ce nom à d'aussi laides et mesquines constructions.

Il est vrai que Madrid possède l'Escurial au milieu du désert aride, sombre et navrant qui l'environne, cette sorte de palais qui a l'aspect d'une vaste prison d'Etat, d'un immense pénitencier, dont les fondations furent bâties suivant les ordres de Philippe II, sur le modèle du gril de saint Laurent, avec aux quatre coins, des tours représentant les quatre pieds du gril, et le palais du roi sortant perpendiculairement pour en simuler le manche. Il fallait ce caractère de vautour farouche, cruel, implacable, superstitieux et cagot, pour imaginer pareille résidence où l'on peut à l'aise entendre siffler le vent dans la plaine dénudée, grincer les girouettes, voir au loin tournoyer les bandes de corbeaux attendant les cadavres qu'on leur jetait en pâture. Tandis qu'à Séville et dans la vallée du Guadalquivir tout semble imprégné de vie et du bonheur de vivre, de Madrid à l'Escurial tout sent la désolation et la mort, tout respire une tristesse infinie et lorsqu'on arrive devant ce vaste et lourd monument carré on a le sentiment d'approcher d'un gigantesque tombeau.

Quel contraste n'est-ce pas, et que cela sent bien son fanatisme! Décidément je n'irai pas à Madrid. J'ai vu presque toutes les capitales de l'Europe, toutes même, à part Constantinople, mais celle-là ne me tente pas. J'aurais trop peur d'y perdre mes doux souvenirs d'Andalousie......................
....

Enfin nous voilà rentrés à Cadix sur le yacht que nous retrouvons se balançant lentement dans le port et qui pendant notre absence s'est préparé au départ. Nous allons lever l'ancre à neuf heures. Le soleil se couche à l'horizon et empourpre la rade, nous ne le reverrons plus des rives du Guadalète, et je répète avec Lord Byron :

« *Cadix, sweet Cadix ! It is the first spot in the creation. The beauty of its streets and mansions is only excelled by the liveliness of its inhabitants* ».

(Lettre à sa mère 1809).

Mais voilà que la nuit tombe. Les chaînes des ancres grincent lourdement, les voiles s'enflent, le navire tourne sur lui-même et nous sortons lentement du port. Cependant la brise légère faiblit bientôt et nous ne pouvons franchir les passes de la baie. Nous arrivons avec peine en face de Puerto-Santa-Maria, où l'on dérape la petite ancre. A minuit la brise se lève de nouveau et nous parvenons à gagner la pleine mer.

Yacht *Intrepid*, 9 juillet.

En montant sur le pont à huit heures, nous apercevons à notre gauche le cap Trafalgar. C'est là que se livra le 21 octobre 1805, une des plus célèbres batailles navales des temps modernes, dont les conséquences ruinèrent les plans d'invasion que Napoléon avait formés contre l'Angleterre, son ennemie acharnée, qu'il se proposait de frapper en plein cœur.

L'Empereur avait concentré sur les côtes de la Manche cent cinquante mille hommes et deux mille deux cent quatre vingt-treize bâtiments de transport armés de canons, échelonnés dans tous les ports des côtes de France et de Hollande, de Boulogne au Texel. Il n'attendait plus pour opérer le passage et marcher sur Londres que le retour de l'amiral Villeneuve, qu'il avait rappelé des Antilles et qui devait faire sa jonction avec Gantheaume, commandant à Brest à vingt vaisseaux de ligne, à quinze autres bâtiments portant ensemble vingt-deux mille hommes, et avec Missiessy qui l'attendait dans la rade de Rochefort avec six vaisseaux, quatre frégates et huit mille marins et soldats. Villeneuve devait encore rallier en passant, trente vaisseaux espagnols, rassemblés au Ferrol et à Cadix, en sorte qu'ayant ainsi réuni sous ses ordres une formidable flotte de plus de cent voiles, il pouvait cingler vers la Manche, écraser les escadres anglaises fortes de cinquante vaisseaux seulement, et assurer le passage de la flottille de transport et le débarquement de l'armée. Le plan était admirable.

Mais malheureusement pour la France, Villeneuve s'attarde au Ferrol et à Cadix, et pendant ce temps la coalition des Russes, des Autrichiens et des Suédois, suscitée habilement par l'Angleterre s'avance menaçante. Napoléon doit faire volte face. Avec la rapidité de l'aigle il fond sur l'Allemagne, enveloppe le général Mack dans Ulm, le fait capituler, lui prend trente mille hommes, et continuant sa route va écraser les Autrichiens à Austerlitz.

Villeneuve désolé d'avoir fait manquer le plan de l'Empereur par le retard qu'il avait mis à accomplir ses ordres, résolut de racheter cette faute en livrant bataille.

Cadix se trouvait bloquée par l'amiral Nelson commandant à vingt-sept vaisseaux de haut bord. La flotte franco-espagnole en comptait trente-trois. Sorti de Cadix avec ces forces supérieures, Villeneuve pouvait espérer la victoire. Il rencontra Nelson au cap Trafalgar le 21 octobre, et là s'engagea, ce jour, un des plus terribles combats qui aient jamais été livrés. Il se termina par la ruine complète de la flotte franco-espagnole. Des trente-trois vaisseaux qui la composaient, dix-sept furent pris avec l'amiral français, quatre autres qui étaient parvenus à s'échapper du désastre, furent poursuivis et obligés de se rendre quelques jours après, le reste fut coulé. Les vainqueurs ne perdirent que trois mille hommes et douze vaisseaux, mais parmi les morts était Nelson qu'une balle avait frappé en pleine épine dorsale. Il expira en murmurant : « Dieu soit loué, j'ai accompli ma tâche ». Et en effet sa tâche était achevée. La marine espagnole était détruite, la marine française réduite à l'impuissance, et l'Angleterre sauvée du plus grand péril qu'elle ait jamais couru.

Ce n'est donc pas sans curiosité que j'examine ces lieux, ces montagnes, ce cap s'avançant dans les flots, témoins muets de ce terrible duel. La baie de

Trafalgar est large et belle, les montagnes ont conservé les mêmes tons irisés et nacrés, tandis qu'au fond des eaux profondes dorment les débris de ces vaisseaux, de ces frégates, de ces canons, de ces cadavres qu'engloutit ce jour-là l'océan.

Je ne sais si les requins qui firent bombance à ce moment, ont transmis aux jeunes générations le souvenir de leurs sinistres ripailles, mais toujours est-il, que de neuf à onze heures nous sommes entourés de ces horribles squales. J'en compte jusque quinze qui nous suivent de près à fleur d'eau et nous accompagnent. L'un d'eux même s'étant approché à quelques toises du navire, je lui tire un coup de revolver qui l'atteint dans le dos un peu en dessous de la nageoire. Il pirouette et disparait, après quelques soubresauts, laissant une longue traînée de sang. Je n'aime pas la chasse, j'éprouve même comme un vrai remords de tuer une bête inoffensive, mais celles-là ne me font aucune pitié.

Presque au même moment nous commençons à distinguer au sud la côte africaine, et peu à peu, avec nos lunettes, nous distinguons le *Cap Spartel*, la vaste échancrure de la baie de *Tanger*, et tout au fond, nous devinons dans une ligne bleue presque imperceptible les monts de l'*Atlas*.

Ce n'est pas sans une légère émotion que nous entrevoyons pour la première fois ce continent qui nous est inconnu encore, cette *mystérieuse Afrique* aux races sauvages et barbares, la plupart cruelles et inhospitalières. Pour qui passe de Marseille en Algérie le sentiment ne peut-être le même, car on ne quitte pas la France, et les Arabes de la colonie ont déjà reçu un certain vernis de civilisation. Mais le Maroc, l'ancienne terre, l'ancien repaire des Maures et des Sarrasins, reste une noire et sombre énigme, comme un Sphinx accroupi à la jonction des deux mers, regardant l'Europe depuis des siècles et semblant lui dire : « Tu n'iras pas plus loin ! Non plus ultra ! ».

Et ce n'est cependant pas la crainte, la terreur de ces Maures qui nous arrêtent, ce n'est ni le nombre de leurs armées, ni leur force déchue que nos canons et nos armes plus perfectionnés briseraient comme verre, ce n'est non plus la lâcheté de ceux que ce voisinage gêne et inquiète, c'est la politique, la jalousie des peuples, cette défiance, qui au milieu des protestations de paix, de philanthropie, d'amour du progrès, ne cesse de nous armer de plus en plus les uns contre les autres.

La journée est splendide et chaude, le ciel d'un azur profond, radieux, la mer à peine ondulée par une légère brise qui nous pousse en avant. A demi couchés sur le pont, nous passons les heures à cingler mollement vers le sud-est, longeant la côte d'Espagne d'un côté, les yeux fixés de l'autre sur l'Atlas et les rivages africains qui se dessinent de plus en plus nettement, à mesure que nous approchons.

Peu avant le coucher du soleil nous passons non loin de la vallée de *Rio Salado* située au-dessus d'*Algésiras*, où fut livrée une des plus sanglantes batailles qui aient eu lieu entre Chrétiens et Musulmans. Les anciens historiens espagnols racontent qu'en cet endroit leur armée forte de soixante mille hommes remporta en 1340 sur les arabes, qui comptaient quatre cent mille combattants, une victoire si terriblement meurtrière, que deux cent mille cadavres ennemis jonchèrent le champ de bataille, tandis que les Chrétiens n'avaient pas perdu une centaine des leurs. Cela paraît absolument invraisemblable et fabuleux, mais toujours est-il que cette journée porta le dernier coup aux Sarrazins de cette partie de l'Espagne et les en expulsa sans retour. Il paraît plus probable que cette masse d'arabes fuyant devant l'armée des Castillans se composait de tout un peuple, de femmes, de vieillards et d'enfants, de nombreuses Smalas des Sierras de l'*El-Ajib* et de *Ronda*, de *Medina Sidonia*, de *Zachara*, cherchant à gagner *Tarifa* ou *Algésiras* pour de là traverser le détroit qui les séparait de la côte d'Afrique, qu'il y eut au milieu de ces fuyards mal défendus, un horrible massacre, une de ces boucheries impitoyables, dont on n'aime pas à avouer la lâcheté, l'inhumanité. Quatre cent mille guerriers arabes ne se seraient pas laissés écraser de la sorte par une armée six ou sept fois moins nombreuse.

Entre huit et neuf heures le vent faiblit et nous passons lentement en vue de *Tarifa*, la dernière ville de l'Espagne que baignent encore les flots de l'Océan et qui s'avance en promontoire au milieu du détroit de Gibraltar. C'est une petite place forte entourée d'une enceinte flanquée de tours. Jadis forteresse importante, elle tire son nom de *Tarick* chef arabe qui y débarqua et en construisit les murs. Nous distinguons parfaitement sa silhouette blanche et pittoresque. C'est peut-être de toutes les villes d'Espagne celle qui a conservé le plus longtemps le cachet de son origine. On pourrait croire que les siècles l'ont oubliée là, que la civilisation castillane n'a pu pénétrer jusqu'à elle. Toutes ses nombreuses constructions ont conservé le style mauresque. L'*Alcazaba* qui la domine est un vrai château fort arabe formé de tours et de murs crénelés.

Nous contournons la petite île de Tarifa située à environ deux cent cinquante mètres du rivage, surmontée d'une haute tour et d'un phare qui vient d'allumer ses feux et nous avons devant nous, au loin, l'immense rocher de *Gibraltar* s'élevant comme une pyramide tronquée et nous barrant l'horizon.

Tous les matelots sont debout, et agitant leurs bérets poussent trois *Hurrah* d'enthousiasme, à la vue de cette formidable forteresse qui leur rappelle la patrie absente et la grandeur de la puissance britannique. En effet c'est un spectacle grandiose que ce bloc de granit d'une lieue de longueur, de cinq cents mètres d'élévation, qui s'avançant à la pointe des terres espagnoles semble défier l'Espagne qu'il a derrière lui et le Maroc auquel il fait face, dominant par ses canons le canal qui sépare les deux continents, l'Europe et l'Afrique, et les deux mers, la Méditerranée et l'Océan.

Ce qui rend ce spectacle plus émouvant encore, c'est l'heure calme du crépuscule qui semble doubler les distances et les proportions, qui estompe les détails, qui découpe nettement l'étrange silhouette de la pyramide sur un ciel d'opale d'une pureté inouïe, d'une transparence de cristal laiteux où les étoiles commencent à scintiller à l'Orient devant nous, tandis que les derniers rayons du soleil qui a disparu à l'Occident teintent encore de clartés rougeâtres, de reflets d'or quelques nuages floconneux qui vont se noyer dans l'immensité bleue du ciel.

L'Océan roule ses grandes vagues calmes et monotones aux crêtes argentées, notre sillage laisse derrière lui une longue traînée phosphorescente, une brise légère nous pousse et nous fait bientôt dépasser la pointe d'Algésiras qui ferme d'un côté la grande baie de Gibraltar. La lune s'est levée et donne une nouvelle splendeur au paysage. Un immense vaisseau anglais de la marine royale, venant de la Méditerranée, l'*Himalaya*, dont la pointe de nos mâts dépasse à peine les bastingages, entre en même temps que nous dans la rade. Le géant et le nain marchent de pair pendant quelques minutes et à dix heures précises nous allons, comme l'*Himalaya*, jeter l'ancre dans le port de guerre. Au même moment la retraite militaire formée de tambours et de fifres, s'entend au loin dans la ville qui s'étend du Sud au Nord sur le flanc occidental du rocher. Le coup de canon du Rokgun qui annonce la fermeture des portes de Gibraltar a tonné depuis longtemps, en sorte que nous sommes forcés de rester à bord jusqu'au lendemain.

« N'est-ce pas, Sir, me dit le capitaine qui regardait avec orgueil l'immense rocher, n'est-ce pas que le peuple anglais est un grand peuple ? » Sans être anglais j'éprouvais presqu'autant d'émotion sinon d'orgueil que lui, et la pensée qu'il exprimait tout haut, je la disais précisément tout bas. Aussi je lui pris la main et soulevant mon chapeau je lui répondis les seuls mots de sa langue maternelle que je savais par cœur : « God save the Queen ! Great people indeed ! » — « Indeed », répéta derrière moi le Docteur Lebel qui pour la première fois s'essayait dans la langue de Shakespeare.

En rade de Gibraltar, 10 Juillet.

A l'époque où Louis XIV et la France semblaient menacés d'une ruine prochaine par la victoire du Duc de Marlborough, dont on se vengeait à Paris par des chansons, au moment où le Maréchal de Marsin perdait la bataille d'Hochstedt, l'amiral Georges Rooke, après avoir en 1702 détruit à Cadix la flotte française commandée par Château-Renaud qui convoyait trente galions espagnols venant d'Amérique, s'emparait par surprise en

Juillet 1704 de la forteresse de Gibraltar. L'amiral Rooke dotait sa patrie de l'une des Colonnes d'Hercule en attendant que les événements lui permissent de prendre l'autre, le mont Abyla, qui lui fait face et qui domine le détroit sur la côte marocaine.

Ce moment n'est pas encore venu, mais je serais surpris qu'il ne vint pas. La politique de l'Angleterre exempte d'emballement et d'impatience, toujours prudente, sait choisir son heure.

Les Anglais n'eurent garde d'imiter l'insouciance et l'incroyable imprévoyance des Espagnols. Aussitôt en possession du rocher ils s'empressèrent d'en faire une redoutable et inexpugnable forteresse.

Pratiquant des galeries souterraines dans la masse de granit, ils y braquèrent des canons dans toutes les directions tant du côté de l'Espagne que du côté de la mer, de telle sorte que lorsqu'en 1782 le duc de Crillon, secondé par les escadres françaises et espagnoles, voulut mettre le siège devant Gibraltar et tenta de s'en emparer, il vint briser ses forces, ses navires, ses armées contre ce rempart colossal, absolument inaccessible, vomissant le fer et le feu par toutes les anfractuosités de rochers, par toutes les meurtrières cachées dans ses flancs invulnérables. Les français perdirent douze cents hommes, tandis que les anglais, commandés par le Gouverneur Général Elliot en perdaient à peine cent des leurs.

La forteresse s'étend en effet sur toute la longueur des rochers qui forment le promontoire séparé de l'Espagne par une sorte de lagune de sable qui se perd dans les assises des montagnes de Ronda. Dans toute son étendue de plus de quatre kilomètres, cette masse allongée de granit est creusée de spacieuses galeries soigneusement masquées où peut manœuvrer l'artillerie. Ces galeries partant de la base du promontoire montent en pente douce et s'étagent de façon que tout le bloc regardant l'Espagne, ou la mer à la pointe d'Europe, est hérissé de canons dont les gueules s'aperçoivent à peine, dissimulées par les accidents de rochers ou par les plantes qui y croissent à l'aventure.

Du plateau supérieur auquel on accède soit par les galeries creusées dans le roc, soit par une route extérieure, on découvre un panorama splendide. La vue s'étend par les jours clairs, dans toutes les directions à quarante lieues environ. D'un côté c'est la Méditerranée, de l'autre, c'est l'Océan qui se perdent au loin et très haut dans le bleu du ciel. En face se découpent les montagnes du Rif de l'Afrique, le mont Abyla, les cimes lointaines de l'Atlas. En arrière et vers l'Espagne s'étagent les vertes montagnes de Ronda au-dessus desquelles on découvre les cimes roses de la Sierra Bermeja et les collines neigeuses des monts Alpuxarras. Au pied du colosse l'œil plonge dans la baie de Gibraltar couverte de vaisseaux, de vapeurs, de voiliers, qui vus de cette hauteur de cinq cents mètres paraissent à peine des navires lilliputiens.

La partie orientale du promontoire qui baigne dans la Méditerranée est presque perpendiculaire.

La partie occidentale au contraire qui s'avance dans la baie est en pente douce. C'est au pied de cette masse granitique qu'est bâtie la ville, dont l'aspect n'a plus rien d'espagnol. C'est à proprement parler une ville anglaise aux ruelles étroites, mais dont les maisons proprettes, toutes modernes, rappellent celles que l'on voit dans tous les ports de l'Ile de Wight. Une seule grande rue, la *Main-Street*, une seule grande place, le *Commercial Square*.

Gibraltar compte de vingt à vingt cinq mille habitants, sa garnison est généralement de cinq à six mille hommes.

L'aspect très animé de la ville offre un cachet tout particulier. Au milieu de nombreux uniformes anglais accommodés au climat, où le blanc éblouissant au soleil et le vermillon écarlate, brutal, criard, donnent la note dominante, on y voit tous les costumes de l'Europe et de l'Afrique, un nombre considérable de juifs, un fond de population espagnole mais étrangement mélangée déjà, beaucoup de marchands algériens, marocains, tunisiens, aux jambes nues, brûlées du soleil, chaussés de babouches qu'ils traînent nonchalamment, aux turbans multicolores, aux burnous blancs ou rayés de rouge ou de vert. Malgré tout ce monde d'étrangers de passage ou en quête d'affaires régulières ou de contrebande, dont le mouvement ajoute au pittoresque de la ville, l'ordre règne partout et les règles d'hygiène et de propreté anglaise font contraste avec l'attristante malpropreté des villes espagnoles.

A la pointe d'Europe, sur une sorte de large plateforme où la pente adoucie du rocher a permis d'accumuler des terres fertilisables les anglais ont créé un admirable jardin où la flore méridionale se déploie dans toute sa richesse. C'est, au dessus de pelouses vertes aux corbeilles fleuries, toute une forêt de Bellas-Ombras, de palmiers, de géraniums, de rosiers grimpants, de mimosas en arbre, de poivriers, d'arbousiers, aux pieds desquels s'épanouissent les aloès, les cactus monstres et les héliotropes si parfumés d'Espagne.

C'est là que se réunit le soir la société anglaise et cosmopolite de Gibraltar, que les régiments de la garnison donnent leurs concerts pendant que l'on prend glaces et sorbets pour se rafraîchir de l'effroyable température du jour, car nulle part le soleil ne tombe plus d'aplomb et ne fait sentir plus implacablement la chaleur de ses rayons.

La ville étant place de guerre, et les anglais veillant avec une prudence extrême à prévenir toute surprise, les étrangers ne peuvent obtenir qu'une permission de quinze jours pour y séjourner, et cela encore moyennant la garantie du consul, d'un négociant ou d'un officier.

Quand le canon du Rokgun tonne sur le coup de dix heures, il faut que tous les étrangers quittent la ville, que les marins regagnent leurs navires et que les habitants rentrent chez eux pour n'en plus sortir jusqu'au coup de canon qui annonce le jour. Les officiers qui circulent la nuit doivent tous porter une lanterne. Au moment de la détonation du soir les portes de la ville se ferment et ne s'ouvrent plus qu'à la détonation du matin. Tant pis pour les retardataires. Ceux qui sont restés enfermés ont encore la ressource d'aller loger aux hôtels du *Commercial-Square*, mais ceux qui n'ont pu rentrer à temps doivent se contenter de loger à la belle étoile, car on n'ouvre plus les portes sous aucun prétexte et chez les anglais la consigne est sévère, rigoureuse, et sans accommodements.

Maintenant, chère Madame, que je vous ai donné une brève description de Gibraltar, je reprends mon journal.

Nous nous éveillons le lendemain de notre arrivée, par une matinée splendide, idéale, fraîche encore des brises de la nuit et nous nous empressons de faire mettre le canot à la mer pour aller remplir les formalités d'usage et visiter la ville. Pendant que l'on fait ces préparatifs, un très beau yacht a levé l'ancre et passe avec ses voiles blanches éblouissantes dans le fond de la baie près d'Algésiras.

Nous avions une lettre d'introduction d'un des principaux membres du Royal Squadron pour le Capitaine Hood, aide-de-camp du Lord-Gouverneur de Gibraltar. Le capitaine Hood, charmant homme, plein de distinction, jeune encore, nous reçoit avec beaucoup de courtoisie, nous offre du sherry à la glace et des cigares. La connaissance est vite faite, il se met entièrement à notre disposition et prend note du jour qu'il nous conviendra de visiter les forts, les galeries souterraines, l'observatoire, etc..
Il occupe une grande chambre peinte en jaune

à la chaux, ce qui, nous explique-t-il, est préférable aux papiers et aux tentures, dans le midi où les insectes pullulent Il a tâché d'en rendre l'aspect moins nu, moins monotone, par des panoplies d'armes espagnoles et arabes, par des photographies nombreuses, par des gravures représentant chevaux, chiens, chasses-à-courre.

Après cette première visite, nous en faisons une autre au Consul de Belgique, M. Cowles qui est de nationalité anglaise et occupe une situation importante dans la banque et le commerce. Nous sommes mieux représentés là qu'à Cadix et son accueil est des plus aimables.

Nous passons la journée à visiter la ville, les magasins où nous avons de nombreuses acquisitions à faire pour renouveler les provisions de bouche du yacht, au moins en ce qui concerne les conserves que nous préférons choisir nous mêmes, les vins, les boissons diverses, les desserts. Nous allons nous asseoir après cela au jardin public que je vous ai décrit plus haut et nous ne sommes pas peu surpris d'y trouver encore des canons masqués dans la verdure. Décidément il y en a partout. Deux statues ornent les squares, celle de Lord Wellington au nez légendaire et celle de Lord Elliot. Sur le nez immense de la première nous voyons un lézard qui se chauffe au soleil. Ces animaux n'ont aucun respect pour les héros de l'histoire. A distance cela lui fait de profil une très grotesque figure. Pendant que nous discourons sur le peu qu'il faut pour rendre ridicules les choses les plus respectables, le Rokgun tonne son coup du soir et nous nous hâtons de rejoindre notre gig qui nous attend à la descente du port.

En rade de Gibraltar, 11 Juillet.

La chaleur est tropicale et comme nous avons rendez-vous à quatre heures avec le Capitaine Hood pour faire l'ascension du rocher, qu'il n'y a rien à voir dans la ville dépourvue de tout monument digne d'attention, nous nous décidons à rester à bord. Un yacht à vapeur du Club de Cowes « *The brillant* » vient jeter l'ancre auprès de nous, tandis que l'*Himalaya*, dont les proportions gigantesques nous humilient, lève ses amarres, vire de bord et s'en va reprendre sa course vers l'Océan. Notre satisfaction est cependant de courte durée car un autre énorme navire de la marine militaire, le transport *Orontes*, vient bientôt prendre sa place. Il jauge six mille tonneaux soit quatre-vingt fois plus que nous ne jaugeons nous-mêmes, et amène douze cents hommes de troupes, de Malte, pour renforcer la garnison de Gibraltar. Nous assistons au déballage très pittoresque des hommes et des chevaux. Ceux-ci, attachés par des lanières passant sous le ventre à des cordages manœuvrés par des poulies et des grues solides, gigotent désespérément en l'air, jusqu'au moment où le câble de cabestan s'étant déroulé suffisamment les dépose à quai sur leurs quatre jambes dont ils semblent avoir perdu l'usage, tant ils sont ahuris et hébétés.

A quatre heures précises, le Capitaine Hood vient nous prendre avec le canot du Lord Gouverneur pour nous faire gravir le rocher de Gibraltar. La chaleur est devenue supportable. Il est accompagné du Lieutenant de marine l'honorable W. Vivian, fils de Lord Vivian, et commandant une canonnière ancrée non loin de nous dans le port militaire. Les présentations faites le canot nous descend au port.

La route qui mène de la ville à l'Observatoire, tout en haut, est très confortable, bien que la montée soit assez raide et totalement dépourvue d'ombre. Elle circule le long des flancs granitiques du rocher où poussent au hasard dans les anfractuosités des touffes de genêts, de lavandes, quelques caroubiers rabougris, des palmiers nains, de nombreux figuiers d'Inde, contorsionnés, aux feuilles plates d'un vert glauque, aux fruits rouges, des cactus, des aloës immenses, des buissons épineux formant de ci de là d'épais fourrés. On dit qu'au milieu de cette flore sauvage vivent encore quelques singes derniers vestiges des premiers habitants de Gibraltar au temps où l'on n'avait pas encore songé à en faire une redoutable forteresse. Il y en a de la même espèce dans les montagnes du Rif Africain. Nous essayons d'en découvrir quelques-uns mais en vain. En revanche, arrivés à mi-chemin environ, nous trouvons une énorme vipère endormie, d'un mètre de long. Elle est couchée dans le chenal ménagé sur le bord de la route pour l'écoulement des eaux en cas de pluie ou d'orage. Je lui applique un vigoureux coup de canne et lui casse les vertèbres. Nous voulons l'abandonner là, mais le Docteur Lebel tient à la conserver et à la rapporter en Belgique. Elle a le dos noir, le ventre d'un gris jaunâtre et la tête aplatie en forme triangulaire. Elle s'agite quelque temps en mouvements désordonnés, puis ses forces s'épuisent. Le Docteur l'enveloppe dans son mouchoir et nous continuons à monter. Nous passons auprès du cimetière juif situé sur le versant sud et après une bonne heure de marche, nous arrivons enfin au sommet du rocher.

A cette hauteur on jouit d'un panorama splendide que je vous ai décrit plus haut, je n'y reviendrai donc pas. Nous prenons quelques instants de repos bien mérité, aspirant à pleins poumons la brise plus fraîche, l'air plus léger, nous visitons l'observatoire admirablement installé, puis nous descendons du promontoire par le versant Nord-Ouest plus aride, moins semé de plantes et d'arbustes. Après avoir passé près des ruines de la vieille tour des Maures, car là aussi les arabes ont laissé les traces de leur passage, nous arrivons à la vieille ville espagnole au-dessus de laquelle se trouvent les immenses réservoirs d'eau construits par les Anglais. Gibraltar ne peut être pris en effet que par un long blocus amenant la famine ou le manque d'eau potable. Les Anglais très prévoyants ont pris leurs précautions. Tandis que nous admirons cette remarquable organisation gouvernementale qui sait pourvoir à tout détail, sans perdre de vue les grandes lignes d'ensemble de la politique nationale et les intérêts innombrables que le peuple britannique possède sur toute la surface du globe, le capitaine Hood nous fait observer que nous sommes en retard et que le Rokgun va bientôt tonner et amener la fermeture des portes de la ville. Force nous est de courir de toute la vitesse de nos jambes et nous arrivons à la poterne juste au moment où le bronze fait retentir son bruyant signal. Nous n'avons que le temps de nous jeter avec le capitaine Hood dans le canot qui nous attend et doit nous ramener à bord. Celui-ci comme officier et aide de camp du Gouverneur a le droit de rentrer à toute heure muni de sa lanterne.

Il nous eût été d'autant plus désagréable de coucher à la belle étoile et de manquer le dîner ce soir-là, que nous avions invité le consul de Belgique Mr. Cowles ainsi que Sir W. Vivian et notre aimable cicerone. Le dîner se passa fort gaîment sur le pont du yacht et se prolongea fort avant dans la nuit.

Mr. Cowles est propriétaire d'un steamer qui fait deux fois par semaine la traversée de Gibraltar à Tanger, ville de la côte du Maroc, et qu'il a baptisé du nom de « Lion Belge ». Il nous raconte que lors de son premier voyage et peu après le baptême, son vapeur eut la chance de faire le sauvetage d'un navire anglais qui allait se jeter à la côte et qui s'appelait *Waterloo*. Etrange coïncidence n'est-ce pas ? Le capitaine Hood nous raconte ses chasses au lion, au Maroc, les émotions, les surprises, les épisodes qu'elles entraînent. Il arrive parfois lorsque ces rois du désert sont signalés dans quelques douars voisin du littoral, que le Pacha de Tanger invite des officiers de la garnison de Gibraltar à se joindre aux battues qu'organisent les meilleurs tireurs de sa garde. Nous avions d'ailleurs remarqué dans la chambre du capitaine un superbe tapis fait de la peau d'un lion de l'Atlas qu'il avait eu la chance d'abattre dans une de ces parties de chasse. Il nous propose de l'accompagner s'il se présente quelqu'occasion pendant notre séjour au port, ce qui nous enchante. Ne vous effrayez pas, chère Madame, car il ajoute à notre grand déplaisir que les occasions deviennent de plus en plus rares depuis que les carabines de précision à longue portée et à balles explosibles ont diminué considérablement le nombre de ces dangereux voisins du grand désert.

Le consul Cowles que le champagne a mis fort en train nous raconte d'un air des plus sérieux un voyage abracadabrant qu'il prétend avoir fait à la lune. Après cela il ne restait plus qu'à tirer l'échelle et à se séparer en se souhaitant bonne nuit.

En rade de Gibraltar, 12 Juillet.

Le Capitaine Hood nous envoie tout au matin un permis pour visiter les fortifications souterraines. Il ne peut nous accompagner lui-même étant retenu pour affaires de service jusqu'au soir. Nous recevons presque en même temps une invitation de Lady Codrington femme du Lord Gouverneur pour un *Garden party* qui doit avoir lieu le lendemain à quatre heures au palais de la résidence. C'est d'autant plus aimable de sa part que Lord Codrington étant absent depuis quelques jours, en excursion dans l'intérieur de l'Andalousie, nous attendions son prochain retour pour lui faire visite et lui présenter nos hommages.

Nous passons la matinée à visiter l'immense labyrinthe de galeries creusées dans le rocher que nous avions arpenté extérieurement hier. C'est un travail gigantesque et merveilleux. Partout s'ouvrent des jours pratiqués dans la muraille de granit, des embrasures de canon d'où l'on domine et d'où l'on peut foudroyer tous les environs et tout le pourtour du promontoire. Il est impossible d'en approcher à portée de tir sans se trouver sous ses feux croisants dont les artilleurs sont absolument à l'abri de toute atteinte. C'est tout simplement formidable.

Rentrés à midi, nous faisons après déjeuner la sieste à l'andalouse et restons à bord jusqu'au moment où la chaleur moins suffocante nous permet d'aller entendre le concert militaire au Jardin Public. Au coup du Rokgun, nous retournons au yacht avec le Capitaine Hood qui débarrassé de ses occupations, veut bien venir fumer un cigare et prendre le thé avec nous. Sa conversation est fort amusante et instructive. Il parle parfaitement le français et nous fait une peinture très originale et très détaillée des mœurs et des caractères espagnols et arabes.

Au moment où il se dispose à remonter dans son canot pour regagner le port, une barque montée par trois personnes glisse mystérieusement vers nous et s'arrête à quelques brasses de l'arrière. Cette apparition à cette heure nous intrigue. Bientôt les sons d'une guitare, sur laquelle on prélude, ne nous laissent plus aucun doute. — "Une sérénade ! observe le Capitaine, c'est assez rare à Gibraltar où nous avons plutôt les mœurs anglaises qu'espagnoles et où les gens sont trop occupés le jour pour veiller aussi tard dans la nuit". Mais comme il disait ces mots, une voix de femme, claire, harmonieuse et gutturale entame une romance espagnole qui nous rappelle immédiatement des souvenirs de Lisbonne et les belles nuits du Tage. Le nom d'*Annunziata* nous vient à tous les trois sur les lèvres. Mais c'est impossible ! La pauvre *Muchaca* doit-être bien loin de nous à ce moment. Cependant ce sont ses airs favoris, ses chansons, son timbre de voix, il n'y a pas à s'y tromper. Cela paraît un rêve et nous sommes évidemment, à n'en pas douter, le jouet d'une illusion. La cantilène andalouse est d'ailleurs la même partout, les chansons populaires doivent peu varier. De plus il n'y a pas seulement qu'une guitare et une voix, il y a un accompagnement tantôt de tambour de basques, tantôt de castagnettes. Dans la barque nous distinguons la silhouette de deux femmes et d'un matelot.

Les deux premières chansons terminées nous faisons signe à la barque d'approcher voulant lui jeter quelque menue monnaie pour sa musique inattendue, mais elle ne bouge pas. A la troisième romance, il nous semble plus encore reconnaître la voix de la Malagénaise, ses intonations, sa fougue entraînante, le brio de son jeu sur les cordes sonores, et lorsque la chanteuse a lancé sa dernière note, notre curiosité n'y tient plus et nous crions le nom d'Annunziata ! Une voix nous répond : « Vada usted con Dios ! Caballeros. » — Au timbre net et pur de la voix nous ne doutons plus. Le Capitaine Hood qui parle l'espagnol engage de nouveau les sérénadistes à s'approcher et bientôt dans le foyer d'une lanterne que nous avons fait braquer vers la barque, nous distinguons la *Muchaca* debout dans son manteau rouge, une femme assise à l'arrière et un vieux matelot nègre qui rame lentement et accoste à l'échelle du bord.

En deux bonds Annunziata est sur le pont. Elle rit comme une folle, attire sa compagne, une vieille à cheveux blancs recouverts d'un foulard jaune à pois rouges, aux traits ridés, mais à l'œil vif et perçant, et nous présente sa grand'mère. La petite s'amuse beaucoup de la surprise que nous cause sa présence. Nous les engageons à s'asseoir et mon cousin commande une nouvelle bouteille de champagne à la glace.

Nous voulons savoir par quel hasard nous la retrouvons à Gibraltar, où elle ne pouvait certainement deviner que nous étions ancrés à ce moment. Grâce au Capitaine Hood que nous mettons en quelques mots au courant de notre rencontre à Lisbonne, qui parle l'espagnol et qui veut bien nous servir d'interprète, nous parvenons à comprendre le mystère.

Elle est arrivée dans l'après-midi à bord d'un vapeur parti de Lisbonne pour Barcelone et qui avait à embarquer du charbon de Cardiff, à Gibraltar. En passant près de nous elle avait reconnu notre yacht et notre pavillon. Elle devait débarquer le lendemain matin, n'ayant pris ses billets que de Lisbonne à Algésiras, et comptant gagner Malaga par la route de terre et à petites journées. Le Capitaine du vapeur qui s'était intéressé à elle et qu'elle avait quelquefois charmé de ses chansons, l'avait autorisée à prendre une de ses barques et lui avait donné un matelot pour qu'elle pût nous faire ses adieux et nous donner une dernière sérénade.

Cela n'expliquait pas tout, mais nous commencions à comprendre. Elle semblait radieuse de l'heureuse chance qui l'amenait de nouveau sur notre passage et jamais elle ne nous avait semblé plus adorablement jolie. Ses grands yeux aux longs cils, brillaient de joie et de satisfaction, ses lèvres rouges comme la fleur de grenade faisaient ressortir la blancheur nacrée, l'orient de ses petites dents rangées comme les perles d'un collier de sultane, lorsqu'elle riait aux éclats de l'air de surprise et d'étonnement que nous manifestions. Deux ou trois coupes de champagne lui donnèrent une animation nouvelle. Elle n'avait jamais bu cette liqueur pétillante et en appréciait le charme avec une amusante franchise.

Peu à peu elle nous raconta toute son histoire. Sa mère était morte alors qu'elle était encore toute petite. Son père qui vivait avec elle et sa grand'mère, à Malaga, était *arriero* (muletier). Il avait une maisonnette au bord de la mer, un petit champ de vignes, une barque avec laquelle il allait à la pêche quand son métier d'arriero ne lui rapportait rien, et gagnait paisiblement sa vie en automne à transporter les vins récoltés dans la montagne vers le port où on les embarquait pour l'exportation. Il advint qu'une année l'agent du fisc porta sans raison au double de la somme habituelle la redevance qu'il devait payer pour sa maisonnette et ses mules. L'arriero eut beau réclamer, l'agent du fisc persista brutalement à maintenir son chiffre. L'arbitraire règne partout en Espagne. Les employés aux recettes fixent la redevance un peu comme il leur plaît et empochent la différence de ce qu'ils perçoivent et de ce qu'ils doivent rendre à l'Etat. Contre la force il n'y a pas de résistance et le muletier dut payer. Mais à quelques jours de là, ayant rencontré l'agent du fisc dans la montagne il eut avec lui une vive altercation au cours de laquelle l'employé de l'Etat en proie à la plus violente colère tira un pistolet de sa poche. Prompt comme l'éclair le muletier ne lui avait pas laissé le temps de s'en servir et lui avait enfoncé sa navaja entre les côtes. Le cas était grave, il n'y avait pas à se dissimuler que la répression serait terrible pour lui, la mort, ou l'incarcération à perpétuité pire encore. Le fait s'était passé loin de tout village, dans un chemin désert et sans témoins. L'arriero transporta le cadavre dans un endroit éloigné bien caché où il pouvait être sûr qu'on ne le retrouverait pas avant quelques jours, fit glisser la mule que montait l'agent dans un ravin où elle se cassa les reins et revint hâtivement sur la sienne à Malaga. Le soir même après avoir vendu ses deux mules, ses poules, ses pigeons et ramassé le peu d'économies qu'il avait, il s'embarqua avec sa mère et Annunziata dans son bateau de pêche et prit la mer comptant cingler vers l'île de Formentera ou l'île d'Ivice pour de là gagner Majorque où il avait quelques parents qui vivaient dans la montagne et où il semblait sûr qu'on n'irait pas le chercher. Il avait embarqué du vin, de l'eau, des vivres pour quelques jours.

La première nuit et le jour suivant la mer était bonne, le vent favorable. On suivait les côtes et l'arriero espérait arriver ainsi jusqu'au Nord d'Alicante, d'où il suffirait de pousser à l'Ouest pendant une journée ou deux pour arriver à Ivice. Malheureusement le troisième jour, le ciel se mit en tempête, et le petit bateau de pêche s'en alla à la dérive en pleine Méditerranée.

Pendant vingt quatre heures ils voguèrent ainsi affreusement ballottés par les vagues furieuses, risquant à tout instant d'être engloutis. L'arriero qui n'avait pu quitter la barre du gouvernail un seul instant était à demi mort de fatigue et hors d'état de pouvoir longtemps encore continuer à diriger la barque que la moindre négligence devait nécessairement faire chavirer. La grand'mère glacée d'épouvante, transpercée, comme Annunziata, jusqu'aux os, grelottait de fièvre dans le fond du bateau et ne pouvait leur être d'aucune utilité. Le baril d'eau et les provisions avaient été balayés par les lames dont l'écume les fouettait constamment. Il ne restait que quelques outres de vin retenues par des cordages et dont ils aspiraient de temps en temps quelques gorgées pour se réchauffer, reprendre des forces et soutenir leur courage.

Ce fut au moment où tout espoir semblait les abandonner qu'un vapeur parut à l'horizon. Annunziata fit aussitôt des signes de détresse. Le vapeur s'approcha de la barque et après des efforts inouïs on parvint à les hisser à demi morts sur le pont. Quant à la barque elle s'était brisée contre le flanc du navire au moment même où les cordes de sauvetage venaient de les tirer d'une mort certaine.

Tout cela, elle le raconta simplement, sommairement, sans amphase, avec un tel accent de vérité qu'il n'y avait pas à douter de la complète exactitude de son récit. Le capitaine Hood nous le traduisait au fur et à mesure, lorsqu'elle s'arrêtait un moment pour reprendre haleine ou pour rappeler ses souvenirs.

Le vapeur qui les avait sauvés allait directement de Livourne à Lisbonne. Ce fut donc à Lisbonne qu'on les débarqua. Le père avait encore sur lui une dizaine de pièces d'or qui pouvaient leur permettre de vivre quelque temps avant d'avoir pu trouver du travail et des moyens d'existence, mais à peine installés dans un taudis qu'ils avaient loué, et tandis que la grand'mère avait repris un peu de force et de santé, l'arriero fut pris d'une dyssenterie violente et mourut en quelques heures au milieu d'un délire effrayant et des plus atroces souffrances. Il y avait à peu près un an que s'étaient passés ces événements.

Depuis lors Annunziata avait vécu seule avec son aïeule que la perte de son fils avait désespérée autant qu'elle avait été elle-même douloureusement affectée par la mort de son père qu'elle aimait tendrement et qui le méritait bien. Les quelques économies de l'arriero avaient été épuisées et il fallait pourvoir à la vie, à l'existence. La vieille que l'épouvante du crime commis, que le chagrin, que la perspective de mourir bientôt loin de son pays natal, que ses inquiétudes pour Annunziata qu'elle prévoyait devoir abandonner sous peu seule et sans ressource dans une ville étrangère, tourmentaient à tout instant et sans répit, avait en quelques mois été prise d'une maladie de consomption, de sombre désespoir qui, non seulement lui enlevaient toutes forces au travail, mais promettaient de la mener bientôt au tombeau. Avec le dernier argent qui lui était resté, Annunziata avait acheté une guitare. Elle en savait jouer, elle connaissait comme toutes les jeunes filles, les romances populaires d'Andalousie, elle les avait cent fois chantées aux veillées d'hiver ou sous la tonnelle pendant les belles nuits étoilées. Pour gagner son pain et celui de son aïeule, elle s'était donc mise à courir les posadas, les hôtels, les hôtelleries, les cafés, à chanter dans les Huertas et sous les miradores, heureuse lorsqu'elle rapportait le soir une ou deux pesetas de monnaie. Mais la grand'mère s'affaiblissait toujours. Ce qui la tenait surtout au cœur était l'idée que ni sa petite Annunziata ni elle ne reverraient jamais le pays natal, sa belle ville de Malaga, la plus belle du monde, où elle était née, où elle avait si longtemps vécu, où elle avait espéré mourir.

Ce fut alors et en ce moment qu'Annunziata nous rencontra et que nos premières pièces d'argent lui permirent de rentrer pour la première fois joyeuse au pauvre logis, d'acheter pour son aïeule du vin meilleur, des fruits nouveaux.

Mais lorsqu'elle eut reçu nos pièces d'or, quelques jours après, elle n'eut plus qu'une idée, qu'un désir, rendre assez de force à la pauvre vieille pour qu'elle pût supporter le voyage et l'emmener avec elle à quelque port d'Andalousie afin de regagner Malaga. Cette bonne aubaine et cette espérance avaient rendu quelque vigueur à la grand'mère. Au bout de quinze jours de bons soins, Annunziata n'hésita plus à chercher les moyens de réaliser son projet. Un petit vapeur de commerce allait partir de Lisbonne pour Gibraltar et Barcelone. Elle parvint à faire accord avec le Capitaine pour son aïeule et pour elle à raison de quarante pesetas. Aussi n'avait-elle jamais éprouvé de plus grand bonheur que le jour où découvrant les côtes d'Andalousie elle avait aperçu la blanche silhouette d'Algésiras l'Andalouse et le rocher de Gibraltar. Il lui semblait que le ciel, que Dieu et tous les Saints du Paradis l'avaient prise sous leur protection, puisqu'elle avait eu ce nouveau bonheur d'apercevoir notre Yacht, notre pavillon, au moment même où le vapeur entrait au port. Oh ! elle l'avait bien vite reconnu entre tous, elle ne l'oublierait jamais !

Au moment où elle finissait son récit, les yeux mouillés de larmes, tandis que la vieille nous regardait curieusement de ses grands yeux d'oiseau malade, comme si elle aussi eut voulu se graver nos physionomies dans la mémoire, nous voulûmes compléter la bonne œuvre que nous avions commencée. Mais quand Annunziata nous vit aller à notre poche elle fit un signe énergique de refus plein de grandeur et de dignité. Elle n'était pas venue ce soir là pour mendier. Nous avions déjà trop fait pour elle et il lui restait encore assez de pesetas pour gagner Malaga par la grande route. Puis se levant et montrant du doigt, à l'arrière, la hampe du drapeau belge que l'on arbore chaque matin et que l'on abaisse chaque soir, selon l'usage : « En regardant flotter là vos couleurs, fit-elle, souvenez-vous quelquefois que le rouge et le jaune sont les couleurs de l'Espagne et que le noir représentera la tristesse éternelle qu'Annunziata ressentira dans son cœur lorsqu'elle vous aura quittés pour ne jamais plus vous revoir».

Il y avait dans ces quelques mots, en ce geste

noble et presque tragique, en ce regard expressif et si plein de mélancolie, en ces beaux yeux brillant d'un si vif et d'un si étrange éclat, quelque chose de tellement empoignant que nous restâmes confondus. Cette délicatesse de sentiments, cette subtilité de pensée et de poésie ne se trouvent assurément pas dans toutes les races, surtout au niveau de l'échelle sociale auquel appartient Annunziata. Il y a évidemment dans le peuple espagnol une tradition, un atavisme de grandeur, de noblesse, un orgueil d'origine que le souvenir des splendeurs d'un autre âge, depuis longtemps passé, entretient encore et qu'on ne trouverait nulle part ailleurs. L'âme du Cid Campéador hante encore ces pauvres hères déguenillés qu'on voit fièrement drapés dans leur manteau usé, troué, effiloché, et dans tout mendiant il y a malgré tout, l'étoffe d'un *Hidalgo*, du sang de grand seigneur.

Après nous avoir fait ses adieux en termes émus, et avec une pâleur de visage qui témoignait que toute son âme y prenait part, Annunziata aida sa grand'mère à descendre dans la barque, fit signe au vieux nègre de lâcher les amarres et de prendre le large. Par une délicate attention, lorsqu'elle fut à quelque distance elle reprit sa guitare et nous envoya de loin un des airs les plus tristes de son répertoire, une sorte de complainte qui nous avait beaucoup plu à Lisbonne, que nous lui avions fait répéter, et dont le rythme lent, monotone, bizarre, laissait une impression d'indéfinissable mélancolie.

La voix se perdait ainsi petit à petit dans la direction du port de commerce, au fond de la baie, où était ancré le vapeur barcelonais.

En rade de Gibraltar, 13 juillet.

Tout au matin le capitaine de la canonnière, Sir W. Vivian, vient nous prendre pour visiter l'*Orontes* ce grand transport de la marine royale dont j'ai parlé lors de son entrée dans le port. Il doit le soir même reprendre la mer et retourner en Angleterre.

A quatre heures nous nous rendons au palais de la résidence. Lady Codrington et sa fille nous reçoivent avec infiniment de grâce et nous parlent longtemps de l'île de Wight et de leurs amis que nous y avons rencontrés. Quelques femmes d'officiers et quelques *Misses* font avec elles les honneurs aux invités qui comprennent toutes les autorités militaires de la forteresse.

Les salons de la résidence sont très confortables mais sans grand luxe. Les jardins où poussent palmiers, dattiers, bananiers, lauriers-roses, orangers et citronniers couverts de fruits, rosiers grimpants à l'exubérante floraison, géraniums immenses plus chargés de fleurs roses ou écarlates que de feuillage, sont admirablement entretenus. Au dessous de ces ombrages variés, des pelouses vertes de ce beau vert d'Irlande, de larges chemins sablés. Tout cela dans un petit cadre naturellement, les terrains fertilisables n'offrant pas de grandes surfaces sur ce rocher abrupt.

Lady Codrington après le service du thé, organise une partie de Croket, jeu fort à la mode en Angleterre en ce moment et si peu connu encore sur le continent que nous n'en avons aucune idée. Nous sommes nécessairement parmi les plus maladroits et nos premiers essais amusent beaucoup la galerie. Peu à peu cependant nous parvenons à lancer les boules avec plus de méthode.

Lady Codrington nous invite à un pique-nique qu'elle organise pour le 18 juillet. Le Lord Gouverneur a annoncé son retour pour ce jour-là. Nous irons à sa rencontre à cheval à quatre ou cinq lieues en Espagne, du côté des montagnes de Ronda et déjeunerons dans la forêt. Le consul de Belgique veut bien mettre ses chevaux à notre disposition. D'ici là nous comptons faire une excursion à Tanger à bord du *Lion Belge*, mon cousin craignant avec raison que les lourdes barques marocaines, qui accostent tout navire en rade, n'abîment la peinture et les bastingages de son yacht. Tanger étant en outre située sur une baie ouverte au Nord et à l'Est, il eût été obligé à la moindre saute de vent de mettre à la voile pour ne pas exposer l'*Intrepid* à se trouver dans une position dangereuse.

Détroit de Gilbraltar, et Tanger, 14 juillet.

Notre canot nous amène à dix heures du matin à bord du *Lion Belge*, qui fait ses derniers préparatifs de départ, embarque ses marchandises, reçoit les passagers. Le temps est splendide, la mer très légèrement houleuse. Le trajet se fait ordinairement en trois heures. Nous remarquons sur le pont bon nombre de juifs marocains, quelques juives, et quelques arabes. Parmi ceux-ci on nous signale un riche marchand de Fez avec ses deux fils qui ont l'air de deux mendiants, et quelques nègres de leur suite. L'un des fils est un beau grand garçon de dix sept ans environ, l'autre de quinze à seize ans paraît plus chétif. Le marchand de Fez est un gros bonhomme cuivré, à turban blanc, et enveloppé d'un haïck en poils de chèvre d'une grande finesse couvrant un costume de velours et de soie jaune et vert émeraude, brodé d'or.

Aussitôt que le vapeur vire de bord pour sortir de la baie et prendre le large, tous les passagers se montrent vivement préoccupés d'échapper au mal de mer. Le gros marocain et ses deux fils vont s'étendre sur les divans du salon, prennent leurs aises. Ils ont chacun un gros oignon d'Espagne coupé par le milieu qu'ils ont creusé et dans lequel ils s'enfoncent le nez. J'ai entendu parler de beaucoup de remèdes contre le mal de mer, tous plus inefficaces les uns que les autres. Je suis fort curieux d'observer — de loin — l'effet que produira celui-ci. Comme cette forte odeur d'oignon mélangée à ce parfum spécial des salles d'entrepont de steamer n'a rien d'agréable, je me hâte de remonter à l'arrière où le roulis et le tangage commencent à incommoder bon nombre d'autres passagers. La mer cependant n'est pas mauvaise, mais le vapeur est d'un petit tonnage et roule assez fortement, d'autant plus qu'il y a toujours dans le détroit un courant d'Ouest vers Est fort sensible, et que nous le remontons en ce moment.

Arrivés vers le milieu du détroit, je vais jeter du haut de l'escalier un coup d'œil dans la cabine-salon. J'aperçois mes trois marocains malades comme des chiens, et prêts à rendre leur âme de parfaits croyants au paradis de Mahomet. Je leur souhaite de n'en être pas plus désabusés que de l'efficacité de leur remède. Ceci me prouve une fois de plus qu'il n'y a pas que la foi qui sauve. Heureusement bientôt le roulis et le tangage cessent peu à peu. Nous nous trouvons à l'entrée de la baie de Tanger et à l'abri du courant que brise le cap Spartel.

Mes trois arabes émergent lentement de l'escalier de l'entrepont. Ils ont positivement l'air de gens qui sortent d'un hôpital après trois mois de maladie. Pour mieux jouir de la vue splendide qui s'offre à nos regards, le plus jeune des fils du marchand de Fez grimpe jusqu'au dernier échelon de la passerelle où le capitaine très occupé donne ses ordres, par porte voix, aux machinistes. Le petit marocain s'assied sur la dernière marche, d'un air parfaitement satisfait d'apercevoir enfin le pays des dromadaires, et ne se doute pas qu'il s'est adossé au sifflet de la machine.

Mais il y est à peine de quelques instants, que sans aucune préméditation de sa part, le capitaine pousse le piston de la sirène qui donne l'avertissement de l'entrée en rade. Au sifflement strident, épouvantable, qui se produit soudain derrière lui, le jeune arabe ne fait qu'un bond et tombe à plat ventre sur le pont, comme s'il y avait été lancé par une catapulte, puis tournant la tête pour voir quel animal avait pu rugir de cette façon, il exprime un tel effroi, une telle anxiété, les yeux écarquillés, la bouche ouverte, que passagers, matelots et capitaine partent d'un immense éclat de rire. Si le pauvre petit n'en attrape pas une affreuse jaunisse il aura de la chance. En tout cas, je crois bien qu'il ne sera jamais tenté de remettre les pieds sur le pont d'un paquebot.

Les côtes du Maroc vues de la mer ressemblent à celles d'Espagne, également montagneuses, aux cimes s'étageant les unes sur les autres, en apparence arides, brûlées du soleil, sans grande végétation. Ce sont les montagnes du Rif, le mont Abyla, derrière lesquels l'Atlas qu'on devine. La baie de Tanger me rapelle celle de Cadix, large et profonde, avec Cadix en moins. Tanger s'étend en une longue nappe blanche, à l'ouest de la baie, scintillante au soleil, éblouissante de clarté, au milieu des tons gris et fauves des collines qui l'environnent. Les maisons à terrasses et sans toits, à murs sans fenêtres, quelques minarets surgissant de la masse uniforme, donnent immédiatement l'impression de la ville arabe et musulmane. A

Tanger il n'y a ni quais d'embarquement et de débarquement, ni môles, ni estacades, en sorte que les navires doivent jeter l'ancre en pleine rade, à certaine distance du rivage. Comme, d'autre part, la côte est ensablée, les canots eux-mêmes ne peuvent atterrir, de façon que la moitié de la distance qui sépare les navires de la ville, se fait en bateaux plats et le reste à dos d'hommes. Ce n'est pas commode tant s'en faut, mais il y a des siècles que cela se pratique ainsi et le Marocain ne se hâte nullement à faciliter ses relatations avec les nations étrangères, au contraire. Il les subit mais ne les encourage pas.

Par suite de cette disposition de la plage, aussitôt qu'un navire est signalé à l'entrée de la baie, cent bateaux indigènes s'ébranlent à la fois, s'entrechoquant, cherchant à se dépasser, et vont à sa rencontre pour lui offrir des moyens de débarquement, tandis qu'à mi-chemin du rivage toute une tourbe de faquins, comme on dirait en Italie, vous attend les jambes et la moitié du torse dans l'eau, pour vous empoigner, vous mettre sur leurs épaules et vous transporter des bateaux en terre ferme.

Comme vous le voyez, chère Madame, c'est toute une opération très compliquée, qui ne doit guère engager votre sexe à tenter ce voyage. Quelques Anglaises et quelques Américaines s'y risquent cependant mais en fort petit nombre.

C'est un étrange spectacle lorsque le navire a jeté l'ancre de voir tous ces lourds bateaux montés par des sauvages à face de cannibales jetant des cris étourdissants aux accents gutturaux, agitant les bras, la tête, le torse et tentant l'abordage par tous les points à la fois. Ils n'ont cependant aucune mauvaise intention, car ils viennent offrir leurs services moyennant pourboire, mais on pourrait s'y tromper. On s'y trompe au premier moment d'autant plus volontiers, que les matelots du bord, à quelque nation qu'ils appartiennent, s'opposent à grands coups de bâtons ou de tout ce qui leur tombe sous la main, à l'escalade des bordages par cette nuée de sauterelles humaines. En effet sous prétexte de décharger le navire elle l'aurait vite mis à sac de tout ce qui peut être facilement empoigné, tout comme les sauterelles vous dévorent en un clin d'œil un champ de maïs. Aussi ne leur permet-on jamais de mettre le pied sur le pont. Généralement chaque bateau contient deux ou trois hommes; deux pour la manœuvre, le troisième, interprète, presque toujours un juif polyglotte qui s'occupe de héler le client.

L'accord fait, chacun descend avec ses hardes ou bagages dans la barque choisie, puis on démarre pour gagner l'endroit où gigote dans l'eau l'autre bande d'indigènes. Là, nouveaux cris assourdissants aux accents gutturaux, nouveaux gestes désordonnés qui tendent à s'emparer de votre personne, de vos colis, de tout ce qui peut se prendre à la force du poignet. C'est là qu'il faut avoir l'œil ouvert et livrer une véritable bataille pour que l'un ne vous prenne pas par une jambe, tandis qu'un autre vous saisira par la seconde, et qu'un troisième profitant de votre ahurissement ne vous escamote prestement votre sac de voyage.

Une fois à califourchon sur un dos bien solide et votre valise bien assurée, vous êtes à peu près sauvé. Vous avez les pieds mouillés par le clapottement des vagues, mais on vous dépose sain et sauf sur le sable du rivage.

Je n'ai par exemple jamais vu une plus épouvantable collection de têtes que celle des Marocains empressés à vous rendre service et que l'on croirait plutôt disposés à vous crever les entrailles. Il y en a de toutes les couleurs, les uns ont des tons de cuivre rouge ou de terra cotta sortant du four, d'autres représentent toutes les nuances du bronze. Il y a des nègres, des métis, des soudanais, des berbéres, les uns tête nue rasée, sauf la petite mèche de Mahomet sur le sommet du crâne, les autres coiffés du tarbouche ou du fez, un grand nombre avec le simple turban en corde de poils de chameau. Je ne suis pas sûr même que quelques singes ne se soient faufilés parmi eux. En tout cas si ce sont nos frères et s'ils ont été faits comme nous à l'image de Dieu, cela n'y paraît pas. Nous ne sommes déjà pas beaux, mais ce que ceux-ci sont laids !.... Les yeux avec lesquels ils vous regardent et vous fixent, brillants, féroces, terribles. rappellent le regard des fauves qui s'agitent derrière les barreaux d'une ménagerie, donnent aux plus braves la chair de poule. On se croit pendant une demi-heure en proie au plus épouvantable cauchemar. Heureusement il y a le bon juif à l'air placide que vous avez pris pour interprète dont la quiétude vous rassure. Il vous accompagne du navire à la côte, règle les prix et les pourboires selon les conventions faites, toujours cependant majorés de quelques schellings qu'on n'avait pas prévus.

Tous les Marocains, ne ressemblent heureusement pas à ceux qui viennent vous recevoir dans la rade. C'est la lie de la population et la lie n'est belle nulle part, pas même à Paris lorsqu'elle descend de Belleville ou de Montmartre les jours de barricades, mais ici vraiment elle dépasse en pittoresque horrible tout ce que l'on peut imaginer.

A l'entrée de la ville et sous la porte de la forteresse qui conduit au port de débarquement, nouvelles mines patibulaires. Ce sont les douaniers marocains qui sondent nos sacs de voyage. Comme ils n'y trouvent rien de suspect, mais que les objets de toilette sont en argent ciselé, ils nous déclarent qu'ils doivent les conserver et que nous pourrons venir les reprendre ou les faire chercher plus tard. Nous nous doutons qu'ils convoitent quelques couvercles de boîtes dont ils nous rendront le cristal sans la monture, et nous nous opposons formellement à ce séquestre absolument arbitraire. Nous avons quelque peine à les convaincre mais comme nous les menaçons de rester avec nos sacs et de faire appeler les Consuls d'Angleterre et de Belgique, ils finissent par nous laisser passer.

Nous nous mettons en route pour la légation de Belgique à travers un dédale de ruelles tortueuses, étroites, malpropres, pavées de cailloux inégaux,

bordées de maisons sans fenêtres, abritant de leur
ombre quelques échopes ou bazars où l'on vend un
peu de tout, des terres cuites de ménage, grossières
de forme et de pâte, décorées d'émaux bariolés, des
cantaras ou alcarazas, des fruits du pays, figues,
dattes, bananes, citrons, oranges, limons, courges,
pastèques, des armes, yatagans, navajas, sabres,
couteaux, ou fusils à pierre incrustés d'argent, de
corail ou de nacre, fabriqués à Figuig, des étoffes
légères et chatoyantes de Mogador ou de Fez,
burnous, haïcks, habaïas, chachias, mousselines,
soieries multicolores, des cuirs si renommés par
leur souplesse et leur teinture variée. Nous croisons
une multitude d'arabes à figures sombres et cruelles
qui semblent dédaigner de faire attention à nous, se
contentant de nous lancer à la dérobée un regard
vague, indécis, où il y a plus de haine que de
sympathie. Les femmes que nous rencontrons ou
qui sont assises devant leur étalage de fruits et de
légumes, enveloppées dans leur haïck, ne nous
regardent que d'un œil. Ce qu'on en voit, l'œil, les
mains, les bras, les pieds, les jambes quelquefois,
est superbe. Cet œil unique nous suit avec curiosité
et persistance. Il ne nous paraît guère aussi hostile
et n'a rien de farouche. Les mains sont longues et
délicates aux attaches fines et nerveuses, les bras,
les jambes, sont d'un modèle plein de grâce, les
pieds petits et cambrés. Cela finit par devenir
agaçant de n'en pouvoir découvrir davantage au
milieu de ces haillons sans forme, couleur de
muraille ou de terre, et de se convaincre que la

plus belle moitié de la race marocaine échappera à notre analyse, à nos observations. Les enfants presque nus sont délicieusement jolis avec leurs grands yeux de gazelle, leurs cheveux noirs très courts, leurs formes si régulières, si classiques que l'on se croirait transporté en pleine Grèce au temps d'Alcibiade ou de Périclès.

Nous arrivons enfin à la maison du Consul dont la façade rappelle toutes les autres maisons, mais dont les murs plus propres, plus soigneusement blanchis, attestent la demeure d'un personnage important. Une petite tour carrée dépassant la plate-forme, quelques moulures orientales décorant le cintre en fer à cheval de la porte, lui donnent l'aspect d'un alcazar en miniature. Comme toutes les maisons arabes et espagnoles de quelqu'importance, celle du Consul contient une cour intérieure ou patio, à laquelle on accède par un long couloir, corridor ou antichambre. Là sont paresseusement couchés les gardes marocains, au nombre de quatorze, préposés par le Sultan-Empereur à la sûreté du représentant accrédité de la puissance étrangère et qui répondent de sa vie. Ils n'ont pas l'air autrement préoccupé de leur responsabilité qui peut leur coûter la tête, et dorment ou fument gravement leur cigarette. Ils ne se dérangent pas et les fumeurs nous observent à peine lorsque nous passons au milieu d'eux. Nous sommes des Européens, des *Giaours*, cela ne les regarde pas. Ils connaissent d'ailleurs probablement le bon Juif qui nous guide.

M. Daluin, notre consul général au Maroc, prévenu de notre arrivée nous fait le plus aimable et le plus cordial accueil. Il nous offre quelques rafraîchissements, d'excellents cigares, renvoie le juif qui nous devient inutile et nous fait visiter son habitation décorée et meublée à l'orientale avec un goût exquis. Il envoie chercher un guide Marocain parlant parfaitement anglais et un peu de français et qui nous servira de cicerone pendant notre séjour, puis nous recommande la meilleure auberge à défaut d'hôtels, la *Fonda de Europa*, tenue par un beau nègre du Sénégal qui fut longtemps cuisinier à bord d'un vaisseau de la marine impériale autrichienne. Le guide arrive bientôt. C'est un superbe maure appelé Mohammed, qui me fait penser à l'Otello de Shakespeare. La figure est bronzée, il porte une barbe courte, soyeuse et bouclée du plus beau noir. Il est large de carrure et d'épaules, porte le turban blanc, la veste de drap olive brodée d'or, le pantalon bleu foncé bouffant jusqu'aux genoux retenu à la taille par une ceinture orange, les jambes nues hâlées, les babouches rouges aux pieds. Les yeux n'ont pas le regard sinistre de ses compatriotes. Il y a déjà dans toute sa personne un air de civilisation. Il a d'ailleurs accompagné comme interprète deux ambassades marocaines à Paris et à Londres, connaît Piccadilly et le Boulevard des Italiens et même Bruxelles où il a passé une couple de jours. Mohammed paraît avoir conservé un bon souvenir de ses relations avec nos compatriotes qui versent généreusement le *Lambic* et le *Faro* à tous les étrangers qui leur tombent sous la main. Ces deux mots le dérident et semblent évoquer de joyeux souvenirs.

Après notre longue visite à M. Daluin, nous nous dirigeons vers la *Fonda de Europa* qui se trouve dans une autre partie de la ville tout au bord des fossés des fortifications. Les chambres qu'on nous donne sont propres sinon confortables. Blanchies à la chaux, elles ont pour tout mobilier un lit de fer avec literie sommaire mais suffisante, deux chaises et une table de bois pour les objets de toilette. Tout luxe en est absent, mais les araignées et les scorpions aussi, ce qui nous importe infiniment plus en ce pays, que les tentures de velours ou de soie et les crépines d'or. Le nègre propriétaire ou gérant de la Fonda, sorte d'hercule sénégalais, se met en quatre pour nous être agréable et nous promet pour le dîner, un potage Tapioca, un excellent Kouskouss et un poulet rôti. Il a des vins vieux d'Espagne, les fruits les meilleurs et les plus succulents. Il nous met l'eau à la bouche, ce qui n'est nullement désagréable dans un pays où il fait horriblement chaud en juillet et où l'on a toujours soif.

Comme nous faisions un bout de toilette pour nous rafraîchir et nous débarrasser des poussières dues aux cheminées du steamer, j'aperçois en dessous et en face de mes fenêtres, dans le fossé des fortifications, quatre ou cinq vieux arabes entièrement nus et fort occupés à détruire les puces qui s'étaient logées dans leurs haïcks. Ma présence ne les gêne pas, ils me regardent un instant curieusement puis continuent gravement leur besogne. J'en conclus que les puces pullulent au Maroc et qu'en revanche, comme dans tous pays à puces, la pudeur y est moins rigoureuse et vétilleuse que chez nous.

Mohammed qui nous attend pour nous faire visiter les différents quartiers de la ville jusqu'à l'heure du dîner, nous voyant descendre avec nos ombrelles, nous explique que ce meuble est non seulement tout à fait inutile mais dangereux même, l'usage de l'ombrelle ou du parapluie étant exclusivement réservé au Sultan du Maroc. Le parapluie et l'ombrelle sont, paraît-il, un emblème de la souveraineté. Sous peine donc de passer pour d'affreux révolutionnaires ou de vouloir attenter à la majesté du trône, nous serons forcés de nous laisser brûler au soleil, ou d'être mouillés comme des éponges s'il arrive une averse. Nos chapeaux de paille devront nous suffire dans l'un ou l'autre cas.

Les diverses rues de la ville, qu'elles montent ou qu'elles descendent, se ressemblent à peu près toutes, avec plus ou moins d'animation ou de circulation, selon qu'on s'écarte ou se rapproche du centre. Nous passons devant quelques mosquées qui n'offrent rien de bien remarquable extérieurement comme architecture et dont la vue intérieure nous est absolument interdite. Partout on rencontre des loqueteux, de sales haïcks effilochés, suant la vermine, des femmes portant des fardeaux, des alcarazas, ou des fagots de bois sur la tête, toutes invariablement enveloppées dans les haillons qui les cachent et ne laissent rien deviner de leur âge, de leur tournure, de leurs formes, de leur physionomie.

Est-ce donc là le peuple qui apporta la civilisation, la richesse en Espagne, qui y introduisit l'agriculture, les sciences des hautes mathématiques, de l'algèbre, de l'astronomie, de la médecine, qui y construisit les merveilleux aqueducs, les splendides alcazars, les somptueuses mosquées de Cordoue, de Séville, de Grenade, dont le luxe égalait les rêves orientaux des mille et une nuits? Tanger compte environ vingt mille habitants et ressemble aux plus pauvres villages des Abruzzes ou des côtes du Portugal et de l'Espagne. Le Maroc qui mesure cinq cent mille kilomètres carrés, environ ce que mesure la France, qui possède trois cents kilomètres de côtes sur la Méditerranée et cinq cents sur l'Océan, cet ancien Maghreb-el-Aksa, l'Empire des Almoravides, si peuplé, si vivant, si brillant jadis, devient de plus en plus un désert et ne compte plus que sept ou huit millions d'habitants, abrutis, crétinisés par l'alliance du plus ardent fanatisme avec le despotisme le plus barbare. Ces indomptables guerriers qui soumirent l'Espagne, qui passèrent les Pyrénées, envahirent et menacèrent même la France, ne sont plus aujourd'hui que des sauvages, des bandits que la moindre poignée de nos soldats mettrait en complète déroute.

Chemin faisant, Mohammed nous apprend beaucoup de particularités relatives à la vie marocaine, aux mœurs, aux usages qui ne nous donnent guère envie d'adopter l'Islamisme.

Le dîner que nous trouvâmes en rentrant nous aurait fort bien goûté, n'étaient les mouches et les guêpes qui envahissaient littéralement la salle à manger et contre lesquelles il fallait lutter sans relâche. Le kouskouss et le poulet arrosés de quelques vieilles bouteilles de Xérès *amontillado* furent surtout fort appréciés.

Tanger, 15 Juillet.

Comme le Consul nous avait invités à déjeuner ce matin nous avions donné rendez-vous à Mohammed à la Légation vers les trois heures après-midi, afin d'aller visiter la Casbah, le Palais des Pachas de Tanger.

Il nous conduisit par un chemin hors des murs d'où l'on avait un superbe coup d'œil sur la rade et les montagnes qui l'entourent. La Casbah est située sur une colline qui domine la ville. Je remarquai que pendant cette promenade, les arabes que nous rencontrions nous regardaient d'un air moins féroce. La plupart échangeaient même un salut amical avec Mohammed, ce qui m'expliqua ce retour à de meilleurs sentiments. Ce devait être un personnage d'une certaine importance puisqu'il avait accompagné les Ambassades du Sultan; puis j'imagine que parlant plusieurs langues il avait occasion d'aider ses coreligionnaires et compatriotes dans leurs transactions commerciales avec les marchands anglais ou espagnols de Gibraltar. Nous nous étions aussi chargés de menue monnaie que nous distribuions aux enfants, ce qui nous valut de suite une certaine popularité. Le schelling est le meilleur moyen d'adoucir les haines, les anglais le savent bien. C'est souvent la clé du cœur aussi bien chez l'homme civilisé que chez le sauvage.

Aussitôt que nous eûmes passé la première porte qui sert d'entrée à la Casbah, nous retrouvâmes accroupie par terre une garde en tout semblable à celle que nous avions vue chez notre Consul. Quatorze ou quinze arabes armés, dormant ou fumant la cigarette. Moins discrets que ceux de Monsieur Daluin, leur premier geste fut de nous tendre la main pour le Bakschich de rigueur. Les endormis eux-mêmes se réveillèrent comme d'instinct, pour ne pas perdre leur part de l'aubaine.

Cette porte à la large voûte passée, nous arrivâmes dans une première grande cour carrée où croissaient des ronces et quantité de mauvaises herbes. Des chevaux en liberté broutaient çà et là les quelques touffes de gazon qui s'étalaient dans les coins les mieux abrités du soleil. Superbes, ces chevaux, d'une race beaucoup plus pure que la race algérienne. Quelques-uns avaient la robe bai-brun, d'autres fleur de pêcher, d'autres gris souris, d'autres encore, entièrement blancs avec le ventre rose, la longue queue balayant la terre et la crinière soyeuse comme des fils de soie et d'argent. Nous nous arrêtâmes quelques instants à les regarder. De là nous passâmes dans une seconde cour bordée de bâtiments dont l'un sert de prison, dont les autres sont occupés par les gardes et les serviteurs du palais. Nous arrivâmes bientôt à la porte d'une troisième cour ayant quelqu'apparence de jardin mal entretenu, avec fontaine et arbustes. Dans l'un des angles, à l'ombre, sur un tapis, était assis les jambes croisées à la mode orientale, un gros bonhomme à turban, à barbe grise, assez vulgaire, mal mis, qui égrenait son chapelet. Mohammed nous fit signe que c'était le Pacha. Il nous avait prévenu que nous n'eussions pas à enlever nos chapeaux, ce qui eût constitué une impolitesse; qu'il fallait nous incliner par trois fois en levant les coudes et présentant en avant la paume de la main à la hauteur du front etc... etc... Nous nous mimes immédiatement à imiter les *salamalecs* dont il nous donnait l'exemple et sur un signe du Pacha nous nous approchâmes de lui. A part le teint et le hâle, il n'avait rien de l'arabe dans sa figure bouffie et placide. Il avait l'air bienveillant, légèrement abruti comme un homme qu'on interrompt dans sa sieste, et nous regardait avec curiosité. Mohammed nous servit d'interprète. Il lui déclina nos noms, nos qualités, notre nationalité, le but de notre voyage, lui traduisit nos compliments, nos réponses à ses questions. Tout cela avait quelque chose de si grotesque, de si peu imposant, de si bourgeois, si l'on peut employer ce terme à propos d'un chef arabe, que nous avions toutes les peines du monde de nous empêcher de rire. Il nous semblait jouer un rôle dans une opérette d'Offenbach.

En sortant de l'audience nous trouvâmes d'autres cours, l'une entr'autres où s'élevait le *harem*, composé en ce moment de huit femmes blanches et d'un grand nombre d'arabes, de femmes de couleur et de négresses. ce qui nous parut exagéré pour ce vieux podagre qui semblait friser la soixantaine. Les fenêtres grillées en moucharabiehs ne nous permettaient pas d'y jeter un regard indiscret. Pendant que nous faisions comme les badauds parisiens qui regardent un mur derrière lequel se passe quelque chose, une sorte d'eunuque noir en train de recurer des casseroles de cuivre rouge, nous fit une affreuse grimace pleine de dédain et de mépris. Je suis convaincu qu'il s'estime plus heureux d'être l'*Ali-Bajou* du Pacha que le *giaour* qui promenait son chapeau de paille et son complet de cheviote dans les cours de la Casbah. Affaire de sentiment et de fanatisme. Peut-être aussi nous trouvait-il tout simplement, affreusement laids. Le fait est que depuis que je suis ici, mon complet me fait honte. Si nous sommes plus civilisés, nous avons en tout cas bien mauvais goût de nous affubler de nos costumes affreux, ridicules et incommodes. Que le turban de mousseline ou même le simple tarbouch est plus seyant que tous nos couvre-chefs ! Que le haïck ou la *habaïa* sont plus pratiques que nos habits étriqués et qu'un de ces mendiants coudoyés dans les couloirs du palais a plus de dignité dans sa mise, que nous n'en avons même et surtout en habit noir et cravate blanche ! Nous n'avons aucune excuse à faire valoir pour nous rendre aussi laids, aussi disgracieux, aussi sottement accoutrés, pas même celle de la simplicité, car les costumes orientaux sont infiniment plus simples que les nôtres. Ni faux cols empesés, ni chemises à plastron, ni pantalons en forme de tuyaux de poêle, ni bretelles pour les soutenir et les empêcher de tire-bouchonner sur les jambes.

En sortant de la Casbah et comme nous avons pris un autre chemin pour nous ramener à l'une des portes extérieures de la ville, nous rencontrons une noce arabe. Nous entendions déjà depuis un moment une cacophonie de tambourins, de chants, de cris, de hurlements, à faire grincer des dents, le tout entremêlé de coups de fusil et de pétarades. En contournant un mamelon, nous nous trouvons au milieu d'une foule en délire. Les amis du marié lui faisaient faire le tour de la ville à cheval en exécutant autour de lui une véritable fantasia. Toute une populace les accompagnait avec les instruments de musique (ou plutôt de torture) usuels, *temberys* recouverts de peau de chameau, *Katchas* ou *soum-soum*, sortes de longs tambours sur la peau desquels on frappe avec une courge séchée à moitié pleine de petits cailloux, des flûtes stridentes, des crin crins de toute forme et plus discordants les uns que les autres. Nous les suivons de loin et rentrons en ville avec eux. Bientôt apparaît une autre procession. C'est la mariée que l'on conduit à dos de mulet vers la demeure de l'époux qu'elle ne connaît pas et auquel ses parents l'ont vendue, tandis que le jeune homme n'a lui-même jamais vu sa future épouse. Elle est enfermée dans une sorte de cage à poulets en osier, octogone, recouverte de toile ou de cotonnade rose. Ses parents, ses amis, ses amies, la suivent aux sons d'une musique aussi bruyante que la première. Celles-ci poussent de grands cris de joie et lancent d'interminables *you, you, you* d'une voix aiguë en se frappant légèrement la bouche avec la main par saccades précipitées. Mohammed, tandis que nous regardons passer l'étrange cortège, nous explique que la mariée que nous ne voyons pas est vêtue d'une robe de soie à manches étroites dont le tour de gorge est brodé d'or, que cette robe qui ne descend que jusqu'aux genoux recouvre une chemise de fine batiste transparente allant jusqu'à la cheville; qu'arrivée à la maison conjugale, on dépose la fiancée sur des coussins de velours, en attendant l'arrivée de son maître et seigneur; qu'après la noce elle doit rester enfermée pendant huit mois et le mari pendant huit jours.

On voit qu'au Maroc comme chez nous, les lois civiles et religieuses ont été faites par les hommes et à leur profit exclusif.

Chez nous la prééminence du mâle est infiniment moins brutale et tend de jour en jour à s'effacer, mais au Maroc la femme n'est qu'une esclave, un meuble, un instrument de plaisir et de travail auquel l'instruction et l'intelligence sont absolument inutiles. Nous n'avons pas été loin de les traiter aussi mal, car au Concile de Mâcon au Vme siècle, un théologien prétendait démontrer, de par les Ecritures, qu'elles ne faisaient pas partie de l'espèce humaine. L'assemblée vota sur cette proposition et la femme ne dût qu'à une très faible majorité de n'être pas déclarée tenir le milieu entre l'homme et la bête.

Votre sexe, chère Madame, nous a prouvé depuis et nous prouve chaque jour davantage que la faible majorité était dans le vrai et avait parfaitement raison.

Les Marocains, nous dit Mohammed, se marient souvent de bonne heure et il n'est pas rare de voir un garçon de douze ou quatorze ans épouser une fillette de huit à dix ans, non pas que la nubilité soit beaucoup plus précoce que chez nos peuples méridionaux, mais parce que le Coran recommande d'unir les jeunes gens le plus tôt possible (1). La dot ou prix d'achat de la jeune fille varie de deux cents à deux mille francs suivant la beauté, la jeunesse et la situation de famille de l'épouse. Ce prix est le plus souvent payé en nature, en chameaux en troupeaux, en étoffes, en armes incrustées, en bijoux d'or et d'argent.

Si les mœurs et les lois deviennent sévères pour la femme après le mariage, elles ne le sont pas avant, car les enfants de l'un et de l'autre sexe, presque nus, vivent ensemble jusqu'à l'âge de la puberté, ou tout au moins jusqu'à l'âge de dix ou douze ans, qui correspondrait à quatorze ou quinze ans dans nos pays du Nord. Cette première éducation en pleine nature et liberté corrige un peu le sort qui attend la

(1) (Voir Paul Soleillet, voy. au Sahara et au Soudan).

femme aussitôt qu'elle a franchi le seuil de la maison conjugale, dont elle ne pourra sortir plus tard, après bien des mois de réclusion, que voilée et en quelque sorte cloîtrée dans son haïck blanc, comme elle l'est dans son gynécée. C'est dans ces premières années que son intelligence s'éveille, qu'elle jouit pleinement de la vie, dont elle conservera et chantera le souvenir plus tard, en s'accompagnant de la *guzla*, dans ses heures de tristesse et de mélancolie. Cette première éducation en commun corrige en même temps la brutalité, la bestialité, l'égoïsme des hommes qui, s'ils avaient vécu séparés des filles dans les dix ou douze premières années de la vie, seraient devenus par tempérament, par tradition, par fanatisme, des maîtres cruels, barbares, sans délicatesse et sans pitié.

Mohammed nous affirme que les femmes arabes sont généralement jolies et nous le croyons sans peine, car les fillettes de huit ou dix ans que nous voyons jouer dans les carrefours ou sur le seuil des portes sont admirablement bâties, de lignes élégantes et correctes, de visage intelligent et gai, avec de grands yeux noirs qui n'ont nullement besoin de *Koheul*(1) pour briller du plus vif éclat.

Nous quittons la noce arabe et nous nous dirigeons vers le quartier juif, sorte de *Ghetto*, l'un des plus curieux à visiter. Les juifs sont ici comme partout, l'objet d'un dédain et d'un mépris injustifiés.

---

(1) Teinture d'antimoine ou de galène dont les femmes arabes se noircissent les paupières.

Rejetés pour ainsi dire de la société de leurs semblables par un fanatisme peu évangélique, ils subissent naturellement certains vices inhérents à cet état d'humiliation où on les tient de générations en générations depuis dix-huit cents ans. Luttant pour la vie dans les seules voies étroites qu'on leur abandonne, ils s'y cantonnent avec résignation et tachent de tirer le meilleur parti possible de leur situation maudite. D'autres races, moins personnelles, moins attachées à leurs croyances, moins bien douées intellectuellement, moins énergiques, moins persévérantes, se fussent insensiblement perdues ou fondues après tant de siècles d'oppression et de persécution. On ne tient pas assez compte de ces éléments de vitalité résistant à tant de causes d'anéantissement. On leur reproche la duplicité, l'astuce, l'âpreté au gain, la rapacité, et l'on ne tient pas compte non plus des circonstances qui les y forcent, qui les portent à faire du commerce, de l'usure, et de l'accumulation des richesses, l'unique but de leurs efforts, la condition même de leur précaire et pénible existence. Plus remuants, plus actifs, plus entreprenants que les arabes, que les mœurs et le fanatisme de l'Islam endorment, ils leur servent le plus souvent d'intermédiaires dans leurs transactions avec l'Espagne ou l'Angleterre ou la France. On les rencontre partout, à Gibraltar, à Tarifa, à Cadix, à Malaga à Marseille même.

Les juifs de Tanger sont peut-être de tous leurs coreligionnaires, ceux qui ont le plus et le mieux conservé le type de leurs pays d'origine, des antiques tribus de Galilée ou de Judée. Echoués au Maroc après leur expulsion de Jérusalem et de Palestine, ils sont restés là sans subir les influences extérieures et étrangères, ou de climat ou de croisement de race, se reproduisant de siècle en siècle presqu'en famille dans les mêmes éléments et dans les mêmes milieux. Aussi la beauté des femmes juives de Tanger est-elle proverbiale. On doit y retrouver le type de Salomé, de Marie de Magdala, de Marie Cléophas, de Suzanne, de Madeleine, de la naïve Sulamite, de l'humble Chananéenne.

Arrivés au quartier juif qui paraît extérieurement aussi malpropre et misérable que les quartiers maures, Mohammed, nous introduit de maison en maison, faisant déballer les marchandises, nous signalant les plus jolies femmes, nous conduisant sans façon à l'étage par des escaliers impossibles, ouvrant toutes les portes, furetant avec autorité dans tous les coins. Les juifs paraissent accoutumés à ces investigations indiscrètes et nous accompagnent, hommes, femmes, enfants, avec humilité et résignation. Peut-être espèrent-ils nous vendre quelques tapis, quelques pièces d'étoffe, quelques armes damasquinées qu'ils nous feront payer le double ou le triple de leur valeur. Dans une chambre d'une de ces maisons nous trouvons deux jeunes filles de seize à dix-huit ans en train de faire leur toilette et dans le costume le plus sommaire. Elles paraissent un peu déconcertées au premier abord, et nous voulons nous retirer, mais Mohammed nous retient et d'ailleurs leur trouble ne dure pas. Leur ayant ordonné de revêtir leurs habits de fête, dont il nous avait parlé chemin faisant avec enthousiasme, les jeunes filles se hâtent d'obéir, tirent d'un coffre leurs jupes richement brodées, leurs corsages ou boléros de velours vert ou orange soutachés d'or, leurs colliers de sequins, les mousselines lamées d'argent dont elles s'ornent les cheveux et le corsage, les riches ceintures de soies multicolores, les babouches en maroquin jaune, garnies de perles fausses et d'imitations de rubis, de turquoises et d'émeraudes. Elles ont bientôt fait de s'habiller devant nous sans plus se gêner et paraissent s'amuser même de l'aventure. Ces jeunes filles sont comme quelques autres juives que nous avions rencontrées dans d'autres maisons, d'une beauté vraiment idéale, d'une forme exquise. Leur physionomie intelligente et fine, leurs grands yeux fendus en amandes, noirs et bistrés, leur teint mât, leur bouche aux lèvres de corail si voluptueusement souriantes, nous tiennent tous les trois dans une muette admiration. C'est positivement un rêve et je n'ai jamais tant regretté de manier le crayon avec aussi peu d'art et d'habileté. Faute de pouvoir fixer leurs traits sur les pages de mon album que j'avais tiré de ma poche pour dessiner leurs costumes, j'essaie de me les graver dans la mémoire. C'est moins difficile, seulement aucune description ne pourra vous donner une idée, chère Madame, de la perfection de ces types qui semblent les chefs d'œuvre de la race d'Abraham et de Jacob. Nous leur donnons un louis pour les dédommager du dérangement que nous leur avons occasionné et achetons au grand père qui s'appelle Ben Sichem, un beau vieillard à barbe blanche, un patriarche, vêtu de noir et de jaune comme tous les juifs de Tanger d'ailleurs, auxquels les autres couleurs sont interdites, quelques tapis de Rhabad, de Mrakech, de Diarbekir et de Smyrne, quelques yatagans de Figuig, au manche ciselé, au fourreau incrusté de corail ou d'or, et divers autres objets dont on forme un ballot et que son petit-fils, un jeune homme de quinze à seize ans, nous portera tantôt à l'hôtel.

Comme nous sortions du quartier juif et que nous approchions de l'heure du crépuscule, les rues de Tanger présentaient une animation extraordinaire. La population nous semblait doublée ou triplée, les types et les costumes les plus bizarres s'offraient à notre vue, des ânes, des mulets chargés de fardeaux encombraient les étroites artères et rendaient la circulation des plus difficiles. Mohammed nous dit que cette affluence provenait du grand marché qui devait se tenir le lendemain hors des murs de la ville et nous proposa d'aller voir le campement des caravanes avant le coucher du soleil. Nous arrivâmes bientôt aux fortifications et après avoir franchi la grande porte voûtée en fer à cheval dans la direction du Sud-Ouest, nous nous trouvâmes tout à coup en face d'un merveilleux spectacle : une foule compacte, bigarrée, grouillait sur la plaine qui s'étend des remparts aux pieds des collines, cent à deux cents chameaux, dromadaires, méharis se tenaient debout ou couchés de ci de là, tandis qu'on en menait d'autres à l'abreuvoir, des troupeaux de moutons, toute une ville de tentes dressées déjà ou que l'on était en train de monter, des amas de marchandises qu'on déballait ou qu'on rangeait pour le lendemain, et tout ce fouillis égayé de burnous bleus, bruns ou rouges, de haïcks blancs, de habaïas rayées, multicolores, de turbans, de cachias écarlates, se mêlant, s'entrecroisant dans les rayonnements d'or et de rubis d'un éclatant et éblouissant coucher de soleil d'été. On ne peut oublier la splendeur d'un pareil tableau. Aucune palette humaine ne pourrait donner une idée de ce scintillement de couleurs, de ces notes vibrantes d'une incomparable richesse.

Il y avait là des gens venus de quinze, de vingt ou de cinquante lieues à la ronde, des Berbères, des arabes du Tell, des Touaregs, des Riffins, des nègres du Soudan, des Chaambas. C'était un bruit assourdissant de cris, d'interjections gutturales, d'Allah, de beuglements, de bêlements de chèvres ou de mérinos, des cris de poules qu'on égorgeait ou dont on secouait les cages, de hurlements et d'aboiements de chiens, de slouguis (1) dont on écrasait les pattes, d'ânes ou de mulets qui braiaient à tue-tête pour se dégourdir les poumons d'une journée de sueur et de fatigue.

Nous nous promenâmes autant que le jour le permit au milieu des tentes et de cette foule à l'aspect diabolique qui nous aurait, peut-être,

(1) Grands levriers d'Afrique.

fait un mauvais parti sans les bonnes paroles de Mohammed dont le costume et la belle prestance semblaient imposer le respect. Dès que le soleil eut disparu à l'horizon nous rentrâmes en ville et allâmes chercher notre diner à l'hôtel.

Il avait été convenu que notre cicerone viendrait nous prendre le soir pour nous faire voir un café arabe. Vers huit heures et demie nous nous dirigeâmes donc vers l'une des principales ruelles où Mohammed nous introduisit dans une sorte d'antre, à porte étroite, qui avait plus l'air d'un coupe-gorge que d'un Tortoni du Boulevard des Italiens. Il y avait là dans une salle basse emplie d'une buée sombre, épaisse, éclairée faiblement par une sorte de lampe à trois becs de forme juive suspendue au plafond, trente ou quarante arabes accroupis par terre à la mode orientale, sur des nattes en jonc tressé étendues le long des murs, fumant gravement leur pipe minuscule au long tuyau de roseau ou de bambou. A l'entrée, près de la porte une sorte d'estrade ou table basse, ou comptoir, sur lequel se confectionnait le café qui semblait la boisson préférée et la principale consommation des habitués du lieu. Mohammed nous fit faire place non loin de là et nous engagea à nous asseoir suivant la coutume du pays, à la façon dont s'asseyent les arabes. J'étais à peine accroupi qu'une nuée de puces couvrit mon pantalon de flanelle blanche. Presque au même moment un marocain assis à côté de moi me passa son chibouk, et Mohammed m'expliqua que c'était une politesse, un souhait de bienvenue, qui exigeait en échange que nous tirions chacun une bouffée de la pipe. J'avoue que j'eusse préféré moins de familiarité pour si peu de connaissance. Je m'exécutai toutefois bravement et de bonne grâce, puis passai la pipe au docteur qui la passa à mon cousin. Nous commandâmes aussitôt trente ou quarante tasses de café, autant qu'il y avait de consommateurs, ce qui nous mit immédiatement au mieux avec toute l'assemblée.

Aucun bagne de nos pays du Nord ne peut donner une idée des têtes étranges, des types énergiquement cruels de ces paisibles fumeurs de kief. Ils ne semblaient cependant pas insensibles aux bons procédés, car pour nous remercier de notre générosité et nous témoigner leur reconnaissance, à ce que nous dit Mohammed, quatre ou cinq d'entre eux décrochèrent quelques instruments de musique qui pendaient aux murs enfumés et se préparèrent à nous donner un concert. Il y avait une sorte de tambourin formé d'une écaille de tortue recouverte d'une peau tendue de chameau sauvage, deux sortes de mandolines à deux cordes, un violon à archet, assez semblable aux pochettes des maîtres de danse du siècle dernier. Bientôt commença en sourdine une mélopée triste et monotone d'un rythme primitif, que tous les arabes répétèrent en chœur en frappant dans leurs mains, et qui insensiblement s'accentua de façon à former un effroyable charivari. Par moments le chant s'adoucissait et reprenait en sourdine. Tous semblaient goûter un extrême plaisir à ces refrains d'une tonalité peu variée, ce qui me fit supposer que si la musique en était d'une désespérante uniformité, le poëme qu'elle accompagnait devait avoir plus d'attrait. Ils chantaient probablement les glorieux exploits de leurs ancêtres aux bords du Guadalète, du Guadalquivir et du Tage. Peut-être célébraient-ils les belles filles du Soudan décrites dans la complainte de Ben Abd-Allah que nous a rapportée le Général Daumas :

>Y sont-elles encore ces jeunes filles
>Qui laissent flotter leur ceinture,
>Qui se gardent le secret entre elles,
>Le secret dont un jeune homme a sa part,
>Et qui sauraient mourir
>Pour leur frère en volupté ?
>Elles étaient auprès de moi
>Et Dieu m'en a séparé !
>
>De loin comme des minarets
>Des minarets de marbre blanc,
>Le plus distrait en venant de loin
>Les regarde avec des yeux ardents.
>Quand elles marchent, ce sont des roseaux
>Balancés par le vent sur la prairie
>Elles semblent des palmiers
>Quand elles sont debout, immobiles !
>
>Leurs cheveux sont des écheveaux de soie
>Noirs comme des plumes d'autruche mâle,
>Leurs lèvres sont vermeilles comme le Henna,
>Leurs dents de l'ivoire poli,
>Leurs yeux brillent comme l'acier dans la nuit
>Ils vous assassinent comme la poudre.
>Oh ! mon beau ramier les vois-tu
>Depuis que j'ai quitté le Sahara.

Quoiqu'il en soit, pour nous qui n'y comprenons rien, nous éprouvions après un quart d'heure un énervement et un agacement tels, que nous nous hâtâmes de solder la dépense en remerciant l'orchestre improvisé de notre plus gracieux sourire.

Tanger, le 16 Juillet.

Nous avons passé une partie de la journée au marché où il y avait dès le matin une animation extraordinaire, et qui présentait au soleil et sous le ciel bleu d'un azur pur et profond un coup d'œil des plus pittoresques, comme une vision de plein Orient. La plus grande partie de la population de Tanger était là, peut-être six à huit mille arabes se mêlant aux nouveaux arrivés de la caravane, circulant entre les tentes, entre les chameaux au repos, examinant les marchandises, en débattant le prix, chargeant leurs mulets ou leurs ânes, les poussant de ci de là à grands coups de trique avec un assourdissant vacarme de conversations, de discussions, de cris parmi lesquels dominait le " *Hé Allah!* ,, que tout bon Musulman vocifère à tout propos, soit qu'il évoque le témoignage de Dieu, soit pour vous engager à vous garer et vous empêcher d'être bousculé ou piétiné par leurs bêtes.

Il y avait là les types les plus bizarres, appartenant à peu près à toutes les races du grand Empire dans leurs costumes d'une infinie variété de couleurs, la plupart des femmes arabes voilées dans leur haïck de laine écrue, les négresses à visage découvert, coiffées de madras rouges, jaunes ou bleus, vêtues de leurs habaïas à rayures descendant jusqu'au dessous du genou, ornées de leurs colliers et de leurs bracelets de coquillages ou de corail, quelques unes du cercle d'argent ou de métal doré à la cheville. Les unes et les autres, arabes ou négresses, dardaient sur le passant des yeux splendides d'un incroyable charme.

Il y a dans le regard des femmes de ces races africaines, une vitalité, une intensité extraordinaire, en même temps qu'elles savent lui donner par moments une grande douceur. Ce qui en augmente encore l'éclat, c'est l'emploi du Koheul, sorte de teinture noire ou bleuâtre dont elles se teignent les paupières. Tous les médecins arabes ont recommandé l'usage du Koheul et Mahomet lui-même l'a prescrit. Quand Dieu parut sur le *Djebel-ed-Thour* (le Sinaï), bien qu'il ne fût pas plus gros qu'une fourmi, dit le Prophète, il embrasa la montagne entière qui contenait de l'antimoine, en calcina toutes les pierres et les fit passer à l'état de Koheul. Tout le Koheul qui se trouve dans les autres pays de la terre, provient en principe du *Djebel-ed-Thour*. La première femme qui se servit de cette teinture et qui souffrait des yeux, gagna par là une vue si perçante qu'elle distinguait un homme d'une femme à deux journées de marche. Cela paraît aussi invraisemblable que Dieu se changeant en fourmi, mais en religion plus c'est extravagant et absurde, plus on y croit.

Indépendamment de la coquetterie qui me paraît bien comprise puisque cette préparation donne incomparablement plus d'éclat aux yeux, elle préserve des ophthalmies, arrête l'écoulement des larmes et donne à la vue plus d'assurance et de limpidité. Je m'étonne donc que la mode n'en ait pas passé en Europe. Voici au surplus la recette, chère Madame, et si vos yeux si expressifs n'en ont nul besoin, elle pourra servir à celles que la nature a douées de moins beaux yeux que les vôtres: on combine en proportions égales du sulfure d'antimoine, de l'alun calciné, du carbonate de cuivre et quelques clous de girofle. On réduit le tout dans un mortier, à l'état de fine poussière. Comme matière colorante, on y joint du noir de fumée, obtenu par la flamme d'une lampe ou d'une chandelle. Ce n'est pas plus difficile que cela. Pour en user on applique la préparation, au moyen d'une fine baguette de bois ou d'ivoire, sur le bord et sur toute la longueur de la paupière inférieure, on presse ensuite la baguette entre les deux paupières en la faisant glisser de façon à colorer en noir la partie nue qui donne naissance aux cils, puis on s'en teint légèrement la paupière supérieure.

La religion musulmane qui ne considère ni l'amour ni la volupté comme un crime, prescrit en outre du Koheul, le *Hennà* qui teint le bout des doigts et les ongles en rose, et le *Souak* ou *Irak* dont on mâche la branche pour parfumer l'haleine, se conserver les dents blanches et empourprer en même temps les lèvres. « Plus la femme sera aimée de l'homme, dit Mahomet, plus elle sera agréable à Dieu ».

Les hommes sont vêtus de haïcks de toutes les couleurs, les uns blancs ou écrus, les autres à larges bordures sur fond sombre, d'autres rayés de bleu, de rouge ou d'orange. La coiffure diffère selon les tribus. Beaucoup portent le turban blanc, les autres ont la haute *chacchia* autour de laquelle le haïck est retenu par la corde en poils de chameau, d'autres encore ont pour se préserver du soleil le grand chapeau conique à larges bords, orné de papillons de laine de toutes nuances. Les enfants jusqu'à dix ou douze ans sont nus sauf un léger pagne ou quelque morceau d'étoffe dont ils se garantissent la tête et les épaules au soleil. Bon nombre de Juifs circulent dans la foule, facilement reconnaissables à leur longue houppelande noire et à leur calotte jaune, costume imposé par la loi du pays. Il y a peu d'années encore ils étaient forcés de marcher pieds nus, et leurs plus belles filles étaient enlevées par ordre du Pacha soit pour son propre harem, soit pour celui du Sultan Il y avait aussi dans la foule quelques Touaregs voilés ou *Hall-el-Létame*, race cruelle et pillarde, qu'il n'est pas bon de rencontrer dans son chemin au Sahara. Leurs armes sont une longue lance à large fer en pointe, des javelots de six ou sept pieds de long, dont l'extrémité est dentelée de crocs recourbés, un bouclier rond en peau d'éléphant du Soudan, le yatagan ou *deraya* à la ceinture, et le fusil à pierre. Ils montent le *mahari* le plus rapide des chameaux et des dromadaires, le *gouareb-el-beun* (le vaisseau du désert), qu'aucun cheval ne peut suivre et sur lequel ils franchissent rapidement cent cinquante ou deux cents lieues.

Parmi les marchandises étalées devant les tentes, il y avait des dépouilles d'autruche, des peaux tannées, des étoffes de lin appelées *sayes*, très estimées, des sandales et pantoufles en maroquin de toutes nuances, brodées d'or et de soie, décorées de coquillages ou de corail, quelques défenses d'éléphant, des pièces de *Zénian* sorte de cotonnade fabriquée par les nègres, des *el-gourou*, espèces de noix grosses comme le poing, renfermant une liqueur rougeâtre, des *guessâa*, grands plats en bois noirci, des objets de cuivre repoussés, martelés et ciselés, d'une grande élégance de forme et d'une grande finesse d'exécution, des poteries émaillées de couleurs vives, des pastèques, des dattes, des bananes, des pistaches en grandes jarres, sur lesquelles bourdonnaient des nuées de mouches, d'abeilles et de guêpes, des armes de *Figuig*, des tapis de prière de toute beauté fabriqués à *Mrakech* ou à *R'bat*.

De distance en distance des musiciens semblables à ceux que nous avions entendus la veille au café, entourés d'un nombreux auditoire, faisaient retentir leur tambourin, et le crin-crin agaçant de leurs mandolines et de leurs violons discordants, le refrain de leur chanson monotone et nazillarde.

Dans un coin du marché, à l'entrée de sa tente, un vieillard à barbe blanche, la tête couverte de la chacchia, enveloppé dans son haïck couleur poil de chameau, groupait autour de lui tout un monde de gens accroupis en cercle ou debout derrière ceux-ci, et semblait être l'objet d'une attention et d'une vénération spéciale. C'était un saint *marabout*, guérisseur, médecin, apothicaire, vétérinaire et prédicateur tout à la fois. Il donnait là ses consultations pour le corps et pour l'âme. Il arrive parfois qu'un arabe versé dans la connaissance du Coran après avoir fait son voyage à la Mecque et y avoir obtenu le titre de *hadji*, devient célèbre dans son pays par sa science et sa sainteté, et quitte sa tribu pour se construire une demeure dans quelque endroit solitaire. Bientôt avec un peu d'habileté sa réputation se propage à la ronde. Il connaît quelques recettes, collationne de vieux remèdes, de vieux livres de médecine, et les visiteurs affluent peu à peu, venant de très loin pour le consulter, pour lui demander des prières ou des amulettes, pour se sanctifier à sa vue. Le métier n'est pas mauvais, il reçoit force cadeaux en argent et en nature et finit par prendre une grande influence dans le pays qui l'entoure. Tel marabout est imploré pour la fièvre, tel autre pour les maladies des yeux si fréquentes sous ce ciel brûlant et pour la cécité que causent les sables du désert, tel autre pour l'hydropisie. A la mort d'un marabout on l'enterre dans son habitation et son tombeau devient un lieu de pèlerinage.

Vous savez, ou peut-être ne savez-vous pas, chère

Madame, que Dieu après avoir envoyé vingt-quatre mille prophètes, aux peuples qui s'égaraient dans l'idolâtrie, choisit enfin *Mahomet* comme dernier mandataire de ses volontés aux hommes. Afin qu'il n'y eût plus d'erreur, Dieu écrivit lui-même le *Coran* qu'il envoya feuillet par feuillet en vingt-quatre mille apparitions nocturnes de l'ange Gabriel. Voilà donc un messager qui eut de la besogne et un mandataire dont les nuits dûrent être singulièrement troublées. Quoiqu'il en soit c'est un point de dogme et le dogme ne se discute pas. Mahomet, comme tous les inventeurs de religions, fit nombre de miracles dont nul mahométan ne doute davantage qu'un bon catholique ne doute des siens. Les principaux points de la religion de Mahomet sont l'unité de Dieu, la reconnaissance de Mahomet pour son seul et dernier prophète, la prière, le jeûne pendant un mois par an, le voyage à la Mecque une fois dans la vie, payer la dîme de ses biens, ne point boire de vin, ne point manger de porc et crever la peau des infidèles.

Ce dernier point m'inquiète depuis que je suis au Maroc et l'on m'affirme qu'il ne faudrait pas dépasser d'une lieue la zône des fortifications de Tanger, pour en faire la cruelle expérience. Il arrive même qu'elle se fait en plein cœur de la ville.

Seulement comme les représailles ne se font pas attendre, que tous les dix ou douze ans on bombarde Tanger à la suite de quelque meurtre de chrétien, que sa vie coûte bon nombre de peaux de sarrasins et la ruine de quantité de maisons et de mosquées éventrées, on y est plus ou moins en sécurité jusqu'au moment où il prend fantaisie à un fanatique, désireux de s'attirer les bénédictions de Mahomet, de vous plonger au passage son yatagan dans le ventre. Il y a quelques années le fils et la fille du consul d'Angleterre se promenant un matin hors des portes, essuyèrent les coups de fusil d'un marabout qui les visait du haut des remparts. Ils entendirent siffler les balles, s'enfuirent et purent rentrer par un autre chemin. Le surlendemain un vaisseau anglais, mandé de Gibraltar, vint s'embosser dans la rade et signifia au Pacha qu'il eût à livrer immédiatement le coupable, sous peine de recevoir des obus dans sa Casbah. Or comme un marabout est un saint personnage, objet de toute la vénération des croyants, auquel un Pacha même ne peut toucher, la situation fut des plus critiques et des plus embarrassantes. Le Pacha néanmoins promit tout ce qu'on voulut et obtint non sans peine du marabout qu'il se sauvât dans la montagne, où il engagea les anglais à l'aller chercher. Comme la tentative de meurtre n'avait pas eu de suites funestes, on se contenta de lancer quelques boulets qui éventrèrent les remparts, en guise d'avertissement, et l'affaire en resta là.

A part cette haine du Chrétien et de tout infidèle, que Mahomet met au nombre des vertus nécessaires pour gagner son Paradis, et qui n'est pas faite pour accélérer la fraternisation des peuples et la fusion des races, il y a du bon dans le Coran, on y trouve quantité de préceptes utiles, d'encouragements à la charité entre coreligionnaires, de maximes d'une profonde sagesse, de philosophie pratique.

Ce qui est peu pratique par exemple c'est la prière (Namaz ou Salat) que tout bon Musulman doit faire cinq fois par jour et qui exige un tas de salamalecs assez compliqués. Il doit d'abord procéder aux ablutions, se laver le visage, les bras et les jambes. S'il n'a pas d'eau à sa disposition, il doit prendre de la terre, du sable, de la poussière. Je ne vois pas bien dans ce cas ce qu'il peut gagner en propreté. Les ablutions faites, le fidèle musulman étend à terre un petit tapis spécial appelé *Seddjadé*, ou à défaut son haïck, un vêtement quelconque. Alors il commence la prière debout, dans un recueillement respectueux, puis il lève les deux mains, chaque pouce tourné vers la partie inférieure de l'oreille, en prononçant ces mots : « *Dieu est grand !* »

Les femmes n'élèvent les mains qu'à la hauteur des épaules. Ensuite on abaisse les mains sur le milieu du ventre en récitant différentes phrases ou versets du Coran. Enfin on fait le *Rukiou*, inclinaison profonde en tenant la tête et le corps horizontalement soutenus par les mains posées sur les genoux. En se relevant le fidèle dit ; « *Dieu écoute celui qui le loue* ». Puis il fait une prosternation la face contre terre et répète en se relevant : « *Dieu est grand !* ». Il termine enfin par une salutation à droite et à gauche à ses anges gardiens qu'il présume être à ses côtés. Il lui est défendu de bailler pendant la prière, le baillement facilitant l'entrée du démon dans le corps de celui qui prie. Je me demande alors à quoi servent les deux anges gardiens s'ils ne gardent rien du tout ? Puis voyez-vous en face de chaque fidèle en prière, un diable guettant le moment de se glisser, comme une lettre à la poste, dans la bouche du malheureux qui s'oublie un instant ?

En quittant la tente du marabout qui continue à distribuer ses drogues, ses amulettes, ses recettes, ses conseils et ses maximes, Mohammed nous conduit à un autre rassemblement d'arabes groupés autour d'un charmeur de serpents. Il occupe le centre d'un grand cercle de curieux et a, à coté de lui, une sorte de coffre et un sac en peau de chèvre, d'où il tire, après de longs discours, des serpents qu'il s'enroule autour du corps, dont il introduit la tête dans sa bouche, qu'il provoque de toute façon sans obtenir la moindre morsure, ce qui n'est pas étonnant, ayant eu tout simplement la précaution de leur arracher les crochets à venin qui seuls occasionnent des blessures mortelles. Pour les naïfs c'est un enchanteur qui doit à des paroles cabalistiques le privilège d'échapper au danger qu'il paraît courir. Les charmeurs ont existé dès la plus haute antiquité en Asie et se jouaient du *Cobra di capello* le plus redoutable des reptiles dont la morsure foudroyait et dont la vue seule excitait la terreur, l'épouvante.

J'avais exprimé pendant notre promenade l'envie d'acheter un petit nègre. Pendant que nous regardions les exercices du dompteur de serpents,

Mohammed s'était mis à la recherche d'une Soudanaise qui me voulut vendre son fils. Il m'amena bientôt une négresse portant un petit enfant sur le dos et conduisant par la main un négrillon de huit à dix ans. Je lui fis demander d'abord si cela ne la chagrinait pas de se séparer de son rejeton. Elle me répondit qu'elle avait cinq enfants et était d'âge d'en avoir encore plusieurs. L'idée de se séparer de son fils n'avait pas l'air de l'émouvoir le moins du monde. Nous tombâmes d'accord sur le prix de quatre Livres Sterling et j'allais les tirer de mon porte-monnaie, lorsque le petit nègre que j'examinais plus attentivement et que mon regard impatientait sans doute, me tira une langue énorme et me montra les dents avec une expression de haine et de méchanceté qui me fit réfléchir. Je me rappelai le proverbe arabe : « Si tu fais du bien à un homme de race, tu le fais ton obligé, si tu fais du bien à un nègre, tu en fais un ennemi. » Et comme mon cousin et le Docteur Lebel me déconseillaient l'acquisition du moricaud, je rompis le marché. La mère parut peu satisfaite et le gamin me fit une nouvelle grimace peu encourageante. Comme la négresse disait quelques mots à Mohammed en nous quittant, je lui demandai de me traduire ses réflexions. Elle lui avait dit que c'était donné pour quatre Livres, qu'elle venait de vendre pour huit Livres la sœur aînée du négrillon à l'eunuque du Pacha de Tanger. Tendre amour maternel qui fait sans vergogne le commerce de sa progéniture ! Il y a une excuse à cela fit Mohammed, c'est que les nègres du Soudan sont sans cesse menacés de *Ghazias* (1) faites par les arabes Touaregs qui s'en vont vendre au loin les adolescents qu'ils enlèvent sans aucune indemnité. La vie dans le désert et au Sud du désert est tellement précaire, que chacun tient plus à sa peau qu'à celle du voisin, voire même qu'à celle de ses plus proches parents. Vendus à un Européen ou au harem d'un Pacha, ces enfants ont quelques chances d'avoir une vie heureuse. Retournant là-bas, rien ne garantit qu'ils ne mourront pas de faim ou de soif, de la fièvre ou de quelque maladie, en route, et s'ils arrivent après avoir traversé le désert sains et saufs au pays, qu'ils ne soient volés par les pilleurs d'esclaves dans quelques semaines, dans quelques mois. Cette incertitude de la vie fait qu'on y attache moins de valeur, qu'on vit au jour le jour sans autre souci que d'augmenter son propre bien-être. Avec le prix de sa fille et de son fils elle aurait pu au retour acheter un chameau et une vache. Un chameau vaut en effet dans son pays trente à quarante mille *Ouddas* ce qui représente environ deux cents francs, une vache ne vaut que quinze à vingt mille *Ouddas*, soit environ quatre Livres Sterling. Au surplus ajouta Mohammed rien ne prouve que ces enfants soient à elle, mais en tout cas ceux qui sont vendus ici seront infiniment moins à plaindre que ceux qui retourneront chez eux.

Le soleil descendait à l'horizon et comme nous

(1) Pillage à main armée.

comptions quitter Tanger le lendemain matin nous nous dirigeâmes avant qu'il fit nuit vers le Consulat de Belgique afin de faire nos adieux à M. Daluin qui, fort souffrant en ce moment, n'avait pu nous accompagner dans nos diverses promenades. Les mahométans s'apprêtaient à faire leur prière du soir, étendaient déjà leurs petits tapis et commençaient leurs ablutions. Il était prudent, nous dit le guide, de ne pas trop nous attarder ce soir-là.

Tanger et Gibraltar, le 17 juillet

Le *Lion Belge* était en rade. Il n'est guère plus facile de gagner le vapeur que d'en sortir. Comme nous arrivions sur la plage, les portefaix se lancèrent après nous, en nous interpellant, hurlant comme une bande de chiens affamés. L'un me saisit par une jambe, un deuxième par l'autre, tandis qu'un troisième me disputait mon sac de voyage que je ne voulais lâcher à aucun prix. Heureusement Mohammed témoin de mon embarras allongea un vigoureux coup de poing sur le bras de l'un des assaillants, un coup de pied dans le bas des reins de l'autre et je pus enfin me hisser sur le dos du premier qui entra dans l'eau jusqu'au ventre et me déposa dans la barque qui devait nous conduire au navire. Mon cousin et le docteur eurent les mêmes difficultés que moi avant de parvenir à se mettre en selle sur les épaules d'un solide porteur.

Il y avait bon nombre de passagers à bord du *Lion Belge* ce jour là, car au lendemain d'un grand marché quantité d'Espagnols de Tarifa, de San Roque, d'Algésiras, de juifs de Gibraltar regagnaient leurs comptoirs avec les marchandises achetées aux caravanes. Bien que le ciel fût sans nuages, la mer était houleuse et la houle se répercutait dans la rade, en sorte que le clapottement des vagues nous mouillait parfois jusqu'aux genoux pendant le trajet que nous faisions à dos d'hommes.

Un coup de sifflet et le steamer se met en marche soulevant autour de ses tambours des cascades d'écume. Nous voilà en quelques instants à l'entrée du petit golfe. Le coup d'œil d'ensemble que nous admirons une dernière fois est féerique. La longue plage de sable aux tons chauds, la verdure des jardins qui tapissent les collines, la silhouette toute blanche de Tanger, de Tingis la mauritane, comme on l'appelait jadis, encadrée de ses murs, avec les minarets de ses mosquées, sa Casbah dominant ses maisons basses à plateforme, au loin et derrière elle, les ondulations des montagnes qui s'étagent et conduisent insensiblement aux contreforts de l'Atlas, tout cela, baigné dans les rayons dorés d'un soleil matinal, se grave en notre mémoire comme un inoubliable panorama.

Bientôt nous tanguons et roulons en plein détroit, luttant contre le vent de Nord-Est et coupant les vagues, ce qui n'a pas l'air de réjouir les pauvres passagers qui n'ont pas le pied marin. Enfin à trois heures de l'après-midi nous jetons l'ancre dans le port de Gibraltar. Nos matelots viennent nous prendre avec le gig et nous ramènent à bord du yacht où nous trouvons un mot du Captain Hood qui nous invite à visiter à cinq heures le vaisseau blindé *Caledonian* arrivé la veille d'Angleterre et commandé par l'Amiral Yelverton. Un autre billet du Consul Cowles nous convie à dîner pour le soir et nous informe que Lord Codrington ayant annoncé son retour pour le lendemain, Lady Codrington nous attendrait à 9 h. 1/2 du matin à la résidence, afin d'aller en pique-nique nombreux à sa rencontre sur les terres d'Espagne, dans la direction de Ronda. Le Consul mettait avec une extrême amabilité ses chevaux à notre disposition.

Gibraltar, le 18 Juillet.

A neuf heures quinze minutes le gig nous menait à la résidence, le Docteur Lebel et moi. Mon cousin en raison de son deuil nous avait prié de l'excuser. Lady Codrington, Miss Codrington et quelques dames et demoiselles anglaises en habit de cheval recevaient les invités. Les chevaux piaffaient dans la cour aux mains des palefreniers. Nous étions en tout, environ une vingtaine de cavaliers, parmi lesquels tous les officiers supérieurs de la garnison, les aides de camp, le Captain Hood, le Capitaine de vaisseau Vivian et le Consul Cowles. Quelques grooms et domestiques devaient nous suivre avec les provisions du déjeuner. Le Consul de Belgique nous avait fait amener ses chevaux. Le Docteur, peu expérimenté en équitation, choisit le plus doux, le plus docile. Je pris un entier arabe à robe rouanne et l'on renvoya aux écuries celui qui avait été destiné au Comte du Monceau.

A neuf heures et demie tout le monde fut en selle et l'on partit au pas par la porte d'Espagne qui mène à l'étroite chaussée reliant le rocher à la terre ferme. Au bout de la chaussée on passa le pont du Guadarranque qui se jette dans la baie, et la cavalcade prit le trot et le galop jusqu'à San Roque première ville espagnole située à six kilomètres de Gibraltar.

San Roque est une ville de construction récente. Elle n'a rien des cités andalouses aux vieux murs mauresques en ruine ou mal restaurés et recrépis, on n'y trouve plus leurs rues étroites, leurs vieilles maisons si pittoresques à balcons ouvragés, à moucharabiehs rappelant le séjour des Sarrasins, ni les patios où la fontaine jaillissante s'égrène en pluie de perles dans la vasque de marbre sous les orangers, les grenadiers ou les camélias en fleurs, ni la négligente paresse de leurs habitants. C'est une ville soignée, confortable aux rues bien alignées, propres, aérées, aux places régulières avec de gracieuses et coquettes villas qui s'étendent au loin dans la campagne environnante On voit que le voisinage de Gibraltar, des Anglais, des mœurs anglaises, a déteint sur les huit à dix mille andalous qui la peuplent.

A San Roque aboutissent trois routes, celle qui descend des montagnes de Ronda et que nous allons prendre pour rencontrer le Lord Gouverneur qui revient de Séville, celle de Malaga qui arrive de l'Est et celle de Tarifa et d'Algésiras qui se dirige vers le Sud-Ouest et contourne la baie.

Nous traversons la ville à la grande joie des habitants qui se précipitent sur leurs portes et apparaissent à toutes les fenêtres comme gens qui n'ont pas souvent l'occasion d'assister à pareille fête. La cavalcade compte en effet avec les serviteurs, de trente-cinq à quarante chevaux. S'il n'y avait les amazones en tête du cortège, on pourrait croire à une invasion du territoire de Sa Majesté très catholique.

Après avoir passé San Roque dont tous les chiens grands et petits nous accompagnent de leurs aboiements, nous reprenons le galop jusqu'à Guadario petite ville à cinq kilomètres de San Roque et nous arrivons dans les pentes de la chaîne de Ronda par une route bordée de superbes forêts de chênes-liège. Il y a à quelques kilomètres, au milieu d'une de ces forêts, une clairière très pittoresque où Lady Codrington a décidé que nous nous arrêterions pour déjeuner. On a calculé que le Lord Gouverneur devait arriver à la bifurcation de la route vers midi et on lui expédie un courrier pour l'amener à notre lieu de campement.

Encore un temps de galop à travers la haute
futaie à l'ombre des grands chênes, par des chemins
impossibles, rocailleux, à peine tracés, et nous
allons arriver. Ces anglaises sont infatigables et
d'excellentes écuyères. Nous sommes obligés de
nous diviser en plusieurs groupes et par moments
de galoper en enfilade. Nous étions à peine engagés
dans la forêt depuis cinq minutes qu'un cheval
revenait à nous, sans cavalier, à bride abattue, et
suivi d'autres chevaux montés qui le poursuivaient
sans parvenir à le rejoindre. Nous lui barrons le
chemin et l'avons bientôt arrêté. L'instant d'après
nous apercevons le Captain Vivian qui jeté bas de
sa monture par un écart qu'il n'avait pas prévu,
accourait tout essoufflé pour la reprendre. Comme
il n'y avait de mal d'aucun côté, on rit de l'aventure. Quelque bon cavalier que l'on soit, on n'est
jamais fier d'être désarçonné. Cet évènement nous
a retardés et distancés de la tête de la colonne, et de
crainte de nous perdre en route, nous reprenons un
vigoureux galop dans la direction où il nous semblait qu'elle avait disparu. Le cheval que je monte
est excellent. Il n'a qu'un défaut c'est d'avoir la
bouche horriblement dure, et de plus, comme tous
les chevaux arabes, de demander à être fortement
soutenu. Le chemin que nous parcourons, très
inégal, très accidenté, exige une grande attention.
Tantôt il faut éviter les pierres ou les racines qui
barrent le sentier, tantôt il faut se garer des branches basses qui menacent de nous accrocher, sinon
par la chevelure comme Absalon, au moins par le

menton en nous cassant la figure. Le Docteur, déjà fort mal à l'aise à chaque temps de galop, est ici sur les épines. Il s'accroche bientôt à la selle et penché en avant presque sur l'encolure, il laisse aller son cheval, qui suit le mien, comme il veut et à la grâce de Dieu. A un moment donné, je vois une grosse branche qui nous menace la tête, et lui crie de se garer. Je me courbe sur mon cheval, je laisse place à la branche, et dans ce mouvement, je donne involontairement du jeu aux rênes, ce qui fait que mon arabe buttant des pieds de devant contre une racine que je n'avais pas vue et que j'aurais dû lui faire franchir, pirouette sur lui-même, fait panache, et me lance à cinq mètres devant lui. Le Docteur et trois autres cavaliers qui me suivaient de près ne peuvent s'arrêter à temps. Ils sautent par dessus mon cheval et je vois les quatre ventres et les seize fers briller par dessus moi. Le tourbillon passé, je me relève, je me tâte, pas la moindre contusion, pas la moindre écorchure. J'avais roulé comme une boule dans le sable du sentier. Je reviens à ma monture qui essaye en vain de se dresser et de reprendre pied. Je la relève. Elle est comme moi saine et sauve, à peine une légère éraflure à l'un des genoux et à l'épaule. Tout est bien qui finit bien, je remonte en selle, rejoins le groupe dont je faisais partie et le Docteur, qui n'ayant osé détourner la tête de peur de perdre les étriers, était devenu livide et donnait l'expression d'une terrible angoisse. Il m'avait cru mort, écrasé, écrabouillé ; ma vue le rassure. Enfin nous voilà à la clairière. Les dames sont descendues de cheval, les premiers arrivés organisent le campement. Je songe aux deux bouteilles de champagne qu'on avait glissées dans les fontes de mes pistolets. Miracle ! Elles sont intactes. Pour une pareille chute où l'on pouvait se tuer ou tout au moins se casser bras et jambes, pas même un verre de brisé, c'est plus de chance qu'on ne pouvait espérer. Le récit de mon aventure et de celle du Captain Vivian amuse fort tout le monde. Chacun veut me secouer pour s'assurer que tout est en place. On me nomme échanson du banquet qui se prépare, j'aurai la direction de la cave et la mission de veiller à ce qu'il n'y ait point de coupe vide. Comme nous avons tous un appétit féroce, qu'il est près de midi, que le Lord Gouverneur exact comme un Anglais, ne peut tarder à arriver, on allume les feux pour faire griller les beefsteacks et les poulets déballés de leurs boîtes, cuire l'eau qui doit servir au thé, on dresse les nappes sur le maigre gazon et l'on s'assied sur les fougères après les avoir bien fait battre pour en chasser les vipères et les scorpions.

Ces préparatifs sont à peine terminés que l'on entend un galop de chevaux dans le lointain sous la feuillée. Bientôt apparaissent entre les troncs des chênes, le courrier que nous avions envoyé en éclaireur, puis Lord Codrington suivi des officiers qui l'ont accompagné à Séville et de ses domestiques. On le reçoit par un retentissant Hurrah ! Il paraît enchanté de la nombreuse réunion qui l'entoure. C'est un homme de soixante ans environ, robuste et solide, à la physionomie ouverte et bienveillante, au type bien britannique avec ses cheveux gris en broussailles et ses favoris en queue de lapin. On nous présente Lebel et moi, il nous donne le cordial et vigoureux *Shake hands* traditionnel et nous remercie d'avoir accompagné ses amis.

On fit honneur au déjeuner, comme bien vous le pensez, chère Madame, les quinze à vingt kilomètres de chevauchée nous ayant à tous ouvert l'appétit. Les beefsteacks, les poulets, les sandwiches, les puddings furent trouvés excellents et le porto, le scherry le claret, le champagne coulèrent à flots. A quatre heures après avoir pris le thé on se remit en selle et vers les six heures nous rentrions à Gilbraltar sans autres incidents. Le retour se fit d'ailleurs sans furieuse galopade, cet exercice convenant mieux à jeun qu'après un copieux repas, ce dont le Docteur fut enchanté. Il m'avoua qu'il ne recommencerait plus pareille chasse à courre et que les Anglaises devaient avoir le diable au corps pour y trouver de l'agrément.

Arrivés à la résidence, nous faisons nos adieux à tous nos amis de ces quelques jours, dont l'accueil si cordial et si charmant nous laisse une inoubliable impression, et retournons au yacht qui fait ses derniers préparatifs de départ.

En ce moment même le master du yacht jetant un dernier coup d'œil avant le coucher du soleil sur les mâts et les cordages aperçoit tout au haut du *main-top-mast* (1) une chose qui lui paraît insolite et

(1) Mât de flèche.

étrange. Il ordonne à un matelot de grimper dans la mâture et d'aller voir ce que cela peut être. C'est une énorme chauve souris, de la grosseur d'un rat, qui se décroche au moment où il va l'atteindre de la main et se sauve en zigzag. « Mauvais augure ! » murmure en anglais le *master* d'équipage. "Cela ne présage rien de bon !» Morgan le petit nègre qui l'a compris, le regarde avec de grands yeux tout ronds et fait le signe de la croix. Le pauvre Egyptien qui supporte mal la mer, qui est malade aussitôt qu'il y a du tangage, et qui préfère le plancher des chameaux aux splendeurs de l'Océan, a d'ailleurs depuis le matin, paraît-il, un air de *noire* mélancolie qui fait peine à voir et qui ne le quittera plus jusqu'au retour en Angleterre.

Yacht *Intrepid*, 19 Juillet.

A dix heures précises, par une matinée splendide, nous dérapons les ancres. Une brume légère comme une buée d'opale couvre les eaux et estompe au loin, bien loin au fond de la baie, les montagnes d'Andalousie. Tandis que les marins du port s'éveillent et procèdent au nettoyage des ponts, des bastingages, que les calfats accrochent les échelles aux écoutilles et donnent leurs premiers coups de marteau, la cité anglaise paraît encore endormie. L'immense *Cale-*

donian comme un Léviathan dresse à côté de nous sa sombre carène, où tout semblerait en repos, si l'on n'entendait les sifflets des contre-maîtres, indiquant aux matelots que nous ne voyons pas, les besognes matinales des entreponts, l'astiquage des escaliers, des planchers, des chambrées, des carabines et des canons. De l'autre côté de la baie et tout à l'extrémité, la silhouette d'Algésiras, argentée par le soleil encore pâle, étincelle comme une parure dans son écrin de soie vieil or et vert tendre. Les mouettes blanches volent paresseusement comme à regret des fraîches brises qui ont bercé leur sommeil.

L'*Intrepid* tourne lentement sur lui-même et ses basses voiles dirigées dans le vent s'enflent à peine, paraissent engourdies encore par un repos trop prolongé. Nous sortons doucement du port et de la rade que nous ne pouvons nous lasser de contempler, nous nous éloignons peu à peu de l'énorme bloc granitique de Gibraltar dont les détails se confondent déjà et que nos matelots regardent une dernière fois avec un sentiment d'enthousiasme national et de respectueuse admiration. Ils ne prient pas cinq fois par jour avec plus ou moins de contorsions comme les misérables esclaves du sultan du Maroc. Ils ont une autre idée de la grandeur de Dieu et de l'amour de la patrie.

Au dehors de la baie une bonne brise de Nord-Est que nous barrait la pointe d'Europe, nous permet de gagner plus au large. Nous avons passé Algésiras et la pointe d'Espagne et nous apercevons bientôt les murailles blanches de Tarifa abritée par son promontoire et se détachant sur les tons nacrés des montagnes de l'El-Agib, dont les cimes, vivement éclairées au soleil et comme baignées d'or pâle, se découpent en festons sur le tendre azur du ciel. A notre gauche, toute la ligne des montagnes du Rif africain depuis Cента, avec ses contreforts arides, brûlés, jaunâtres et ses grandes ombres bleues, se profile vers l'Océan aussi loin que la vue peut porter. Nous nous en rapprochons insensiblement, car le projet du Comte du Monceau est de suivre la côte marocaine jusqu'au Cap Spartel, de le doubler et de descendre au Sud jusqu'à El-Arisch ou Rhabat. Bientôt nous voyons au loin Tanger au fond de sa rade tandis que nous déjeunons sur le pont.

Nous avions fait, avant de quitter Gibraltar, d'amples provisions et entr'autres nous avions acheté une vingtaine de poulets vivants que l'on avait, faute de cages et pour ne pas encombrer le pont, installés dans un des canots suspendus aux palans. Ils y étaient enfermés par un filet de pêche tendu par dessus les bords. Les pauvres bêtes, peu habituées encore au tangage, semblaient mal à leur aise malgré qu'elles eussent de l'espace et des graines en quantité suffisante. Elles gigotaient dans le fond du canot et nous jetaient des regards désespérés chaque fois que nous nous penchions pour les voir. Pendant que nous prenions le café, l'une d'elles parvint à soulever le filet et ne pouvant se tenir en équilibre, voulut prendre son vol et tomba à la mer. En un rien de temps le Yacht qui marchait bon train l'avait dépassée de cent mètres. La malheureuse poule essayait de nager tant bien que mal et allongeait démesurément le cou pour se soulever au-dessus des vagues qui l'éclaboussaient impitoyablement. Le Comte du Monceau ordonna de mettre en panne, de lancer le second canot avec deux rameurs à la mer et je me chargeai du sauvetage. Nous étions déjà loin lorsque la manœuvre fut achevée. Le yacht, bien que ne marchant plus par ses voiles, continuait à dériver sous le vent vers l'Ouest, en sorte qu'il y avait déjà trois ou quatre cents mètres de distance quand on put jouer des rames. On avait peine à distinguer la naufragée. Je ne sais si la poule se doutait qu'on allait venir à son secours, mais elle continuait à flotter sur l'eau comme un canard et je fus assez heureux pour la retirer saine et sauve des flots de l'Océan. Cet épisode nous amusa beaucoup et nous fit rire de bon cœur malgré que nous plaignions la pauvre bête des angoisses qu'elle avait dû subir. Si on l'égorge après cela et qu'on la mange elle n'aura pas le temps de souffrir ou tout au moins la souffrance ne sera que de quelques secondes. Mort pour mort la plus courte et la moins prévue est toujours la meilleure. Pour mon compte je n'y toucherai pas. Je ne veux pas que sa reconnaissance, si toutefois une poule peut concevoir ce sentiment, ce que nous ne savons pas, se change en malédiction. Sauver les gens ou les bêtes pour les dévorer ensuite me paraît un mauvais sentiment.

On eut soin après cette aventure d'attacher le filet avec plus de précaution.

Vers dix heures et demie nous doublons le Cap Spartel qui est à la pointe Nord-Ouest du Maroc et qui s'avance assez loin dans l'Océan, puis dirigeant notre course vers le Sud, nous longeons la côte marocaine à environ cinq à six milles de distance, de façon à ne rien perdre de la vue du pays et des montagnes. Peu avant de doubler le Cap nous avions croisé un yacht anglais le *Claymore*, avec lequel nous avions échangé les signaux et les saluts d'usage. Il venait d'Edimbourg et se rendait à Gibraltar pour continuer de là vers les côtes de France, d'Italie et vers l'Archipel.

Nous naviguions depuis deux heures environ le long des rivages africains bordés de collines arides et inhabitées, lorsque nous aperçûmes une voile à l'horizon. Mon cousin descendit chercher ses jumelles marines, et distingua bientôt une tartane, au large, à dix ou douze milles de la côte. Il n'y fit d'abord pas autrement attention, mais bientôt une seconde tartane apparut à notre gauche et sortant comme d'une baie qui l'avait cachée jusqu'à ce moment.

— Ah! Diable! fit-il, ces tartanes sont arabes, car il est peu probable que les Espagnols viennent jeter leurs filets jusqu'ici. Il faut se défier.

Nous braquâmes tous nos lunettes. Les embarcations semblaient vides de monde et l'on n'apercevait que deux ou trois Marocains paraissant diriger le gouvernail et la manœuvre. Mais comme les tartanes se rapprochaient marchant en sens inverse, l'une, celle du large venant vers la côte et vers nous, l'autre, la dernière que nous venions d'apercevoir, allant vers la pleine mer, elles se trouvaient dans notre ligne de direction et pouvaient à un moment donné nous barrer le chemin.

— Il n'est pas prudent de passer trop près de ces gens-là, fit le Comte du Monceau qui ne cessait d'observer leurs allures. Avons-nous le temps et de la place pour passer entre les deux barques? Toute la question est là.

Il calcula en un instant les distances, se rendit compte d'après le loch de notre vitesse de course et ordonna de monter les hautes voiles ou top-sails qui allaient porter notre vitesse à son maximum, soit dix ou douze milles à l'heure. Le yacht se pencha immédiatement plus vivement sous le poids de la brise et prit une marche plus rapide.

— Oui, nous dit-il, en forçant notre course, nous aurons le temps de passer entre les deux tartanes avant qu'elles ne soient à portée de fusil. Si les arabes avaient de bonnes carabines, ce serait plus grave et j'essaierais une autre manœuvre. Pour éviter de me trouver entre deux feux je gagnerais le large et l'Océan en passant le plus loin possible de la première barque que nous avons aperçue, mais nous perdrions de vitesse et en tous cas nous ne pourrions complètement l'éviter. Nous serions obligés, à cause du vent, de décrire une courbe qui nous en rapprocherait infailliblement. Pourvu seulement que la brise ne faiblisse pas, nous avons en ce moment bon vent arrière. Si le vent tombe nous pourrions être à leur merci, car les tartanes ont des rames et nous n'en avons pas.... Il est vrai qu'elles paraissent montées par peu d'arabes..... Je n'en distingue que trois ou quatre sur chaque embarcation......

Mais juste au moment où il disait ces mots, et comme les tartanes avaient sans aucun doute aperçu notre augmentation de voilure et deviné le plan que nous avions adopté, trente ou quarante hommes surgirent tout à coup de chacune d'elles et les rames ayant été mises à la mer, les Marocains s'efforcèrent de se rejoindre dans notre direction et de nous couper la route.

— Eh bien ! mes amis, fit le Comte du Monceau, si l'*Intrepid* n'était si bon voilier et vrai Yacht de course, nous passerions un mauvais quart d'heure. Le vent se soutient, la brise semble augmenter plutôt, nous pouvons encore, je crois, passer sans danger.

Nous marchions toutes voiles dehors perpendiculairement à la ligne où les deux tartanes infiniment plus lourdes que nous, essayaient de se rejoindre. En vingt-cinq minutes nous avions parcouru environ sept milles et arrivions juste à l'intersection de la perpendiculaire ayant les deux barques l'une à bâbord, l'autre à tribord, à égale distance, à environ deux milles d'écart. Malgré leurs voiles latines et les vigoureux efforts de leurs rameurs, elles n'avaient pu se rapprocher davantage.

Lorsque les arabes virent que nous allions leur échapper, ils poussèrent de violentes clameurs de rage, lâchèrent leurs rames et nous lancèrent une fusillade de soixante à quatre-vingts coups de feu dont les balles naturellement ne pouvaient nous atteindre. Espéraient-ils que l'effroi, la terreur allaient nous arrêter ou que Mahomet leur prophète allait doubler la portée de leurs armes ? Je ne sais, mais tandis que le Comte du Monceau dirigeait la barre et la manœuvre, le Docteur et moi nous ripostâmes avec nos révolvers qui ne leur firent pas plus de mal. C'était de la poudre aux poissons, mais cela avait l'air d'un petit combat naval qui ne manquait pas d'originalité. Nous avions bien des carabines à bord, mais elles étaient rouillées !

Vingt minutes encore et les tartanes étaient déjà loin derrière nous. A une heure et demie après-midi et comme on dressait sur le pont la table pour notre second déjeuner, nous n'en apercevions plus qu'à peine la voilure.

— Je crois, fit le Comte du Monceau, que nous ferons bien de renoncer à El-Arisch et à R'bat et de gagner l'Océan. Il ne fait pas bon de venir sur ces côtes sans canons et sans armes. Ne dirait-on pas que ces brigands avaient été prévenus de notre passage en cet endroit?... A moins qu'ils ne soient venus là pour guetter quelque navire de commerce venant du Sud et qu'on leur aura signalé.

Nous fûmes le Docteur et moi de son avis, et tandis que nous vidions une bouteille de Rhœderer en l'honneur de notre victoire navale facile sur les Sarrasins, on mit le cap plus à l'Ouest jusqu'au soir, puis on poussa pendant la nuit une bordée vers le Nord afin de regagner les côtes d'Espagne et de Portugal.

Comme vous le voyez, chère Madame, je l'ai encore une fois, même deux fois, échappé belle. Mais comme je vous le disais avant mon départ pour vous rassurer, l'ancien proverbe vieux comme le monde est toujours vrai : « Mauvaise herbe ne périt pas ».

Océan, Yacht *Intrepid*, le 20 Juillet.

Pendant la nuit le temps se gâte, la mer devient houleuse. Le vent fraîchit et souffle en tempête de Nord-Est, ce qui nous entraîne à l'Ouest en plein Océan beaucoup plus que nous n'aurions voulu. La journée est pire encore, les lames sont immenses, nous embarquons à tout instant des paquets d'eau. Nous tâchons néanmoins de remonter dans le vent mais nous n'avançons guère. On descend les canots des palans sur le pont où on les amarre solidement.

Océan, le 21 Juillet.

La nuit a été détestable. la journée est atroce. Du matin au soir sans discontinuer les vagues balayent le pont. C'est un spectacle grandiose et terrifiant que cette immensité d'eau en furie, que ces vagues énormes comme des montagnes mouvantes se succédant sans cesse et toujours, sous un ciel chargé de nuages fuyant vers l'inconnu et entraînant dans une course vertigineuse leurs formes spectrales de plus en plus sombres, bizarres, effrayantes, fantastiques. Dans l'après-midi un paquet de mer qui nous a pris par l'avant et a roulé sur le pont comme le flot d'un impétueux torrent a cassé l'une des ailes de la figure dorée qui supporte le Gibboom, ou beaupré. Le Comte du Monceau ne quitte pour ainsi dire pas le gouvernail, car la moindre imprudence, le moindre coup de barre mal donné, peut nous engloutir à jamais. Je ne sais comment une aussi fragile et petite embarcation parvient à lutter contre les éléments déchaînés avec pareille furie. Du matin au soir et du soir au matin les planches du yacht craquent à faire frémir et semblent à tout instant vouloir se disjoindre.

Océan, le 22 Juillet.

Nuit aussi effrayante et épouvantable que la veille, mais dans la journée la tempête paraît se calmer un peu. Nous nous rapprochons insensiblement des côtes d'Espagne. A cinq heures de l'après-midi nous passons enfin en vue du Cap St Vincent à la pointe Sud du Portugal. Nous sommes tous fatigués de nuits presque sans sommeil.

Océan, le 23 Juillet.

Nuit moins mauvaise que la précédente, mais de six à sept heures du matin nouvelle bourrasque qui nous roule des vagues sur le pont sans discontinuer. A huit heures le vent se calme, mais la mer reste très houleuse. Vers une heure après-midi nous apercevons au Nord le Cap Espichel et le doublons vers huit heures et demie du soir. Le temps se calme pendant la nuit et le vent tombe enfin.

Océan, le 24 Juillet.

Après quatre jours de tempête nous avons enfin une journée de repos. On est heureux de ne plus être secoué d'aussi rude façon et d'avoir pu dormir sans être à tout instant réveillé par l'assourdissant vacarme des paquets d'eau s'abattant comme des coups de bélier sur le pont et contre les bordages du navire. La journée est assez belle, beaucoup de nuages au ciel, mais de belles échappées de soleil et mer très supportable bien qu'encore agitée. A midi et demi nous nous trouvons en face du Cap Rocca, à trois heures nous passons à dix ou douze milles en mer, devant l'embouchure du Tage, à cinq heures nous sommes devant l'immense château de Mafra dont la silhouette éclairée d'un rayon de soleil se découvre au loin au milieu d'une sorte de brouillard qui commence à tout envelopper et qui bientôt se transforme en pluie fine et nous cache la côte.

Océan, le 25 Juillet.

La nuit a été très calme et presque sans brise. A midi seulement s'élève un peu de vent de Sud-Ouest qui nous permet de continuer à longer les côtes de Portugal. Je profite de cette journée tranquille pour mettre un peu d'ordre dans mes notes de ces derniers jours transcrites trop brièvement à cause de l'état furieux de la mer.

Océan, le 26 Juillet.

Nous passons au large devant Porto et assistons à l'un des plus beaux couchers de soleil sur l'Océan que nous ayons vus jusqu'ici. Le ciel est en partie couvert de gros nuages aux formes étranges et sans cesse changeantes, dont les arêtes et les masses cuivrées se détachent sur le fond bleu qui s'assombrit de plus en plus. A l'horizon d'immenses bandes empourprées et comme sanglantes, à travers lesquelles jaillissent des traînées d'or en fusion, dont les reflets passant du jaune de chrome le plus pâle à l'orange flamboyant, jettent des clartés intenses et sinistres d'incendie, des notes vibrantes, sans cesse variées, sur les vagues qui, elles-mêmes, semblent un métal, de l'acier en ébullition. Le pinceau d'un Salvator Rosa ou d'un William Turner pourrait à peine rendre l'effet grandiose et saisissant de cet ensemble de lignes fantastiques, de cet incroyable assemblage de couleurs.

Cela nous présage du mauvais temps pour demain. Il faut cependant que nous abordions à Vigo en Galice, car nous n'avons plus guère d'eau potable et les viandes et les légumes font défaut.

Vigo (Galice), 27 Juillet.

Pendant la nuit, comme nous le prévoyions la

veille, le temps s'est gâté. Le vent a sauté brusquement au Nord-Est et nous sommes forcés de courir des bordées pendant toute la matinée depuis six heures, et jusqu'à quatre heures de l'après-midi, pour entrer dans la baie au fond de laquelle se trouve la rade et où s'étage la ville si pittoresque de Vigo. La mer est très houleuse et démontée ce qui augmente la difficulté. L'entrée de la baie est fermée par quelques îlots de rochers abrupts, les *Cies Islands*, qui s'élèvent à une assez grande hauteur au-dessus du niveau de l'eau, et en masquent en quelque sorte la vue. Aussitôt que l'on a passé entre ces îlots on se trouve devant une magnifique et large nappe de mer admirablement protégée de tous côtés des vagues de l'Océan et abritée des vents par les montagnes de la *Testeyra*, dont les pentes s'étagent au-dessus et au loin derrière la ville et viennent baigner leurs déclinaisons jusqu'au niveau des flots.

C'est là que l'Amiral Sir George Roke en 1702 lors de la coalition contre la France et l'Espagne, ayant échoué dans la tentative qu'il avait faite de s'emparer de Cadix, vint bloquer une escadre française qui accompagnait un fort convoi de galions espagnols chargés d'or et venant d'Amérique. Deux mille Anglais, débarqués par surprise, s'emparèrent du fort de Vigo et d'une batterie qui commandait le port. Les vaisseaux de leur côté fermèrent l'entrée de la rade, s'embossèrent entre les îlots dont je viens de parler, et la flotte française prise entre deux feux n'eut que le choix de se laisser couler ou de se rendre. Château-Renault qui la commandait se voyant perdu, fit mettre le feu à quinze vaisseaux et à douze galions. George Roke put néanmoins s'emparer encore de vingt bâtiments d'une valeur d'environ sept millions de piastres.

Les douze galions chargés de lingots d'or, gisent toujours au fond de la baie avec les débris de la flotte française. On a vainement essayé à plusieurs reprises de retrouver le précieux métal enfoui sous les flots, mais les tentatives n'ont pas réussi et le trésor dort là, sans que l'on sache exactement à quel endroit de la large baie, il se trouve.

Après avoir jeté les ancres au plus près du port, et qui s'accrocheront peut-être à quelqu'un de ces souvenirs historiques, nous descendons à terre vers sept heures. L'aspect de Vigo, vu de la mer est des plus séduisants. La ville s'étage en rues tortueuses et étroites sur une colline jusqu'au pied du fort *del Castro* qui domine la rade et d'où le regard doit embrasser la baie, l'Océan au delà des îlots, et les chaînes de montagnes de la Galice. Elle est entourée de murailles délabrées, hors d'usage, et défendue seulement par la citadelle dont je viens de parler et par deux forts de moindre importance, San Julian et San Sebastian. On attribue la fondation de Vigo aux Romains. A l'époque de la plus grande importance du commerce espagnol avec les grandes Indes et ses innombrables colonies, elle atteignit à l'apogée de sa prospérité. Aujourd'hui c'est une ville morte ou à peu près Quelques services de bateaux à vapeur y font encore escale, mais l'animation du port est nulle, les transactions insignifiantes. On n'y compte plus que six mille habitants environ.

Les maisons que l'on voit du port et qui s'étagent les unes au-dessus des autres dans les rues à escaliers ou en pente raide, témoignent cependant d'une certaine aisance, elles sont garnies de vérandas et de terrasses, sont peintes de couleurs vives et ornées de plantes grimpantes et d'arbustes en fleurs. De sept à huit heures nous en parcourons les diverses artères un peu au hasard et sommes agréablement surpris, au moment de regagner le yacht, par la musique tintillante d'un carillon qui nous rappelle nos belles églises et nos beffrois des Flandres.

Pendant que nous dinons sur le pont on tire en quelque quartier de la ville un feu d'artifice composé en grande partie de chandelles romaines et de feux de Bengale. J'ai remarqué que ces feux d'artifice sont fort en usage en Espagne et en Portugal, car souvent nous en avons vu tirer de loin pendant que nous longions les côtes de Lisbonne à Gibraltar.

Vigo, le 28 Juillet.

Dès huit heures nous nous faisons conduire à

terre pour faire nous-mêmes nos emplettes au marché. C'est une distraction comme une autre, et cela nous permet d'étudier la population du pays. Nous avons emmené avec nous Morgan en petite tenue, costume égyptien bleu marine et fez rouge, et deux matelots. Le nègre fait l'admiration de tous, sauf des enfants qui se sauvent, se cachent et manifestent une peur horrible. Ils le prennent sans doute pour le diable ou se rappellent de vieilles légendes de l'invasion sarrasine. Les matelots rapportent les provisions au yacht. Nous achetons des poulets et leur souhaitons meilleure chance qu'aux autres, car ceux que nous avions emportés de Gibraltar sont morts de mal de mer ou se sont noyés dans le canot pendant la tourmente que nous avons essuyée entre le Cap Spartel et le Cap St-Vincent. Nous remplissons les sacs et les paniers de quartiers de viande, de légumes et de fruits succulents. Nous nous promettons un dîner de Lucullus après huit jours de conserves et de salaisons.

La population de Vigo a du type, les femmes sont généralement jolies de dix-sept à trente ans, très ridées comme dans toute l'Espagne, lorsqu'elles ont dépassé la quarantaine. Elles ont cependant moins de caractère que les Andalouses. Les vigonais et les vigonaises paraissent aimables et hospitaliers. Nous avons quelque peine à nous faire comprendre et bien certainement nous payons tout au triple de sa valeur, mais aussi ne rencontrons-nous qu'aimables sourires et regards bienveillants. Ce qui nous avait frappés la veille pendant notre promenade du soir et ce qui nous frappe encore aujourd'hui, c'est la quantité d'estropiés de naissance et de culs-de-jatte que nous rencontrons dans les rues. D'où vient cette calamité au milieu d'une population qui paraît saine et vigoureuse ? Je l'ignore, mais je n'en ai jamais tant vu qu'à Vigo (1).

Au bout du marché, un rassemblement se forme. Ce sont des bohémiens, des musiciens ambulants, qui donnent une sérénade. Un homme à figure basanée sous un *sombrero* de couleur brune indéfinissable et orné de pompons rouges, joue de la guitare et entonne un *romancero* tragique, s'il faut s'en rapporter à l'expression de ses yeux pleins d'une noire mélancolie. Une femme de trente-cinq à quarante ans à l'air hâve et misérable frotte l'une

---

(1) J'ai eu, depuis que j'ai écrit ces lignes, l'explication de ce phénomène. Vigo possède une école de perfectionnement des difformités humaines, comme un conservatoire où l'on développe avec art les défauts physiques produits par la nature. Ses habitants ont la spécialité de la culture pratique des monstruosités de toute espèce. On y envoie de toutes les provinces du Nord, de la Galice, des Asturies, de Léon, de Vieille Castille, de Biscaye, de Navarre, de Catalogne même, les mal venus, les avortons, les goîtreux, les manchots, les tordus, les bossus, les pieds-bots, les culs-de-jatte, dont on s'ingénie à augmenter les infirmités, de façon à exciter davantage la pitié humaine. Cela fait, on les renvoie dans leur famille qui les exploite, qui les promène de ville en ville, passe les Pyrénées, en inonde le midi de la France, les villes de bains de mer, les stations hivernales ou estivales, et ramasse d'autant plus d'argent que ces misérables sont plus écloppés, plus déformés, plus recoquillés, plus hideux. Et cette jolie industrie prospère sous l'œil bienveillant et paternel de l'administration de la très catholique Espagne ! —
(*Note de l'auteur*).

contre l'autre deux de ces grandes écailles de pélerins, comme on en voit sur le manteau de St-Roch, et cherche à imiter le bruit des castagnettes. Une jeune fille de quatorze à quinze ans qui semble la personnification de la famine, joue du tambourin. une gamine de huit à dix ans accompagne du cliquetis d'un triangle. Le groupe a du caractère, mais la musique est triste et monotone. Nous pensons un instant aux belles sérénades d'Annunziata sur le Tage et à Gibraltar. Après avoir donné notre obole à ces pauvres diables, nous allons retrouver notre gig qui nous attend au port et qui nous ramène au Yacht. Pendant que nous faisons nos préparatifs de départ, car nous levons l'ancre à trois heures, je fais un rapide croquis à l'aquarelle, de la ville de Vigo. A droite des remparts sur une plage ensablée, de nombreux baigneurs et baigneuses. Cela ajoute une note pittoresque à l'ensemble et rappelle quelques tableaux de Joseph Vernet.

Océan, le 29 Juillet.

A quatre heures après-midi nous repassons entre les îlots de *Cies* ou îles du Ciel, qui ferment la baie de Vigo et jetons un dernier regard sur la terre d'Espagne. Une forte brise d'Est nous pousse bientôt en plein Océan et vers six heures nous avons déjà perdu les côtes de vue. La mer est très houleuse et les vagues grandissent de plus en plus. A neuf heures, de violents coups de vent, ce que les Anglais appellent *Squals*, nous présagent une mauvaise nuit. On prend par précaution un premier ris dans le *main-sail* et l'on en prend deux dans le *fore-sail* et le *stay-sail*. On descend les canots des palans et on les amarre sur le pont. Le ciel est sombre, sans étoiles, et nous filons dans l'obscurité la plus profonde qu'éclairent seules les lanternes réglementaires du bord.

Le vent sifile dans les cordages et fait une sinistre musique de harpe éolienne où l'on croit entendre tantôt comme des chants lointains, des chœurs invisibles, tantôt comme des plaintes d'enfants sans cesse répétées, d'âmes en peine qui surgissent des flots tout autour de nous, tantôt comme de vagues gémissements, de douloureuses agonies de gens qui se noient. C'est positivement lugubre cette immensité sombre qui nous enveloppe de toutes parts et ne nous laisse percevoir que ces bruissements étranges au milieu du mugissement monotone et sans cesse croissant des vagues qui se heurtent, se bousculent et se brisent dans leur sarabande vertigineuse.

Océan, le 30 Juillet.

De toute la nuit je n'ai pu fermer l'œil. Les vagues ont roulé sur le pont et les planches du Yacht ont grincé comme si à toute minute elles voulaient se rompre ou se disjoindre. La journée n'est pas meilleure. Les coups de vent ne discontinuent pas, la mer est absolument démontée, les vagues énormes roulant comme des montagnes d'écume se succèdent indéfiniment et toujours avec le même mouvement furieux et désordonné. Dans l'après-midi, la voile d'étai, le stay-sail se déchire en deux et quelques instants après une lame enlève une rame du fond d'un des canots. Le changement de la voile d'étai se fait après une manœuvre des plus périlleuses pour les matelots que nous craignons de voir emportés par les vagues de dessus le pont. Malgré que nous marchions à très petite vitesse et avec trois ris dans notre voilure, nous sommes déjà à plus de soixante-dix milles des côtes.

Océan, le 31 Juillet.

La nuit n'a pas été meilleure que la précédente, mais dans la journée la mer est un peu moins mauvaise. Le vent continue à souffler de l'Est et nous écarte toujours davantage vers le plein Océan. Nous sommes ce soir à environ cent quatre-vingts milles soit soixante lieues au Nord-Ouest des côtes d'Espagne et du Cap Finistère et à deux cent quarante lieues des côtes de France.

Océan, le 1er Août.

Pendant la nuit les coups de vent ont augmenté et la mer a repris ses grandes vagues de tempête. L'eau a roulé jusqu'au matin sur le pont. Nous nous éloignons de plus en plus de notre route et le livre de bord constate d'après le loch que nous sommes à environ cent lieues soit trois cents milles des terres du Continent. Vers onze heures du matin cependant le vent se calme un peu et tourne au Nord-nord-est. Le ciel se dégage par parties pendant qnelques heures et laisse passer entre les nuages quelques échappées de bleu. Nous profitons de la nouvelle direction du vent pour changer notre route et faire une longue bordée vers l'Est-nord-est. Dans la soirée cependant de nouveaux squals très violents nous attaquent et rendent la bordée très difficile. Tout craque à bord à se démantibuler. On se demande comment une aussi frêle embarcation résiste aussi longtemps à de tels assauts. Depuis quatre jours et quatre nuits que nous sommes en pleine tempête nous n'avons vu que le ciel et l'eau, pas la moindre voile, pas le moindre navire. Nous sommes

absolument seuls sur l'incommensurable nappe
liquide, qui nous entoure, et cette lutte, avec d'aussi
faibles moyens contre les éléments déchaînés, ne
laisse pas d'avoir un certain caractère de force,
d'audace et de grandeur qui élève l'âme et nous fait
paraître moins petits, moins mesquins dans cette
immensité. Le Comte du Monceau sans cesse sur le
pont pare à tous les dangers, commande la manœuvre, prend la barre aux heures les plus difficiles.

De telles journées portent nécessairement à la
philosophie. Forcément inactifs sans autre spectacle
que les flots qui se succèdent avec une invariable
impétuosité, que ces cieux mornes et voilés d'épais
nuages qui roulent vers l'inconnu, en face de l'incertitude de chaque heure, de chaque minute,
de l'insondable profondeur du gouffre qui nous
menace, de l'éternel problème qui nous hante
pendant que nous sommes ballottés sur quelques
planches fragiles au-dessus de l'abîme, la pensée
prend de plus hautes envolées, traverse les espaces
et les siècles, scrute les mystérieuses hypothèses du
passé, du présent, de l'au delà. Il semble que l'on
voie plus clair, plus juste, plus vrai, que la vérité
se dégage des entraves qui la lient, se dépouille
des oripeaux dont l'imagination des oisifs ou des
spéculateurs de mensonges la couvrent. L'esprit se
met au-dessus des vaines théories, des fausses
doctrines tissées par des siècles de naïveté ou de
fourberie, l'homme apparaît tel qu'il est, luttant
pour la vie pendant ce court espace de temps où,
comme tous les êtres créés, il se débat entre la joie

et la souffrance, Dieu apparaît tel qu'il doit être, l'éternelle et mystérieuse intelligence, l'éternelle et mystérieuse volonté, l'éternelle et mystérieuse cause qui embrasse la nature entière, ce que nous voyons et devinons, ce que nous ne voyons et ne soupçonnons pas.

Océan, le 2 Août.

La tempête paraît à sa fin. Le vent a sauté en plein Nord avec bonne brise un peu fraîche. Nous continuons notre bordée à l'Est. La mer se calme insensiblement, le ciel se dégage et le soleil vient par moments nous égayer de sa présence. Il n'est que temps, car tout est mouillé ou humide à bord. Pendant la journée d'hier, pendant la nuit et pendant tout ce jour nous avons regagné une bonne partie du chemin parcouru dans notre course folle vers l'Ouest. Nous nous rapprochons des voies parcourues, car nous voyons de loin quelques voiles appartenant à des bâtiments de commerce.

Océan, le 3 Août.

Nous nous éveillons par un calme plat. Le temps est superbe mais les voiles s'enflent à peine et nous n'avançons guère jusque midi. Une petite brise qui dure de midi à six heures nous permet de nouveau de faire quelque chemin, mais cette journée ne nous rapproche pas beaucoup des côtes d'Angleterre où nous avons hâte d'arriver, car nous n'avons plus en fait de provisions que des conserves et l'on s'en fatigue vite. Je profite de ces heures d'accalmie pour mettre en ordre mes dernières notes de voyage prises à la hâte et fort décousues.

Océan, le 4 Août.

Jusqu'au matin nous avons eu peu de vent. A onze heures la mer redevient houleuse, à midi de nouveaux coups de vent, vers huit heures du soir le temps se gâte complètement et nous subissons toute la nuit une nouvelle bourrasque, ce qui ne nous empêche pas heureusement de continuer notre course à l'Est vers les côtes d'Angleterre.

Océan, le 5 Août.

A quatre heures du matin, le matelot de quart signale le feu du phare du Cap Lizard. Nous voilà revenus enfin en pays de connaissance! Les matelots sont joyeux, les figures les plus longues s'épanouissent. Morgan qui a été malade pendant toute la traversée et qui a passé du noir au gris ardoise, risque un œil alangui par dessus les bastingages. Nous longeons à distance la côte d'Angleterre aux hautes falaises crayeuses. Le temps se remet au beau avec bon vent et nous marchons vivement. Nous passons devant Plymouth, et à trois heures et demie devant Porthland. Vers les sept heures nous traversons les *Needles*, et enfin à neuf heures nous jetons l'ancre devant le Club de Cowes.

Le canal depuis les *Needles* est étincelant de lanternes jaunes, rouges, vertes qui vont et viennent comme les lucioles que nous voyions voler dans le midi au-dessus des champs de blé et de maïs. Ce sont les nombreux Yachts à voile et à vapeur qui le parcourent en tous sens à la veille des régates ou grandes courses qui vont commencer demain. Il y a peut-être autour de nous à l'ancrage soixante ou quatre-vingts schooners, cutters, yawls, steam-yachts qui donnent à la petite rade une animation extraordinaire. A neuf heures et demie après un bout de toilette, nous donnons ordre de mettre le gig à la mer et nous nous faisons conduire au Club où nous rencontrons le Marquis de Coningham, le Duc de Marlborough, Lord Ponsonby, l'Amiral Ratsey, Lord Cardigan, le Duc de Valombrosa, Lord Londesborough, propriétaire de l'*Albertina*, notre ami le Major Cathcart, Lord Clarendon, le Marquis de Hastings, Anderson, etc., etc. Nous sommes reçus à bras ouverts ou plutôt par de nombreux et énergiques *Shake hands*. Chacun veut avoir des détails sur notre voyage.

Cowes, à bord de l'*Intrepid*, le 6 Août.

Nous passons toute la journée à surveiller la toilette du yacht, à faire réparer les petites avaries, à faire sécher les voiles, à tout remettre en ordre. Il y a eu dans l'après-midi course de gigs de différente grandeur, très intéressante, mais que nous n'avons pu suivre. Le soir après avoir dîné au Club avec le Major Cathcart et le Marquis de Coningham nous faisons une longue promenade sur le canal à bord du Yacht le *Medina*.

Cowes, à bord de l'*Intrepid*, le 7 Août.

Nous assistons à neuf heures et demie du matin au départ des premiers concurrents parmi lesquels je note l'*Albertina*, l'*Aline* et la *Niobé* à M. Witschkraft qui remporte le premier prix. Le soir il y a grand bal au Club. Notre deuil ne nous permet pas d'y assister, mais nous nous installons sur une terrasse attenante à la salle de danse et d'où nous pouvons jouir du coup d'œil. L'assemblée est nombreuse. Nous remarquons parmi les plus jolies femmes et les plus gracieuses toilettes, parmi les *professional* ou les *season beauties* comme disent les Anglais, Lady Wilton femme du Commodore Lord Wilton, Président du R. Y. S. Lady Wilton, mariée depuis peu, fait les honneurs du bal avec une grâce incomparable ; Lady Ailesbury sans laquelle toute fête paraît incomplète ; Mistress Charles Baring aussi jolie qu'il est possible de l'être ; Lady Lesdowel qui ne lui cède cependant en rien sous le rapport de la beauté. La première est brune et rappelle les plus beaux modèles de Murillo, l'autre blonde de ce beau blond vénitien qu'a immortalisé Véronèse. Nous remarquons aussi les deux jeunes Misses Tailor amenées par leur tante Lady Virginia Sanders, la Duchesse de Marlborough avec sa délicieuse fille Lady Cornelia Churchill, la charmante Lady Southampton, les filles du Duc de Lieds, Lady Cardigan, Madame Cust, Lady Fitz-Gerald, les Demoiselles Chamberlaine arrivées à Cowes sur le célèbre Cutter-Yacht de leur père l'*Arrow*, vainqueur de toutes les principales courses, Miss Sylvia Doyle qui malgré un nombre incalculable de printemps, n'a abdiqué ni la grâce, ni la bonté, ni la gaîté la plus franche, ni l'amabilité la plus sympathique, enfin la Princesse de Leiningen (Linange) nièce et grande amie de la Reine, dont le mari hôte assidu du R. Y. S. commande le Yacht royal *Victoria and Albert*. Aussi gracieuse qu'elle est belle la Princesse de Leiningen reçoit avec la plus parfaite simplicité, paraissant oublier auprès de ses invités les liens de parenté qui l'unissent à la Maison Royale d'Angleterre.

Cowes, Yacht *Intrepid*, le 8 Août.

Nous assistons le matin à la course des Cutters, très mouvementée. Il y a environ deux cents Yachts ancrés autour de nous dans le *Solent* depuis Ryde jusqu'à Cowes. Beaucoup d'entr'eux suivent et accompagnent les concurrents. C'est un spectacle vraiment splendide que toutes ces énormes voiles blanches tranchant sur le ciel bleu, se penchant sous le vent, se croisant, s'entrecroisant, tandis que les ponts sont bondés de toilettes élégantes, de yachtmen irréprochables, d'équipages tenus avec une correction parfaite.

Nous partons dans l'après-midi pour Londres d'où nous comptons revenir dans deux jours.

Cowes-Ostende, à bord de l'*Intrepid*, le 11 Août.

Nous levons enfin l'ancre pour accomplir notre dernière traversée et entrons après une nuit de voyage, dans le port d'Ostende à quatre heures du matin par un épais brouillard, le cher brouillard du pays natal, ce qui nous donne immédiatement en nous réveillant, le sentiment que nous ne sommes plus en Espagne. A dix heures nous nous promenons sur la plage. Ostende est en pleine saison, nous ne pouvons faire un pas sans nous trouver en présence de quelqu'ami, de quelque connaissance. Ce ne sont qu'exclamations, qu'interrogations. L'on ne peut croire que nous ayons vu tant de choses en aussi peu de temps. Toute la journée le port ne désemplit pas de gens qui veulent voir et visiter le Yacht. Le soir on ne nous croit plus du tout, lorsque nous affirmons avoir traversé sur cette coquille de noix, guère plus grande qu'un bateau de pêche, la baie de Biscaye, avoir touché à Lisbonne, à Cadix, à Gibraltar, au Maroc. C'est une bien autre affaire quand nous parlons de notre retour par deux cents lieues en plein Océan. La plupart de nos meilleurs amis sont persuadés que nous avons passé ce temps-là dans quelque ville de bains de mer d'Angleterre, à Folkestone, à Brighton, à Torquay ou à Swansea. Nous finissons cependant par les convaincre. Je soupçonne plusieurs d'entr'eux d'avoir glissé la pièce à nos matelots pour savoir l'exacte vérité, tant cela leur paraît invraisemblable. Le Belge n'aime pas en général que son voisin fasse autre chose ou autrement que lui. Quelque supériorité qu'il lui découvre ou soit forcé de lui reconnaître, il le jalouse et lui tient rancune. Il a éminemment l'esprit de clocher et de carillon. Il aime les mêmes perspectives et la même musique aux mêmes heures (1). Quant à l'aristocratie, à quelques rares exceptions près, elle est confite en sa propre admiration et, comme Bouddha assis sur le Lotus, elle se repose dans sa fleur généalogique, se caressant amoureusement le ventre en gens repus et satisfaits de leur imposante médiocrité. Toute idée grande, toute idée neuve, toute initiative, toute originalité lui répugne comme attentatoire à son immuabilité séculaire.

Parmi les hôtes de distinction d'Ostende, se trouve en ce moment l'Archiduc Louis Victor d'Autriche, le plus jeune frère de Sa Majesté l'Empereur. Il demande que nous lui soyons présentés

(1) Depuis que j'ai écrit ces lignes le caractère Belge tend à se modifier grâce à l'annexion du Congo, mais cela n'a pas été sans peine, et le Roi Léopold sait ce qu'il lui a fallu d'énergie et de persévérance pour amener la Belgique à sortir de son apathie traditionnelle.

le soir au bal du Cercle des bains. Après nous avoir longuement questionnés sur notre voyage, Son Altesse manifeste au Comte du Monceau le désir de visiter le yacht et de faire une excursion en mer à son bord. Le Comte du Monceau se met immédiatement et gracieusement à ses ordres et il est convenu qu'on s'embarquera le lendemain à deux heures de l'après-midi. Le Prince prie son aide-de-camp de dresser la liste des personnes qu'il emmènera avec lui, choisit les noms et fait transmettre les invitations le soir même.

Le lendemain dès une heure tout Ostende se trouvait sur le port et sur les deux estacades quand le yacht s'avança vers la jetée pour embarquer l'Archiduc. Les matelots étaient en tenue de gala, blanche avec col marin bleu ; Morgan dans son splendide costume égyptien en damas rouge et or, avait, dans un panier à côté de lui, de superbes bouquets qui avaient été commandés pour les dames. Un lunch était préparé dans la cabine-salon.

Quelques instants avant deux heures le Comte du Monceau vint auprès de moi l'air consterné.

— Figurez-vous, mon cher, que j'ai complètement oublié que nous sommes aujourd'hui au vendredi. Tout le lunch que j'ai fait préparer ce matin est gras. Sandwiches, pâtés, tout est à la viande. Que va penser de moi l'Archiduc ?... Quelle étourderie ! Mais aussi quand on arrive de voyage, s'inquiète-t-on du jour de la semaine ?... Je viens de m'en apercevoir en jetant un regard sur le programme du Cercle des bains.

— Ne vous inquiétez pas, lui dis-je en le voyant aussi navré. Je prends tout sur moi. Seulement, laissez-moi conduire l'Archiduc au salon et lui en faire les honneurs.

Je n'eus pas le temps d'en dire davantage. Le yacht arborait à son *main-mast* l'étendard impérial autrichien et au même moment Son Altesse Impériale et Royale mettait le pied sur le pont. Elle était accompagnée de ses invités, le Feld-Maréchal Comte Festetics, le Comte Stadion et la Comtesse née Princesse Lobkowitz, la Comtesse Furstenberg née Comtesse Auersperg, le Comte Saurma-Jeltsch et la Comtesse née Comtesse Balestrem, la jolie Comtesse d'Hane Steenhuyse née Baronne de Marche, la Princesse de Hatzfeld et sa ravissante fille Mademoiselle de Bauch, ma cousine la Comtesse Amédée de Renesse née Baronne de Malcamp de Virelles, Mademoiselle la Comtesse de Nesselrode, le Comte Johann de Saurma Jeltsch, le Comte Schaffgotsch.

L'Archiduc voulut d'abord visiter le pont, les cabines. Descendu dans le salon où le lunch était préparé, il s'arrêta devant la table couverte d'argenterie, de cristaux, et garnie de fleurs. Après avoir admiré les bibelots, les armes qui ornaient les cloisons :

— Il me semble que nous ne mourrons pas de faim en route, fit-il avec un sourire. Du foie gras...

— De morue, Monseigneur, fis je très sérieusement.

— Ah ! de morue ?

— Parfaitement, Monseigneur.
— Des sandwiches au jambon ?...
— Au saumon fumé du Guadalquivir Monseigneur.
— Du Guadalquivir ?...
— Parfaitement ! Monseigneur veut y goûter ?
— Oh ! Plus tard. Nous sortons de déjeuner.

Cependant le Yacht après avoir démarré enflait ses voiles et un léger tangage annonçait que nous nous mettions en route. L'Archiduc sans pousser plus loin ses investigations remonta sur le pont. Le temps était superbe avec légère brise du Nord. La foule massée sur les quais et sur les deux estacades saluait respectueusement et l'Altesse Impériale et le grand pavillon d'Autriche, énorme, qui flottait au vent. Le Yacht avec ses voiles toutes blanches, immaculées, avec sa carène noire ornée d'un filet d'or, qui ne portait plus aucune trace des fatigues du voyage, s'avançait majestueux et fier comme s'il eût eu conscience de l'honneur qui lui était dévolu de porter un des descendants de notre ancienne et gracieuse souveraine Marie-Thérèse.

Tout alla bien pendant une demi-heure environ et tant que nous n'étions qu'à quelques milles de la côte, où les vagues, à cause des bas-fonds, n'ont pas encore tout leur développement, mais bientôt et à mesure que nous nous écartions d'Ostende, le tangage devint plus sensible et quelques dames commencèrent à se sentir mal à l'aise. Cela arrive généralement à toute personne non habituée au mouvement d'un navire à voiles d'aussi petite dimension. L'Archiduc lui-même qui jusque-là avait pris grand plaisir à la promenade, se sentit incommodé, en sorte que tout le monde ne demanda qu'à regagner le port au plus tôt. Il ne fut plus question de Lunch, nul n'avait envie de manger ni de descendre dans le salon. Quelques bouteilles de Rhœderer furent seulement apportées sur le pont afin de réconforter les estomacs en détresse, lorsqu'on fut entre les estacades et que le mouvement eut cessé. Ainsi furent sauvées la méprise du Comte du Monceau et la hardiesse que j'avais eue de plaisanter avec une Altesse Impériale.

Tel est, chère Madame, le dernier épisode et comme l'apothéose de notre voyage. Vous avez déjà eu l'extrême bonté de me témoigner dans vos lettres reçues à Cadix et à Gibraltar tout l'intérêt que vous aviez bien voulu prendre à la lecture de mes notes prises au jour le jour. Vous en avez tout le mérite puisque c'est à vous que je dois d'avoir fixé mes impressions, de les avoir en quelque sorte rédigées sous votre inspiration. Sans votre bienveillante amitié, sans vos encouragements à me persuader que j'avais quelques dispositions artistiques et littéraires, sans cette impulsion à rechercher en tout le *juste* et le *vrai,* dont je vous suis redevable, j'aurais sans doute vu froidement en spectateur vulgaire, en voyageur banal, tant d'admirables choses faites pour remuer en même temps et l'esprit et le cœur; vous avez réveillé mes instincts d'artiste et de poète et bien que je n'aie pas le talent de les faire valoir ce n'en est pas moins une bonne chose que d'approfondir le sentiment et la pensée, que de secouer pour quelque temps l'engourdissement où nous plongent les devoirs souvent si prosaïques de l'existence, que de sortir de l'horizon étroit qui nous enserre dans notre petit monde à idées mesquines et frivoles, de cet *entresol mauvais* dont parle le proverbe espagnol que je vous ai cité déjà :

« *El cielo y suelo es bueno, el entre suelo malo* ».